JINDAI ZHONGGUO HUILV GUANLI ZHIDU DE
BIANQIAN JIQI YINGXIANG YANJIU

李洪梅　著

近代中国汇率管理制度的变迁及其影响研究

（1840-1938）

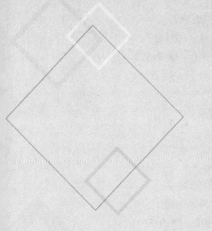

中国财经出版传媒集团

经济科学出版社

Economic Science Press

图书在版编目（CIP）数据

近代中国汇率管理制度的变迁及其影响研究：1840 –
1938 / 李洪梅著. —北京：经济科学出版社，2019.9
ISBN 978 – 7 – 5218 – 0916 – 9

Ⅰ.①近⋯ Ⅱ.①李⋯ Ⅲ.①汇率机制 – 货币史 – 研
究 – 中国 – 1840 – 1938 Ⅳ.①F822.9

中国版本图书馆 CIP 数据核字（2019）第 205125 号

责任编辑：谭志军 李 军
责任校对：刘 昕
责任印制：李 鹏

近代中国汇率管理制度的变迁及其影响研究（1840 – 1938）
李洪梅 著
经济科学出版社出版、发行 新华书店经销
社址：北京市海淀区阜成路甲 28 号 邮编：100142
总编部电话：010 – 88191217 发行部电话：010 – 88191522
网址：www.esp.com.cn
电子邮箱：esp@esp.com.cn
天猫网店：经济科学出版社旗舰店
网址：http://jjkxcbs.tmall.com
固安华明印业有限公司印装
710×1000 16 开 14.5 印张 240000 字
2019 年 10 月第 1 版 2019 年 10 月第 1 次印刷
ISBN 978 – 7 – 5218 – 0916 – 9 定价：58.00 元
（图书出现印装问题，本社负责调换。电话：010 – 88191510）
（版权所有 侵权必究 打击盗版 举报热线：010 – 88191661
QQ：2242791300 营销中心电话：010 – 88191537
电子邮箱：dbts@esp.com.cn）

前　言

　　本书采用历史学叙述与经济学分析相结合、定性分析与定量分析相结合、归纳与演绎相结合等方法，尝试系统梳理近代中国汇率制度变迁的过程及不同汇率制度对中国经济的影响，时间范围为 1840～1938 年。旨在通过这一研究，一方面还原近代中国汇率制度发展历史的本来面貌，填补学界对这一问题研究的不足，并搜集整理近代中国汇率史料与数据，进行数据单位的校对与统一，为以后学者的相关研究贡献力量；另一方面期望以史为鉴，总结近代中国汇率制度运行中存在的问题，希望本书的研究能对当代人民币汇率制度建设提供些许启示。

　　本书主要根据时间、中国货币对外汇率阶段变化特点及汇率制度不同进行章节划分，共分六部分，其中第三、第四、第五章为本书的研究重点。

　　第一章为导论。主要阐明本书的选题目的与意义、综述学界对本选题的相关研究现状、本书的研究思路与方法、研究创新与不足，以及后文分析中需要特别注意的相关概念的界定。

　　第二章分析近代中国汇率制度开端的国内外背景。书中先分析了中国汇率制度开端的国内背景，包括社会背景、财政及金融机构背景、货币背景。进而探讨了近代中国汇率制度开端的国际背景，包括主要经济背景和货币制度背景。这些中外背景是理解本书后续汇率相关问题的基础，也是理解近代中国中外关系的支撑。

　　第三章与第四章分析了近代中国浮动汇率制有关问题及其影响。这两章都是关于近代中国浮动汇率制运行时期的分析，由于 1931 年是中国白银货币对外汇率走势变动的分水岭，因此第三章探讨 1931 年以前中国白银货币对外汇率呈下跌趋势下的汇率制度及影响，第四章探讨 1931 年以后白银货币对外汇率呈上涨趋势下的情况。

第五章分析了中国 1935 年法币改革后进入固定汇率制时期的有关问题及其影响。首先，分析中国如何由浮动汇率制进入固定汇率制，并对固定汇率制的运行阶段做出划分，在此基础上，对中国在固定汇率制时期政府的维护手段进行解读。其次，整理固定汇率制时期的法币对外汇率数据，并分析国民政府固定汇率制阶段的对外汇率水平呈现的特点。最后，对固定汇率制运行阶段的影响进行分析。

第六章为全书结论及启示。在各章研究的基础上，总结全书的综合结论，并对当代中国金融问题的解决提供了一些启示。

本书的创新主要有：一是在研究领域上的创新。迄今为止，学界对近代中国从 1840 年后到 1938 年近百年的时间内，不同阶段表现出的实际"汇率制度"是什么样的还没有学者进行过探讨，在金融史的著作中也没有记载，本书的研究领域应该是金融史领域关于"近代中国汇率制度"的首创探讨，因此，书中给出的各个阶段的近代中国汇率制度归属及变迁过程属于目前学界的创新性提法。二是在汇率史料挖掘与规整上的创新。过去几乎无法查阅近代中国完整且单位统一的汇率数据，现有文献记载了不同片段的汇率史料，也有学者进行了部分时段的中国对外汇率史料挖掘工作，但还没有进行史料挖掘之后汇率单位的统一、规整工作，在史料应用上基本是呈现不同单位的原始汇率记载数据，由于近代中国币制复杂，这些史料记载还无法用于对近代中国对外汇率进行纵向比较，本书最终能够较完整整理出近代中国纵向单位统一的对外汇率数据该是本书的一大创新。三是在研究范式上的创新。本书试图将经济史研究的第一种范式（从历史本身探讨经济发展），以及第二种范式（从经济理论阐释经济发展过程）结合起来，从而在写作方法上尝试综合运用多种方法的结合来分析本课题。四是在研究时限上的创新。本书选取 1840～1938 年近百年为时间范围，这中间经历清朝、北洋政府、南京国民政府三个时期，不同时期涉及的社会背景，尤其是货币背景有很大差异，这种长时段的范围选取是现有关于近代中国汇率问题研究成果中最长的一个。

李洪梅

2019 年 8 月

目　录

| 第一章 |

导　论

第一节　选题目的和意义

一、选题目的

2005 年 7 月 21 日人民币汇率制度继 1994 年汇改后再次进行重大改革，人民币汇率采用以市场供求为基础、盯住一篮子货币的有管理的浮动汇率制。此后人民币对外汇率浮动幅度加大，总体呈上涨态势。与之同步经济领域出现了人民币国际化加快、资本账户管制放松现象，未来人民币汇率制度走向浮动汇率制是大势所趋。伴随而来的学术领域出现了一系列有关人民币汇率的相关研究。然而，无论是经济史还是金融史，以中国近代汇率制度为对象的研究却相当匮乏，是中国近代没有汇率问题也没有汇率制度？还是因为资料欠缺无法研究？更或是这一问题在近代中国影响很小以至于没有引起足够的重视？这些疑惑引起本书作者的好奇并促使作者展开了关于近代中国汇率制度变迁及其影响的相关研究。

实际上，近代中国不仅有汇率问题，更有因汇率问题出现的浮动汇率制和固定汇率制。清朝出使俄国大臣胡惟德 1903 年撰写了一篇文章，名为《关于金本位的建议》，其中的一段话这样写道："查各国定币，彼此互比，均有定值，汇兑虽有例费，市价无甚骚殊，故银行无所售其欺，外商不能施其巧。中国若自有国币，则与各国事同一例，汇兑无虑外耗"。[①] 这表达了胡惟德因清

---

① 沈云龙主编. 近代中国史料丛刊续编第九辑——中国近代货币史资料（一八二二——一九一一）[M]. 中国台北：文海出版社，1966：1223.

朝货币与别国货币汇兑变动过大而感到的困扰，而这就是现代所说的浮动汇率制。1935 年 11 月中国采用法币制度后，对外汇率出现稳定时期，即使在 1937 年抗日战争开始以后，直至 1938 年初法币对外汇率仍在稳定阶段，时人评述为："抗战以来，吾国沿海各重要省份，虽先后沦为战区，惟金融安定如恒，外汇比率能始终维持每元值英币一先令二便士半之法价。此种现象，实出乎敝人乃至一般人预料之外。"① 而这就是现代所说的固定汇率制。

因此，本书希望在把握近代中国汇率制度产生的国内外背景的基础上，厘清近代中国浮动汇率制的开端、从浮动汇率制到固定汇率制、再到名义固定实际浮动这一汇率制度变迁的时间脉络，研究每一汇率制度下的汇率水平如何及其表现出的特点，分析每一汇率制度下中国汇率波动的原因，进而探讨各汇率制度对近代中国经济的影响。

二、选题意义

通过对近代中国汇率管理制度的变迁及其影响的研究，相信本书至少具有以下意义：

（一）理论意义

一是，尝试还原近代中国汇率制度发展历史的本来面貌，从而填补近代中国汇率制度问题相关研究的空白。查阅近代中国史料会发现，在 20 世纪 30 年代初至抗战爆发初期，国内曾就国际金融问题开始展开研究，从而涌现了一批值得挖掘的经典史料，其中关于白银问题的讨论颇丰。在此基础上，现代学者对近代中国货币制度问题展开大量研究，成为金融史研究中的一大亮点，然而对于货币制度中有关汇率问题的专题研究极少，也几乎查阅不到完整的、单位统一的近代中国的对外汇率。到底近代中国汇率问题从何起源、汇率水平是多少、由哪些因素决定与影响、汇率制度是什么样的及其对经济的影响如何？对此一直没有完整的专题研究。经济史大师吴承明曾说过："历史研究（不是写历史）就是研究我们还不认识的或者认识不清楚的过去的实践，如果已认识

---

① 周应湘. 论我国现时应否贬低汇率［J］. 金融经济月刊，1938（2），2：3.

清楚，就不要去研究了。"① 因此，相信本书对以上这些问题的诠释，将对还原中国近代汇率制度发展历史具有重要的理论意义。

二是，整理近代中国汇率史料与数据，并进行数据单位的统一，为以后学者的相关研究贡献力量。中国近代的货币制度"紊乱已达极点"，② 也正因为乱而成为金融史中的研究重点。这种混乱的货币制度使得近代中国白银对外汇率更异常复杂，表现有：同一时期有多种货币的对外汇率；同是白银货币在不同时期又有不同的单位；不同时期的汇率资料分散各处，没有统一的记载等特点。历史学家胡如雷曾说过，"史料的搜集和整理是一切史学的物质基础"。③ 因此，要研究近代中国汇率制度的相关问题，前提就是整理长时段的汇率史料并折算为统一计算单位，使不同时期的数据具有可比性。这就需要跨越对近代中国混乱的货币制度的理解障碍，在把握近代中国货币制度状况的基础上，掌握不同货币的换算关系才能完成这一工作。对近代中国汇率史料的整理至关重要，因为，"只有使用合适的标准去整理事实证据，才能把这些证据变成可用的资料，而可用的资料又是比较的基础"。④ 也正因为这样，比起本书的研究结论，可能长时段的汇率史料搜集、整理与统一工作更有意义。

（二）现实意义

最重要的现实意义就是达到"以史为鉴"。历史不是简单的重复，却有惊人的相像。通过研究近代中国汇率制度相关问题，总结经验与教训，可以让我们在指导当代汇率制度工作中少走弯路，并为现代汇率制度建设提供指导原则。中国自 2005 年汇率制度改革后，未来必将走向完全的浮动汇率制。研究中国近代本土浮动汇率制运行时期的运行特点与对经济的影响，总结过去浮动汇率制运行中存在的问题及变迁原因，无疑对人民币未来将走向的浮动汇率制运行提供更多的经验。

---

① 吴承明. 经济史：历史观与方法论 [J]. 中国经济史研究，2001（3）：15.
② 唐庆增. 国外汇兑 [M]. 上海：商务印书馆，1934：83.
③ 胡如雷. 中国经济史研究存在问题之我见 [J]. 中国经济史研究，1990（1）：8.
④ 李伯重. 中国经济史应当怎么研究 [J]. 中国经济史研究，2006（2）：5.

第二节　国内外研究述评

进行分内容的综述之前，有必要先交代一下本书后续将会大量出现的数据来源。

对近代中国银本位制下的汇率、银价等数据资料记载分散于不同文献中，这些文献除了具有数据丰富的特点外，也对不同研究对象涉及的史料进行了归集与整理。较为权威的是由孔敏（1988）[①] 根据南开大学经济学院在20世纪20~50年代为主出版的刊物整理编制的《南开经济指数资料汇编》，该汇编对天津和上海外汇汇率有较为详细的记载。中国科学院上海经济研究所（1958）[②] 编制的《上海解放前后物价资料汇编［1921~1957］》记载了部分年份的中国对外汇率及各种物价指数数据，并进行相关史料分析，成为本书采集原始数据的重要来源之一。徐雪筠等（1885）[③] 译编了1882~1931年海关发布的、每10年一期共五期的《海关十年报告》，成册出版为《上海近代社会经济发展概况（1882~1931）》，里面零散记录了一些年份的汇率数据，可贵的是该文献有一些来自海关报告的史料值得挖掘。郑友揆（1984）[④] 主编的《1840~1948中国的对外贸易和工业发展》在分析近代中国宏观经济状况的同时，也涉及了银价与汇率问题，文中整理了1890~1936年海关两兑美元汇率。1936年由实业部银价物价讨论委员会编辑的《中国银价物价问题》[⑤] 整理记录了大量近代银价与物价的相关数据，并对数据进行了概念与原理的剖析。此外，针对货币问题中国人民银行先后出过两本史料，即《中国近代货币史资

[①] 孔敏主编. 南开经济指数资料汇编［M］. 北京：中国社会科学出版社，1988.
[②] 中国科学院上海经济研究所. 上海解放前后物价资料汇编［1921~1957］［M］. 上海人民出版社，1958.
[③] 徐雪筠等译编. 中国近代经济史资料丛刊-上海近代社会经济发展概况（1882~1931）-海关十年报告译编［M］. 上海：上海社会科学院出版社，1985.
[④] 郑友揆. 1840~1948中国的对外贸易和工业发展［M］. 上海：上海社会科学院出版社，1984.
[⑤] 实业部银价物价讨论委员会编辑. 中国银价物价问题［M］. 上海：商务印书馆，1936.

料》（第一辑　清政府统治时期）① 和《中华民国货币史资料》（第二辑
1924～1949），② 也记录了关于货币、汇率及外汇储备的相关数据及史料。除
这些专著及史料外，中国近代重要的报纸《申报》自 1876 年 2 月 24 日起对银
行票和商人票进行挂牌，③ 刊载在其金融专版，是记录中国近代汇率最权威的
原始来源之一。同时，近代有一些非常扎实经典的杂志记录了有关汇率、银
价，包括物价的数据资料，如《银行周报》《金融经济月刊》《中外经济统计
汇报》《经济学季刊》《东方杂志》《贸易半月刊》《商学研究》《时事月报》
等，这些杂志成为本书重要数据资料来源，借鉴在文中相关各处。

　　研究近代中国对外汇率问题，必然涉及近代中国与主要强国的关系及近代
世界经济状况的背景，对此有一些经典的世界经济史值得借鉴。如美国学者查
尔思·金德尔伯格（Charles P. Kindleberger）编著的《西欧金融史》④，全书共
分五篇，对第一次世界大战前约 4 个世纪的历史及战后 70 年的西欧金融进行
了解读，是全面了解西方货币与货币制度相关内容的经典著作。另一经典文献
是美国学者米尔顿·弗里德曼（Milton Friedman）和安娜·J. 施瓦茨（Anna
J. Schwartz）合著的《美国货币史（1867～1960）》⑤。美国是中国第一次世界
大战后最大的贸易伙伴，从美国角度得来的资料有利于我们客观解读近代中美
经济与贸易往来及汇率变迁。此外，英国学者埃因催格（P. Einzig）1937 年编
著的《战后世界金融》⑥ 详细记录了第一次世界大战后的世界金融情况及战后
重要国家进行的货币贬值细节，这对研究典型国家货币制度变革对中国对外汇
率的影响非常有参考价值。对世界经济史的记载较为权威的有英国学者安格

---

　　① 中国人民银行总行参事室金融史料组. 中国近代货币史资料（第一辑）（清政府统治时期）
[M]. 北京：中华书局，1964.

　　② 中国人民银行总参室编. 中华民国货币史资料（第二辑）（1924～1949）[M]. 上海：上海人
民出版社，1991.

　　③ 宋佩玉. 近代上海外汇市场研究（1843～1949）[M]. 上海：上海人民出版社，2014：66.

　　④ [美] 查尔思·金德尔伯格（Charles P. Kindleberger）著. 徐子健，何建雄，朱忠译. 西欧金融
史（第二版）[M]. 北京：中国金融出版社，2010.

　　⑤ [美] 米尔顿·弗里德曼（Milton Friedman），安娜·J. 施瓦茨（Anna J. Schwartz）著，巴曙
松，王劲松等译. 美国货币史（1867～1960）[M]. 北京：北京大学出版社，2009.

　　⑥ [英] 埃因催格（P. Einzig）著，彭子明编译. 战后世界金融 [M]. 上海：商务印书馆，
1937.

斯·麦迪森（Angus Maddison）编著的《世界经济千年史》[①]、高德步和王钰合著的《世界经济史》[②]，这些世界经济史的记录是我们解读近代中国汇率制度背景的重要依据。

改革开放以来，我国学者编写了大量中国金融史或经济史的著作，既完整概括了近代中国的金融全貌，也对某些经济与金融专题进行了重点研究，同时也整理归纳了近代货币、银价、汇率、经济方面的数据。比如姚遂主编的《中国金融史》[③]、刘克祥和吴太昌主编的《中国近代经济史》（1927～1937）[④]、严中平主编的《中国近代经济史（1840～1894）》[⑤]、石毓符主编的《中国货币金融史略》[⑥]、杜恂诚主编的《中国金融通史》（第三卷 北洋政府时期)[⑦]、洪葭管主编的《中国金融通史》（第四卷 国民政府时期)[⑧] 等，从而记录了近代中国金融或经济各个方面的历史与资料，对本书多处都有启发。如研究近代浮动汇率制的货币背景部分就参考了姚遂主编的《中国金融史》，研究近代汇率的决定基础涉及金银比价部分就参考了石毓符主编的《中国货币金融史略》等。这些都是较为全面展示近代中国金融或经济各个方面的经典文献，对本书写作提供了知识支撑，鉴于这些文献的综合性，本书下面所做的分内容综述一般将不再重复。

总体来讲，对近代中国汇率问题的研究散落于对货币制度演变的研究中，20世纪30年代的一些学者对汇率问题探讨得较多，也出现了一批非常有价值的史料和研究成果，现代学者中贺水金和宋佩玉对近代中国汇率进行了较多研究，其他以汇率为研究对象的专题探讨极少。现将与本书研究内容相关的文献，按类别分述如下：

① ［英］安格斯·麦迪森（Angus Maddison）著，伍晓鹰、许宪春、叶燕斐、施发启译. 世界经济千年史［M］. 北京：北京大学出版社，2003.
② 高德步，王钰. 世界经济史（第三版）［M］. 北京：中国人民大学出版社，2011.
③ 姚遂. 中国金融史［M］. 北京：高等教育出版社，2007.
④ 刘克祥，吴太昌. 中国近代经济史（1927～1937）［M］. 上海：人民出版社，2012.
⑤ 严中平. 中国近代经济史（1840～1894）［M］. 上海：人民出版社，2012.
⑥ 石毓符. 中国货币金融史略［M］. 天津：天津人民出版社，1984.
⑦ 杜恂诚. 中国金融通史（第三卷北洋政府时期）［M］. 北京：中国金融出版社，2002.
⑧ 洪葭管. 中国金融通史（第四卷国民政府时期）［M］. 北京：中国金融出版社，2008.

一、与近代中国浮动汇率制的货币背景及开端相关的研究

（一）有关近代中国浮动汇率制的货币背景的研究

中国在 1935 年法币改革前采用银本位制，此时中国属于浮动汇率制时期，有关这一时期中国币制的研究文献非常丰富，研究成果也较为成熟，在上文提到的综合性的金融史及经济史中都会重点介绍，此外，还有如下重要的文献来源。

以货币为研究对象的专著是理解近代中国货币问题最丰富的资料来源，这些文献的特点是对近代中国货币问题的分析非常全面。1929 年美国学者耿爱德（E. Kann）编著的《中国货币论》① 分金、银、铜三编，各述其沿革、平色、流通、汇兑、进出口、铸造等问题，这也是针对汇兑问题探讨最多的近代中国货币史资料，成为本书重要的参考文献。中华人民共和国成立后以彭信威 1954 年初编、后几次再版的《中国货币史》② 最为全面，从货币的发生、两汉、晋到隋、唐、两宋、金、明，一直到清代的货币都有详细的叙述，是研究近代中国货币制度必不可少的参考书。此外，关于货币问题的专著还有 1955 年初版、1986 年再版的由魏建猷编著的《中国近代货币史》③，全书通过中国近代货币史的发展过程说明了中国近代社会历史的变化和发展。千家驹、郭彦岗编著的《中国货币演变史》④ 对中国近代的货币发展和基本特征有更为简明的介绍，这些文献都为本书研究浮动汇率制下的货币背景提供了大量参考。

有些关于对近代中国金融及经济问题的相关研究也会用较大篇幅阐述近代货币问题，这些文献往往对某一货币问题或某一时段的货币问题进行详细解读。如国内最早涉及外汇问题研究之一的唐庆增，在其 1934 年编著的《国外汇兑》⑤ 中对中国银本位下的货币制度就进行了较为详细的介绍和评论。外国学者中有较大参考价值的为美国人杨格和日本学者滨下武志。杨格（Arthur

---

① ［美］耿爱德（E. Kann）著，蔡受百译. 中国货币论 [M]. 上海：商务印书馆，1929.
② 彭信威. 中国货币史（第三版）[M]. 上海：上海人民出版社，2007.
③ 魏建猷. 中国近代货币史 [M]. 合肥：黄山书社，1986.
④ 千家驹，郭彦岗. 中国货币演变史（第二版）[M]. 上海：上海人民出版社，2014.
⑤ 唐庆增. 国外汇兑 [M]. 上海：商务印书馆，1934.

N. Young）在 1971 年编著、国内 1981 年翻译过来的《一九二七至一九三七年中国财政经济情况》① 中，利用其在中国接触的第一手资料和个人经历，对中国 1935 年法币改革前的货币改革争论和主要过程有详细的介绍，为我们从不同角度看待当时中国的货币问题提供了丰富的素材。滨下武志（1999）② 以中国传统的朝贡贸易体系为基点，分析论述了以中国为中心的近代亚洲经济圈的状况，其对近代中国使用的外国银元如何进入中国这一货币问题进行了详细的说明，对近代上海开埠初期的对外汇兑也有所述及。

论文与学位论文方面，近代中国币制一直是现代学者研究的重点，在金融史的研究中属于成果较为丰富的一个领域，这些文献具有对某一货币问题及某一段货币问题进行深度挖掘的特点。对本书研究有重要启发的贺水金（1998）③ 将近代中国 20 世纪 30 年代前混乱的币制，化繁为简进行了归纳性描述，认为近代币制具有：传统性货币与近代性货币并存；中央、地方政府发行的货币与非官方发行的货币并存；本国货币与外国货币并存；货币流通的区域性与区域内货币流通的多样性并存这样四个特征，并对货币紊乱的弊端给予了归纳。贺水金（2008）④ 进一步研究了这种混乱的币制对近代中国经济的阻碍作用。宋佩玉是现代学者中关于近代上海外汇市场研究的代表，在研究上海外汇市场前，宋佩玉（2001）⑤ 用以史料支撑的历史叙述为主的方法梳理了 1840 ~ 1911 年中国的货币使用情况，这种记叙的方式能为后续学者研究该段货币问题提供基础的货币背景。对白银问题较为关注的学者戴建兵（2003）⑥ 研究了 1890 ~ 1935 年白银与中国经济的关系，认为近代中国是一种十分独特的"白银核心型"的货币体系。此外，对清末十年做出深度研究的是张振鹍

---

① ［美］阿瑟·恩·杨格（Arthur N. Young），陈泽宪等译. 一九二七至一九三七年中国财政经济情况［M］. 北京：中国社会科学出版社，1981.
② ［日］滨下武志. 近代中国的贸易契约：朝贡贸易体系与近代亚洲经济圈［M］. 北京：中国社会科学出版社，1999.
③ 贺水金. 论 20 世纪 30 年代前中国币制紊乱的特征与弊端［J］. 史林，1998（4）：37 - 44.
④ 贺水金. 不和谐音：货币紊乱与近代中国经济、社会民生［J］. 社会科学，2008（5）：167 - 168.
⑤ 宋佩玉. 1840 ~ 1911 年中国货币制度研究［D］. 乌鲁木齐：新疆大学，2001.
⑥ 戴建兵. 白银与近代中国经济（1890 ~ 1935）［D］. 上海：复旦大学，2003.

（1979）①，其以清末十年间的铜元问题为研究重点，说明了清朝统治内部腐败、回生无力的一般情况，从而对清末十年的货币背景给予了非常详细的说明。王利中（2003）②采用历史记叙为主的方法对1912～1927年的中国货币情况及就货币问题出现的争论进行了资料梳理与研究。

（二）与中国浮动汇率制开端相关的研究

本书参阅相关文献及思考后发现，近代中国最初表现为浮动汇率制。要知道浮动汇率制起源何时，首先就要研究汇率问题在中国受关注的时间。现有文献并没有关于这一问题的相关研究，只能从关于贸易与外债的文献记载进行推断，本书将与这两方面相关的研究进行了梳理。

上海是近代中国最早的通商口岸和外汇市场，记录上海对外贸易结算方式的文献是推断中国汇率起源的渠道之一。记录上海近代对外贸易最全面的文献是上海社会科学院经济研究所编制的《上海对外贸易1840～1949》（上、下）③，该文献完整记载了1843～1949年上海的对外贸易状况，文献中除上海的资料外，也包括一些全国的对外贸易统计资料与史料，其对上海对外贸易结算方式有较为详细的记载，成为本书推断汇率在中国受关注的依据之一。推断汇率问题在中国受关注的另一主要来源是当时记录上海对外贸易结算方式的英国驻上海领事书写的《英国议会文书》，这些文书在日本学者滨下武志（1999）④的研究中有所披露。此外，郑友揆（1984）⑤完整整理了1840～1948年中国的对外贸易和工业发展情况，从其研究中可以完整了解近代中国对外贸易的全貌，这为从贸易中推断汇率在中国成为问题提供了依据。宋佩玉（2008）⑥曾对上海开埠初期的国际贸易与汇兑进行过相关史料的挖掘研究，最终认为开埠初期上海的汇兑数量和贸易数量都处于较低水平，而且汇兑交易

① 张振鹍.清末十年间的币制问题［J］.近代史研究，1979（3）：249－287.
② 王利中.民国前期（1912年～1927年）中国货币制度研究［D］.乌鲁木齐：新疆大学，2003.
③ 上海社会科学院经济研究所.上海对外贸易1840～1949（上、下）［M］.上海：上海社会科学院出版社，1989.
④ ［日］滨下武志.近代中国的贸易契约：朝贡贸易体系与近代亚洲经济圈［M］.北京：中国社会科学出版社，1999.
⑤ 郑友揆.1840～1948中国的对外贸易和工业发展［M］.上海：上海社会科学院出版社，1984.
⑥ 宋佩玉.开埠初期上海的国际贸易与汇兑［J］.上海师范大学学报，2008（7）：105－109.

的方式和对外贸易的方式也处于较原始的状态，从而真正意义的上海外汇市场还没有形成。

记录外币计价的近代外债有关文献是本书推断汇率在中国成为问题的另一主要来源，总体来看，关于外债的研究文献较多，但与汇率相关的较少，现有文献关于中国第一笔外币计价的外债记载并不一致。许毅等（1996）① 编著的《清代外债史论》完整记录了清代历次借款经过和相关数据，其记载了1865年新疆伊犁借款是近代中国第一笔以外币计价的外债。严中平（2012）② 认为，1874年的福建台防借款是近代中国第一笔外币计价的外债。吴景平（1997）③ 对近代外债问题进行了考证，并引用了一段民国财政史第一人贾士毅在《民国财政史》中的史料，该史料记载了1865年新疆伊犁借款的具体条件。本书根据这段史料基本可以判定中国最早的外币计价外债应该始于1865年。

二、关于汇率在中国近代银本位制度下的表现形式及影响因素的相关研究

（一）关于近代上海外汇市场和汇率挂牌控制权的相关研究

近代中国外汇市场以上海为主，目前学者对上海外汇市场的相关分析较多，尤其可贵的是国内有一批较早出版的著作，对研究近代中国汇率问题很有价值。

1840年鸦片战争后，随着通商口岸的开放、外国商人涌入中国，中国出现国际汇兑，但直至第一次世界大战期间和稍后的几年里，随着国内银行业的发展，中国才出现若干规模较大的银行开始为民族工商业兼营进出口汇兑业务，这种背景下20世纪20年代末至30年代，中国开始出现以外汇与外汇交易为论述对象的研究著作。典型代表如1925年马寅初编著的《中国国外汇

---

① 许毅，金普森，隆武华，孔永松，王国华. 清代外债史论［M］. 北京：中国财政经济出版社，1996：210.

② 严中平. 中国近代经济史（1840～1894）［M］. 上海：人民出版社，2012：1171–1172.

③ 吴景平. 关于近代外债史研究对象的若干思考［J］. 历史研究，1997（4）：53–72.

兑》①和 1934 年唐庆增编著的《国外汇兑》②。此外，研究近代汇兑问题较多
的还有 1933 年毕匿克（A. W. Pinnick）编著的《银与中国》③，以及前文提到
的耿爱德的《中国货币论》，这些专著是我们了解当时上海外汇汇兑业务最可
靠的记载。

现代研究中有代表意义的是洪霞管、张继凤（1989）④主编的《近代上海
金融市场》，文中对上海外汇市场的沿革、组织情况、交易、汇兑平价与汇兑
市价等都进行了详细的介绍，为我们熟悉近代上海外汇市场业务操作提供了参
考。此外，前述姚遂（2007）、杜恂诚（2002），还有日本学者滨下武志
（1999）等都对近代上海外汇市场进行了各有侧重的记叙，如对上海外汇市场
的历史沿革、上海外汇市场的组织方式、上海外汇市场汇率变动的影响因素
等。有关上海外汇市场的最新研究成果以宋佩玉的系列研究为代表，其最完整
的成果体现在 2014 年出版的专著《近代上海外汇市场研究（1843～1949）》⑤
及博士论文《抗战前期上海外汇市场研究（1937.7～1941.12）》⑥。宋佩玉的
研究主要是以历史实证研究法为主，形成了对上海开埠以来直至中华人民共和
国成立的完整研究，对上海外汇市场的形成、运行机制、不同时期汇率的变动
及变动原因、时任政府的管理政策等都有涉及。

学者们对汇丰银行经营的国际汇兑进行了较多研究，由于 1935 年法币改
革前中国对外汇率由汇丰银行挂牌，所以这可视为与近代中国对外汇率挂牌控
制权的相关研究。根据在中国经营金融事业 25 年的耿爱德（1929）⑦的记录，
汇丰银行在中国挂牌的外汇牌价已达 15 种之多。洪葭管（1964）⑧较早对汇
丰银行进行了研究，对汇丰银行在近代中国发展的原因、汇丰银行对近代中国
贸易和金融的控制都有详细的梳理，并通过数据说明汇丰银行在近代中国国际

---

① 马寅初. 中国国外汇兑 [M]. 上海：商务印书馆，1925.
② 唐庆增. 国外汇兑 [M]. 上海：商务印书馆，1934.
③ 毕匿克（A. W. Pinnick）著，褚保时、王栋译. 银与中国 [M]. 上海：商务印书馆，1933.
④ 洪葭管，张继凤. 近代上海金融市场 [M]. 上海：上海人民出版社，1989.
⑤ 宋佩玉. 近代上海外汇市场研究（1843～1949）[M]. 上海：上海人民出版社，2014.
⑥ 宋佩玉. 抗战前期上海外汇市场研究（1937.7～1941.12）[D]. 上海：复旦大学，2004.
⑦ [美] 耿爱德著（E. Kann），蔡受百译. 中国货币论 [M]. 上海：商务印书馆，1929.
⑧ 洪葭管. 从汇丰银行看帝国主义对旧中国的金融统治 [J]. 学术月刊，1964（4）：35－47.

汇兑中具有重要地位。王渭泉、吴征原、张英恩于 1996 年编著的《外商史》[①]对近代华商进出口货物通过汇丰银行进行汇兑的流程给予了较详细的说明。杜恂诚（2003）[②] 对汇丰银行在近代中国的经营机构进行了归纳。

（二）与银本位制下浮动汇率的决定与影响因素相关的研究

近代中国有规元与海关两两种白银货币的对外汇率。美国学者托马斯·莱昂斯（Thomas P. Lyons，2009）[③] 对 1858～1948 年中国海关与贸易统计进行了研究，对海关两的正式使用给予了说明，从其整理的部分资料可以看出海关两的对外汇率水平。戴建兵（2003）[④] 根据对杨荫溥 1933 年的《经济新闻读法》的解读，总结出 1933 年废两改元前，上海的外汇行市全部以上海规元开价，一直到 1933 年废两改元后才以银元开价。

关于近代银本位下汇率的决定基础，早期学者们比较一致地认为由世界银价决定，但他们并未深入展开分析，而是更多地以描述方式为主记录了银价的变动。对此，邵金铎[⑤]早在 1928 年即对银价做过专题研究。毕匿克（1933）[⑥]认为决定金本位国与银本位国汇兑率高低的主要原因是银的金价。1937 年马寅初编著的《通货新论》[⑦] 对银之金价进行了详细的解读。关注银价走势的学者还有如前文提到的石毓符、彭信威、美国人杨格等。1931～1935 年世界银价在 1936 年李维英编著的《中国新货币制度》[⑧] 中给予关注。

对近代中国汇率决定基础的现代研究代表为贺水金、刘巍、王玉茹、管汉晖等，他们在中国汇率与银价的关系描述上方法不尽相同。贺水金（2006）[⑨]主要以理论、辅以数据佐证的方法将近代中国银本位下的汇率变动分为 1931年以前和 1931～1935 年两个时期，并分析了这两个时期汇率的变动情况，其

① 王渭泉，吴征原，张英恩. 外商史［M］. 北京：中国财政经济出版社，1996.
② 杜恂诚. 汇丰银行在旧中国［J］. 银行家，2003（2）：140－142.
③ ［美］托马斯·莱昂斯（Thomas P. Lyons）著，毛立坤、方书生、姜修宪译. 中国海关与贸易统计（1859～1948）［M］. 杭州：浙江大学出版社，2009：7.
④ 戴建兵. 白银与近代中国经济（1890～1935）［D］. 上海：复旦大学，2003：165.
⑤ 邵金铎. 银价之研究［M］. 上海：学术研究会总会，1928.
⑥ 毕匿克（A. W. Pinnick）著，褚保时、王栋译. 银与中国［M］. 上海：商务印书馆，1933：16.
⑦ 马寅初. 通货新论［M］. 北京：商务印书馆，2010.
⑧ Lin，wei – Ying. The New Monetary System of China：A Personal Interpretation. London，1936.
⑨ 贺水金. 论近代中国银本位下的汇率变动［J］. 社会科学，2006（6）：100－111.

对国际货币制度演变对汇率波动的影响做了较多探讨，此外贺水金对中国历史上两次银贵的本质进行了深度探讨。刘巍（2004）① 利用计量经济学方法，对银价与汇率间的相关关系进行了实证分析，结果表明银价指数每变动1%，汇率就同向变动0.93%。王玉茹和王哲（2011）② 利用物价、汇率的数据资料，及她们近年收集的物价资料重新编制了城市批发物价指数，建立关系模型验证和探讨了购买力平价理论在中国经济史研究中的适用性。结果表明，购买力平价理论在研究中国长时段历史中具有不确定性与极大风险，进而指出研究中国经济发展的历史重点是搞清楚微观的层面基础，然后才能考察宏观的发展趋势，而不是先用某种理论模型推算宏观的结论再去做微观的解释。学者管汉晖（2008）③ 对1870～1900年间中国汇率的决定进行了相关研究，认为中国因为银铜复本位的存在，导致这段时间中国对外表现为金银比价，对内表现为银铜比价的双重汇率。

对近代中国银本位制下对外汇率的影响因素，学者们探讨得很少，就笔者查阅的文献来看，仅贺水金和宋佩玉两位学者做过相关研究，此外分析1934年美国白银政策对中国影响的学者零散提到对中国汇率的影响。贺水金（2006）④ 主要就1935年法币改革前世界通货制度演变对金银比价的冲击做出了研究，尤其列举了几个世界货币制度变更的重要年份对金银比价的冲击。宋佩玉（2014）⑤ 认为法币改革前的中国对外汇率主要受国际贸易、金银比价、金融季节、外债赔款日等因素影响。美国学者杨格（1981）⑥ 在分析美国白银政策对中国经济的影响时，认为美国1934年开始购银使得此后中国达半数以上的贸易额的汇率急剧上升。其他虽然有学者分析了美国货币制度的演变，但

① 刘巍. 对近代中国的银价、汇率与进出口关系之实证分析［J］. 中国社会经济史研究，2004（4）：23.

② 王玉茹，王哲. 购买力平价法在中国经济史研究中的运用初探［J］. 中国经济史研究，2011（3）：9－14.

③ 管汉晖. 浮动本位兑换、双重汇率与中国经济：1870～1900［J］. 经济研究，2008（8）：113－123.

④ 贺水金. 论近代中国银本位下的汇率变动［J］. 社会科学，2006（6）：100－111.

⑤ 宋佩玉. 近代上海外汇市场研究（1843～1949）［M］. 上海：上海人民出版社，2014.

⑥ ［美］阿瑟·恩·杨格（Arthur N·Young），陈曾年译. 美国三十年代的白银政策和对中国的冲击［J］. 上海经济研究，1981（10）：51－58.

对中国汇率的影响没有提到，即使如此，这对本书后续研究仍有一定参考价值，如美国学者乔治·塞尔金（George Selgin，2013）[1][2]。

三、与中国银本位下的汇率变动对经济影响相关的研究

实际上，学者更多的是分析了银价对中国经济的影响，而对汇率的分析很少，但因与本书研究范围接近，故在此一并综述。关于银本位下的汇率对中国经济的影响，按研究范围可分为两类：一类是分析汇率对中国宏观经济的影响；还有一类是分析汇率对贸易的单独影响。

（一）对银本位下的汇率与宏观经济关系的相关研究

现代学者普遍认为银本位与中国近代宏观经济关系密切，银本位下白银价格波动从多方面影响到中国近代宏观经济运行，如对物价、货币制度、对外贸易、资本流动、经济危机、财政等多方面，不同的学者从不同的方面进行了单方面或多方面的探讨。

有些学者分析了汇率波动对中国某方面的单一影响。贺水金（2002）[3] 分析了汇率对资本流动的影响，通过分析中国 1888～1936 年经海关进出口的金银净值，认为推动近代中国金银国际流动的主要因素是华侨汇款和外国直接投资，而汇率走向更具关键性影响。吴景平和龚辉（2007）[4] 在分析 1930 年海关金单位征收原因时，论证了银价下跌导致的白银对外汇率下降给中国带来的财政负担，即镑亏问题，文中对 1929 年后的数据整理对研究汇率对中国财政的影响很有借鉴意义。

更多的学者是分析汇率波动对中国经济的多方面综合影响，但学者长时段

---

① ［美］乔治·塞尔金（George Selgin），胡修修编译. 美国金本位制兴衰史（上）［J］. 金融市场研究，2013（11）：135–146.

② ［美］乔治·塞尔金（George Selgin），胡修修编译. 美国金本位制兴衰史（下）［J］. 金融市场研究，2013（12）：135–145.

③ 贺水金. 论中国近代金银的国际流动［J］. 中国经济史研究，2002（2）：34–44.

④ 吴景平，龚辉. 1930 年代初中国海关金单位制度的建立述论［J］. 史学月刊，2007（10）：63–72.

的分析较少，多是分析某一时段。榭菊曾（1965）[①] 对 1935 年法币改革前的银价上涨对中国经济的影响有较为全面的分析，文章引用了大量史料，以史实记录的方式说明该次白银上涨对中国民族工商业和人民生活带来的影响。林满红（1979）[②] 分析了中国白银货币对外汇率下跌对晚清国际贸易与物价的影响，认为汇率的上升带来输出增加与贸易收支的改善，这种机制并不适用于晚清中国，其所说的汇率上升是指外币的汇率上升。郑友揆（1986）[③] 以 19 世纪 70 年代至 1900 年为研究范围，对中国银钱比价与物价及对外贸易的关系进行了细致分析，尤其分析了银价下跌期内商品进口和入超增大的情况，对银价下跌后白银在国外的购买力及中国对外贸易中价格领导权的丧失原因给予了说明，认为中国进出口物价的趋势，随国外物价及银汇二者的变动而起伏。蒋立场（2004）[④] 以 1901～1911 年为研究节点，认为银价变动对借款、地方征税、金融市场和商业、日常物价及民生有影响。管汉晖（2007）[⑤] 系统分析了 20 世纪 30 年代大萧条中的中国宏观经济，对大萧条中的中国经济进行了历史回顾，并与西方主要金本位国家进行比较，研究发现有两个因素在大萧条时期的中国经济中起到了重要作用：一个是银本位；一个是竞争性的银行体系。戴建兵（2003）[⑥] 运用历史学、经济学、钱币学结合的方法，分析了 1890～1935 年白银与近代中国经济的关系，认为中国近代白银的输出入与近代中国的货币数量、价值、汇率及内外贸易均有着直接关系。王信（2011）[⑦] 在对中国清末民初银本位下的货币制度做出探讨的同时，对同期汇率浮动做出了较为深刻的分析，尤其得出汇率不是影响外贸的主要因素这一重要结论。习永凯

① 榭菊曾. 一九三五年上海白银风潮概述 [J]. 历史研究, 1965 (2)：88 - 89.
② 林满红. 对外汇率下跌对晚清国际贸易与物价之影响 [J]. 教学与研究, 1979 (1)：155 - 158.
③ 郑友揆. 十九世纪后期银价、钱价的变动与我国物价及对外贸易的关系 [J]. 中国经济史研究, 1986 (2)：1 - 27.
④ 蒋立场. 清末银价变动研究 (1901～1911) [D]. 苏州：苏州大学, 2004.
⑤ 管汉晖. 20 世纪 30 年代大萧条中的中国宏观经济 [J]. 经济研究, 2007 (2)：16 - 26.
⑥ 戴建兵. 白银与近代中国经济 (1890～1935) [D]. 上海：复旦大学, 2003.
⑦ 王信. 中国清末民初银本位下的汇率浮动：影响和启示 [J]. 国际金融研究, 2011 (2)：35 - 41.

（2012）① 对近代中国白银的购买力进行了实证计算，得出结论为世界银贵（白银购买力上升或银价上涨）时，中国白银外流，中国近代的几次白银外流均发生在银价上涨（或白银购买力上升）超过 10% 的时期。类似的研究还有冯泽培（1996）②、贺水金（1999）③ 等。

（二） 对银本位下汇率对中国近代对外贸易的专题研究

关于中国近代对外贸易，理论界有一些经典的专题研究。最早对中国对外贸易进行系统梳理的文献应该始于杨端六、侯厚培等1931年编著的《六十五年来中国国际贸易统计》④，他们根据海关报告完整梳理了 1864～1928 年、共 65 年的出入口货值统计，这为后续进行国际贸易研究的学者提供了基础。姚贤镐（1987）⑤ 主要采用历史叙述的方法对近代 19 世纪70 至 90 年代中国对外贸易的发展趋势进行了总结，分析中对汇率与贸易的关系探讨很少，但其引用了大量数据可供后来学者参考。陈争平（1996）⑥ 系统分析了中国 1895～1936 年国际收支状况，其专著《1895～1936 年中国国际收支研究》也成为分析该时期对外贸易的重要资料。

现代学者关于银汇率对中国对外贸易的相关研究，有些把它置于宏观经济的一个方面进行研究，还有一些学者认为银本位价格波动对近代中国对外贸易的影响相比宏观经济其他方面更为重要，因此做了专题研究，按照研究方法又可将这些文献分为两类：

一类是运用计量经济学的研究方法进行分析。如刘巍（2004）⑦ 利用 1905～1936 年的宏观经济数据，论证了近代中国的银价、汇率和进出口之间的数量关系，结果表明：汇率对近代中国的进出口有影响，近代中国和世界

① 习永凯. 近代中国白银购买力的变动及影响（1800～1935） [D]. 河北：河北师范大学，2012.

② 冯泽培. 银本位制对近代中国经济的影响 [J]. 金融研究，1996（3）：65–68.

③ 贺水金. 论国际资本移动对近代中国经济的影响 [J]. 江汉论坛，1999（7）：66–70.

④ 杨端六，侯厚培等著. 六十五年来中国国际贸易统计 [M]. 国立中央研究院社会科学研究所专刊（第四号），1931.

⑤ 姚贤镐. 十九世纪七十至九十年代中国对外贸易的发展趋势 [J]. 中国社会经济史研究，1987（4）：1–14.

⑥ 陈争平. 1895～1936 年中国国际收支研究 [M]. 北京：中国社会科学出版社，1996.

⑦ 刘巍. 对近代中国的银价、汇率与进出口关系之实证分析 [J]. 中国社会经济史研究，2004（4）：22–26.

的 GDP、进出口价格指数与汇率同时影响进出口。郝雁（2007）[1] 以 1870～1936 年为时间范围，就银汇价和外国收入水平的变动对近代中国出口贸易的影响进行了实证分析，结果表明：银汇价和外国收入水平的变动与近代出口贸易变动之间存在单向的 Granger 因果关系，在间接标价法下，银汇价与近代中国的出口贸易之间呈现负相关关系，外国收入水平变动与近代中国出口贸易之间呈现正相关关系，并且出口贸易的收入弹性大于汇率弹性，表明外国收入水平对出口贸易的拉动大于银汇价贬值对出口贸易的拉动。

另一类主要是结合史料进行理论分析，并总结规律。如樊卫国（1992）[2] 对 1867～1948 年近代中国海关计值单位与英、美货币的汇率进行了汇总，认为世界银价的起伏变化使中国的对外汇率变动不定，同时国内的财政状况和经济发展状况也直接影响本国币值的变动，而汇率的涨落不仅关联着外贸的消长，也直接关系到外贸额的估值。张九洲（1997）[3] 认为银本位时期银汇下跌不仅没有推动中国对外贸易局面的好转，反而使中国蒙受了更大的经济损失，银汇上升不一定就影响了中国的出口贸易。

四、与 1935 年法币改革原因及改革后的汇率问题相关的研究

（一）对中国放弃银本位，实行法币的原因分析

学者们对近代中国采用法币制度的过程及原因分析得较多，这对本书分析浮动汇率制变迁为固定汇率制提供了参考。探讨中学者多是从白银危机及中国与西方强国的关系入手，以描述性介绍为主的方法说明国民政府放弃银本位实行纸币制度过程。下面也按这两类研究进行综述：

一是以美国白银政策为主，探讨白银危机对中国的冲击，这可以看作是对中国放弃银本位原因的探讨。如勃兰特和萨金特（Brandt and Sargent，1989）[4]

① 郝雁. 近代中国出口贸易变动趋势及其影响因素的实证分析（1870～1936）[J]. 中国社会经济史研究，2007（2）：79-85.
② 樊卫国. 近代上海进出口贸易在全国中的比重 [J]. 上海经济研究，1992（3）：70-79.
③ 张九洲. 论近代中国的银汇波动与对外贸易 [J]. 史学月刊，1997（3）：33-37.
④ Loren Brandt, Thomas J. Sargent. Interpreting New Evidence about China and U. S. Silver Purchases [J]. *Journal of Monetary Economics*. Vol 23, 1989（1）：31 - 51.

认为美国白银政策并不是促使中国放弃银本位、实行法币制度的主要原因，而是中国基于对银价上涨存在资本获利企图，以及不想再受制于一种商品本位的约束，所以政府部门自己放弃了银本位。洪葭管（1988）① 较早对美国白银风潮进行了概括性描述。李爱（2005）② 认为从 1932 年起，世界主要金本位国家逐渐摆脱衰退恢复发展时，中国经济由于国际银价上升，尤其是美国实施白银政策，引发国内白银大量外流，经济从复苏转向衰退，为了制止国内白银外流及其引发的信用紧缩和经济衰退，国民政府最终进行币制改革。与此类似结论的研究还有刘院丽（2007）③。

二是分析了法币改革是国民政府与其他强国利益争夺的一种选择。对这一问题的研究最有代表性的是吴景平。吴景平（1988④，1989）⑤ 先后分析了 1935 年币制改革过程中英国与中国交涉的详细过程，并翻译了 1935～1936 年英国李滋罗斯与中国交涉过程的部分外交档案，对我们了解这段历史提供了翔实的档案依据。

（二）与法币改革后的汇率问题相关的研究

法币改革后初期的外汇汇率十分稳定，这从 1936 年张素民编著的《白银问题与中国币制》⑥ 关于法币改革后一个月的汇丰银行挂牌记载中可以看到。

现代学者们关于法币改革后的汇率问题研究很少，现有研究基本是关于法币改革后所采用的外汇政策的相关研究。如黄如桐（1987）⑦ 将国民政府从 1937 年 7 月 7 日至抗战结束为止所采用的外汇政策分为三个阶段进行了详细解读，其中第一阶段为 1937 年七·七事变开始到 1938 年 3 月，正是黄如桐的分析对本书理解国民政府法币改革后的汇率制度提供了启发。刘院丽

① 洪葭管. 白银风潮［J］. 中国金融，1988（3）：68－69.
② 李爱. 白银危机与中国币制改革—解析国民政府时期的政治、经济与外交［D］. 上海：华东师范大学，2005：37－38.
③ 刘院丽. 国民政府法币改革中的外汇问题［D］. 桂林：广西师范大学，2007.
④ 吴景平. 英国与 1935 年的中国币制改革［J］. 历史研究，1988（6）：174－189.
⑤ 吴景平译. 李滋罗斯远东之行与 1935～1936 年的中英日关系——英国外交档案选译（上）［J］. 民国档案，1989（10）：49－66.
⑥ 张素民. 白银问题与中国币制［M］. 上海：商务印书馆，1936；30.
⑦ 黄如桐. 抗战时期国民党政府外汇政策概述及评价［J］. 近代史研究，1987（4）：190－211.

（2007）①对法币改革后至太平洋战争爆发前国民政府采用的外汇政策也进行了类似的分析，同时其还透过法币改革后的汇率决定解读了中外关系。还有一些学者对法币改革后的汇率政策做出过探讨，但都是关于战后的，与本书研究范围偏离，不再综述。

其他关于法币改革后汇率问题的研究较为零散。如关于法币改革后的汇率集团的归属，吴景平（1988）②认为法币改革后，尽管英国与中国交涉较多，但根据史料分析法币既没有加入英镑集团，也没有加入美元集团。还有学者分析到了法币改革后的外汇储备主要是与美国交涉后售银所得，对此仇华飞（2004）③、任东来（2000）④有所剖析，其中任东来对中国历次向美售银进行了更多的数据研究。

五、简单评述

总体来看，学者们对近代中国汇率问题的相关研究散落于对近代中国货币制度、上海外汇市场及银价影响的研究之中。对近代中国货币制度的完善研究为本书研究近代中国汇率制度变迁提供了丰富的货币背景支撑。对上海外汇市场的研究为本书解读近代中国汇率运行提供了基础。这些学者的研究成果都建立在繁杂的史料挖掘基础之上，得来十分不易。透过这些研究我们发现，关于近代中国汇率制度的变迁及其影响方面，至少存在如下研究不足：第一，学者们更多的是研究银本位这种货币制度，而对货币制度引出的汇率问题涉猎较少，对近代中国汇率制度变迁及其影响的专题研究几乎空白，其相关内容研究散落于不同问题的不同方面，缺少整体分析的成果。第二，数据较零散，很难见到长时期连续数据。从现有文献看，学者们选取 1927～1936 年的数据相对较多，再往前推的数据则相对较少。第三，关于近代中国浮动汇率制的影响研究，学者们更多的是考察其对对外贸易总额的影响，缺少更加深入的研究成

① 刘院丽. 国民政府法币改革中的外汇问题 [D]. 桂林：广西师范大学，2007.
② 吴景平. 英国与 1935 年的中国币制改革 [J]. 历史研究，1988 (6)：174-189.
③ 仇华飞. 1935 年中国币制改革与中美金银交换 [J]. 学术研究，2004 (8)：105-110.
④ 任东来. 1934～1936 年间中美关系中的白银外交 [J]. 历史研究，2000 (3)：103-115.

果，如对贸易条件的影响研究几乎空白，对物价、白银流动、经济稳定性等的影响研究则成果较少，此外，关于近代中国浮动汇率的开端还没有学者进行过探讨。第四，在研究方法上，历史性描述成果居多，经济与数量分析的研究成果较少。

第三节　研究思路和方法

一、研究思路

本书主要研究近代中国汇率制度的变迁过程及其影响，即在整理近代中国汇率制度开端的中外背景的基础上，分析中国近代典型浮动汇率制的开端，并系统梳理从浮动汇率制变迁到法币时代的外汇汇兑本位制的过程，也就是如何从浮动汇率制变迁到固定汇率制，再到名义固定、实际浮动的汇率制度，并对每一过程中汇率制度对中国的主要经济影响做出分析。

本书研究的时间范围从 1840 年第一次鸦片战争开始，至 1938 年止（其中1840 年～1935 年 11 月为浮动汇率制时期，1935 年 11 月～1938 年为固定汇率制时期）。

本书主要根据时间、中国货币对外汇率阶段变化特点及汇率制度不同进行章节划分。具体分为六章，其中第三、第四、第五章为本书的研究重点（第三、第四章两章分析浮动汇率制的情况，第五章分析固定汇率制的情况）。具体为：

第一章为导论。主要阐明本书的选题目的与意义、综述学界对本选题的相关研究现状、本书的研究思路与方法、研究创新与不足、相关概念界定等。

第二章分析近代中国汇率制度开端的国内外背景。具体从两方面展开分析：首先分析中国汇率制度开端的国内背景，包括社会背景、财政及金融机构背景、货币背景；其次探讨近代中国汇率制度开端的国际背景，包括主要经济背景和货币制度背景。这些中外背景是理解本书后续汇率相关问题的基础，也是理解近代中国中外关系的支撑。

　　第三章与第四章分析近代中国浮动汇率制有关问题及其影响。这两章都是关于近代中国浮动汇率制时期的分析，由于 1931 年是中国白银对外汇率走势的分水岭，因此第三章探讨 1931 年前中国白银对外汇率呈下跌趋势下的汇率制度及影响，第四章探讨 1931 年后白银对外汇率呈上涨趋势下的情况。第三章从四个层面的分析：首先，对汇率问题在中国受到关注的时间进行考证，并分析浮动汇率制在中国的典型开端；其次，分析浮动汇率制时期的基本汇率情况，即先会重点整理各种白银货币的对外汇率、折算成单位统一的连续汇率数据，并分析得出白银对外汇率的特点和决定基础；再次，分析中国货币对外汇率波动的原因，即总结对应时期影响汇率波动的因素，并说明影响机理；最后，结合史料与实证数据深入分析浮动汇率制对财政、对外贸易、白银流动、物价、经济稳定等方面的影响。第四章从三个层面的分析，思路与第三章的后三个层面分析近似，但重在体现与此前相比出现的变化。

　　第五章分析 1935 年法币改革后固定汇率制有关问题及其影响。首先，分析中国如何由浮动汇率制进入固定汇率制，并对固定汇率制的运行阶段做出划分，在此基础上，对中国在固定汇率制时期政府的维护手段进行解读。其次，整理固定汇率制时期的法币对外汇率数据，并分析国民政府固定汇率制阶段的对外汇率水平呈现的特点。最后，对固定汇率制运行阶段的影响进行分析。

　　第六章为全书结论及启示。在各章研究的基础上，总结全文的综合结论，并期望能够对当代金融问题提供一些启示。

二、研究方法

　　中国经济史专家吴承明认为当代经济史主要有三种研究范式：一是偏重从历史本身探讨经济的发展，注重文献诠释和史料考证；二是重视从经济理论上阐释经济发展过程，乃至计量分析；三是兼重社会和文化思想变迁，自成体系。[①] 这三种研究范式的划分也同样适用于金融史。吴承明还有一句关于经济史研究方法的经典描述，即"史无定法"，[②] 意思是说任何经济学理论用于经

[①]　吴承明. 经济史：历史观与方法论 [J]. 中国经济史研究，2001（3）：20.
[②]　吴承明. 经济史：历史观与方法论 [J]. 中国经济史研究，2001（3）：14.

济史研究都要根据其研究对象选择适合的研究方法。根据本课题的研究内容，本书试图将经济史第一种和第二种研究范式结合起来，根据本书具体研究内容的不同，选用合适的研究方法。具体来讲，主要会用到如下几种方法的结合：

（一）历史学叙述与经济学分析相结合

对于一些必须采用按时间顺序才能说明事件原委经过的内容，会主要用到历史学叙述的方法，如阐明浮动汇率制的国内外背景（尤其货币背景部分）、分析影响近代中国汇率因素时要涉及的国际金本位制崩溃过程、分析浮动向固定汇率制转变时必须要涉及的美国白银政策的推行等，从而力图还原历史本来的面貌。对于一些必须采用经济学原理才能说明的内容，则会主要用经济学分析的方法，如分析中国白银对外汇率变动对近代中国贸易条件的影响部分。

（二）定性分析与定量分析相结合

定性分析主要用于说明经济现象的性质及其内在规定与规律，如文中用于分析近代中国浮动汇率制的存在根源、各国货币贬值对近代中国对外汇率的影响、对美国推行白银政策的目的解读等。对于史学研究，"史料考证是治史之本"。[①] 因此，本书会根据大量零散的史料数据整理近代中国白银对外汇率，在此基础上，大量采用定量分析来对一些经济现象之间量的关系进行解读。例如将定量分析用于对伦敦、纽约银价与中国对外汇率的关系分析，用于对汇率、白银购买力及物价等之间的关系分析等。

（三）归纳与演绎相结合

对于一些分散、零星的史料所能反映的问题，本书会用到归纳法。如用于对近代上海对外贸易的结算方式分析、对近代中国对外贸易的特点总结、从近代恒丰纱厂经营困境总结汇率对工商业的影响等。对于有一些无法从现有文献梳理中启发的内容则必须用演绎法进行推理。例如分析中国近代典型浮动汇率制开端时，就会从近代上海贸易结算方式的变化、中国对外贸易出入超情况及外债等方面进行演绎推理得出。

此外，本书还会用到比较研究法。按照史学家严中平的观点，研究中国经

---

① 吴承明. 经济史：历史观与方法论 [J]. 中国经济史研究，2001（3）：21.

济史，"必须对外国经济史有相当程度的了解，不能就中国论中国"。① 因此，本书研究中会参考近代国际经济形势，也会用到国外的经济数据，如同期国外物价。

第四节　创新与不足

一、本书的创新点

本书的写作存在以下方面的创新与特色：

（一）在研究领域上的创新

从笔者掌握的情况看，理论界对中国 1949 年后的汇率制度，尤其是当代的汇率制度研究的较多，经济史与金融史中也有学者进行了与近代中国汇率问题相关的研究，如近代上海外汇市场、银本位下的汇率波动、银价对中国的影响、法币的外汇政策等，但近代中国从 1840 年后到 1938 年中日战争初期近百年的时间内，不同阶段表现出的实际"汇率制度"是什么样的还没有学者进行过探讨，在金融史的著作中也没有记载，本书的研究领域应该是金融史领域关于"近代中国汇率制度"的首创探讨。因此，书中给出的各个阶段的近代中国汇率制度归属及变迁过程属于目前学界的创新性提法。

此外，本书对某些内容的考证，过去从没有学者探讨过，如对近代中国汇率制度变迁过程的完整梳理、对近代中国汇率问题受到关注和浮动汇率制典型开端的考证、对汇率上涨期的浮动汇率制表现出的特点挖掘、关于浮动汇率对近代中国贸易条件的影响分析、中国白银货币对外汇率在银价影响中国白银流动与物价变动中的作用探讨、对固定汇率制时期国民政府维持汇率稳定手段的解读、对法币对外汇率低估的测算等。

（二）在汇率史料挖掘与规整上的创新

过去几乎无法查阅近代中国完整且单位统一的对外汇率与银价数据，因为

---

① 姜锡东. 中外对比与中国经济史研究 [J]. 中国经济史研究，1996（6）：118.

近代中国银本位制下的汇率呈现出的特点有：同一时期有多种货币的对外汇率；同是白银货币在不同时期又有不同的单位；同是白银货币对应的外币单位不同；不同时期的汇率资料分散各处，没有统一的记载等。现有文献记载了不同片段的汇率资料，也有学者进行了部分时段的中国对外汇率史料挖掘工作，但还没有进行史料挖掘之后汇率单位的统一、规整工作，在史料应用上基本呈现不同单位的原始汇率记载数据，从而无法对近代中国的对外汇率进行纵向比较。本书耗费近一半的时间与精力在近代中国对外汇率史料搜集、消化、确认数据准确性、归整单位等工作上，最终能够较完整地整理出近代中国纵向单位统一的对外汇率数据该是本书的一大创新。

（三）在研究范式上的创新

本书试图将上文吴承明先生总结的经济史研究的第一种范式（从历史本身探讨经济发展），以及第二种范式（从经济理论阐释经济发展过程）结合起来，从而在写作方法上尝试综合运用多种方法的结合来分析本课题，在尊重历史本来面貌的基础上，将历史学叙述与经济学分析相结合、定性分析与定量分析相结合、归纳与演绎相结合，连同比较法来完成本课题的写作。

（四）在研究时限上的创新

本书选取 1840～1938 年近百年为时间范围，这中间经历清朝、北洋政府、南京国民政府三个时期，不同时期涉及的社会背景，尤其是货币背景有很大差异，这种长时段的范围选取是现有关于近代中国汇率问题研究成果中最长的一个。

二、本书的不足之处

鉴于个人学识不足，同时由于存在的一些客观原因使本书在以下方面还存在很大不足：

（一）对近代中国浮动汇率制与固定汇率制的经济影响对比不足

近代中国同时经历过浮动汇率制和固定汇率制，如果能够将两种制度的经济影响进行深度对比并总结规律，将会对中国当代汇率政策的决定有很好的借鉴意义。但受制于固定汇率制仅从 1935 年 11 月到 1938 年 3 月，时间跨度太短，如果用跨度几年的固定汇率制影响与跨度几十年的浮动汇率制影响进行对比，恐怕结果不够准确。

（二） 对史料的挖掘与应用还不够全面

由于本书将大量精力用于汇率数据的整理，同时由于大量史料散落在不同时期的不同文献中，使得史料的搜集难度较大。受研究水平及本书研究时限的限制，鉴于近代中国 20 世纪 30 年代是国际汇兑研究较集中的时代，因此本书将近代杂志的史料挖掘重点放在了这个年代，这导致本书对其他年代可能重要的史料挖掘不足，从而可能导致本书对某些问题的分析理解不够全面。

（三） 在时间跨度上还不够完整

若能将 1840 ~ 1949 年近代中国汇率制度变迁的全貌进行系统梳理，对完整还原近代中国汇率制度的历史非常有意义。但受制于时间和个人能力限制，又考虑到中日战争的影响，本书没能将 1938 年 3 月至 1949 年的汇率制度纳入研究范围，实为遗憾。

（四） 关于近代中国汇率制度对中国微观领域的影响研究不足

近代中国汇率制度对微观领域有一定影响，这种影响主要通过汇率对物价的传导再到居民生活表现出来。由于研究时间范围近百年，又考虑到篇幅限制，为了整体展现近代中国汇率制度变迁的全貌，本书未对微观领域进行单独探讨，仅在分析汇率对中国各宏观部分影响时在内容里提及。

上述不足，将在今后的研究过程中努力加以修改和完善，这些不足也是本课题下一步研究的方向。

第五节　相关概念界定

一、学界关于当代汇率与汇率制度的界定

因为世界存在不同的货币区，不同货币区进行交往（如贸易）必然涉及

货币的兑换，而货币兑换的价格就是汇率。按照《新帕尔格雷夫经济学大辞典》的定义，汇率是一种货币以其他货币表示的价格。[①] 该词典进而将固定汇率与浮动汇率界定为："固定汇率是指使汇率在一段时间内的变动限制在一个很窄的波动范围内（极值为零）"[②]"浮动汇率是由市场决定的外汇价格，它根据供求作出变动，而且并不通过官方买卖而被钉住于狭小的范围内。没有官方买卖的伸缩外汇制度通常被称为纯粹浮动制；而具有某些官方买卖的制度被称为管理浮动制"。[③]

汇率制度是一国政府通过法律、制度及政策对本国汇率的决定与变动所做出的基本安排或规定。其中主要包括规定本国货币对外价值的确定原则及方法，规定汇率波动的方式及幅度，以及如何采取措施对汇率进行维持、干预或调整等。[④] 当代对于汇率制度的分类较为详细，最权威的是 IMF 的分类标准，IMF2014 年公布的汇率制度分类主要是九类，即：无独立的法定货币（no separate legal tender）、货币局（currency board）、传统的盯住（conventional peg）、稳定安排（stabilized arrangement）、爬行盯住（crawling peg）、类似爬行的安排（crawl-like arrangement）、水平带盯住（pegged exchange rate within horizontal bands）、其他有管理的安排（other managed arrangement）、浮动（floating）、自由浮动（free floating）。进一步，可以将这些汇率制度进行简单的分类。按照《新帕尔格雷夫经济学大辞典》的划分，一国的汇率安排主要有三大类情况：一种极端情况是货币当局做出承诺，在准永久性的基础上保持汇率不变；另一种极端情况是自由浮动汇率的情况；在两种极端情况之间，有各种可能的汇率安排。[⑤] 即一国的汇率制度可以简化为在严格固定、自由浮动与中间汇率

① 约翰·伊特韦尔等编，陈岱孙等编译. 新帕尔格雷夫经济学大辞典（第3卷）[M]. 北京：经济科学出版社，1996：407.

② 约翰·伊特韦尔等编，陈岱孙等编译. 新帕尔格雷夫经济学大辞典（第3卷）[M]. 北京：经济科学出版社，1996：408.

③ 约翰·伊特韦尔等编，陈岱孙等编译. 新帕尔格雷夫经济学大辞典（第3卷）[M]. 北京：经济科学出版社，1996：420.

④ 王灵华，谢朝阳，李洪梅，欧阳智华. 国际金融学（第二版）[M]. 北京：清华大学出版社. 北京交通大学出版社，2011：165.

⑤ 约翰·伊特韦尔等编，陈岱孙等编译. 新帕尔格雷夫经济学大辞典（第3卷）[M]. 北京：经济科学出版社，1996：420.

制度三者之间进行选择，或进一步在相对固定汇率制与相对浮动汇率制两者之间进行选择。各国对于汇率制度的安排可以是正式的，即所谓"公开宣称"或"名义"汇率制度；也可以是非正式的，即所谓"实际"的汇率制度。固定汇率制与浮动汇率制下，汇率的决定因素不同，在当代浮动汇率制下，货币的价值由供求所决定；当代固定汇率制下，一般靠一国政府官方维持汇率稳定。

二、本书关于近代中国汇率、汇率制度及相关时间界定

近代中国在 1935 年 11 月法币改革前，主要采用银为货币，以银为主要货币的近代中国汇兑存在着国际汇兑（简称"外汇"）和国内汇兑（简称"内汇"）之分。其中"内汇"主要发生于中国各埠际贸易之间，如上海与天津之间可能发生的银两与银两之间、银两与银元之间、银元与银元之间等的汇兑。"外汇"主要发生于中国与别国之间，如上海与英国之间可能发生的中国白银货币与英国英镑的汇兑。本书研究涉及的汇兑是这里所说的"外汇"，而非"内汇"。

中国与别国汇兑涉及的价格即为汇率。对银本位制下中国白银货币对外汇率的界定，有学者曾经做出过阐述。1935 年吴大业定义为："中国之货币为银，而外国之货币为金，故中国之对外汇率即代表中国银币与外国金币之比价。"[1] 这种定义与当代汇率定义没有本质区别，只是货币本位不同，近代中国与别国的货币兑换表现不同。

近代中国在 1840 年第一次鸦片战争后主要经历了两元并用、废两改元、纸币制度的货币演变路径。1933 年中国废两改元前，银两银元并行流通，在对外贸易上以银两为主。19 世纪 70 年代中期开始，中国出现稳定正规的外汇牌价（开始是麦加利银行挂牌），刊登在 1876 年 2 月 24 日起[2]的《申报》上，20 世纪 70 年代中期以后汇丰银行超越麦加利银行，获得挂牌资格，当时上海

---

① 吴大业. 一个新的外汇指数. 政治经济学报. 第 1 卷，第 1 期（1935 年 4 月）：163，转引自孔敏主编. 南开经济指数资料汇编［M］. 北京：中国社会科学出版社，1988：597.
② 宋佩玉. 近代上海外汇市场研究（1843～1949）［M］. 上海：上海人民出版社，2014：66.

汇丰银行的外汇牌价都是以规元两开价，1933 年废两改元后改为以银元开价。1935 年 11 月中国推出法币后，白银禁止用于结算，此后中国的中央银行和汇丰银行分别挂牌，并刊登在每日《申报》上，挂牌均以法币开价。本书结合近代中国货币的演变和外汇挂牌的变化，将近代中国对外汇率界定为：中国主要货币以外国货币表示的价格，这种价格表现经历了银两货币（1933 年废两改元前主要以规元、关两为代表）、国币元（1933 年废两改元后使用）、法币（1935 年 11 月 4 日开始）三种货币形式以外币表示的价格。后文关于中国近代汇率相关分析中所用到的汇率定义，基本采用本书的这一界定。近代中国不同时期汇率的具体表现及特点会在后文各章做详细表述。

关于近代中国汇率制度的变迁过程，还没有学者进行过专门梳理，因此也没有学者对近代中国汇率制度进行过界定。本书沿用学者们关于当代固定汇率制与浮动汇率制的定义，主要以汇率波动幅度为评价标准，结合近代中国历任政府的干预程度，将近代中国汇率制度划分为两个主要时期，即：将 1935 年 11 月 4 日法币推出前，中国历任政府几乎无干预的、以银两（规元、关两为代表）及国币元兑换外币为表现形式的、汇率大幅波动的时期界定为浮动汇率制时期；将 1935 年 11 月 4 日法币推出后，国民政府通过中央银行、中国银行、交通银行三行无限制买卖外汇为主要维持手段，促使法币对外汇率稳定的时期界定为固定汇率制时期。另外，后文各章会通过不同时期汇率的波动表现和影响因素分析来阐明这种界定的依据。

关于本书将提到的各时间划分还需要说明：（1）关于中国固定汇率制与浮动汇率制节点的划分。根据本书关于中国固定汇率制与浮动汇率制的界定，本书以 1935 年 11 月为界，将此前界定为浮动汇率制时期，此后至 1938 年界定为固定汇率制时期；（2）关于中国浮动汇率制阶段的划分。中国浮动汇率制时期以 1931 年为界，此前中国白银货币对外汇率具有不同的阶段变化特点，但总体下跌，因此本书将其界定为对外汇率下跌期。此后，中国白银货币对外汇率以上涨为典型特征，因此本书将 1931 年以后界定为对外汇率上涨期；（3）关于中国浮动汇率制典型开端的时间界定。19 世纪 50 年代汇兑结算方式出现于上海，控制上海国际汇兑的主体经历了从洋行到外商银行的转变，其中汇丰银行垄断了近代中国的国际汇兑，进而操纵了近代中国从 70 年代中期后至 1935 年法币改革止的外汇挂牌。1865 年中国出现第一笔外币借债，1877 年中国出现因 70 年代开始的世界银价下跌带来的汇率风险。应该说从 70 年代世界银价下跌开始起，中国就已经步入浮动汇率制，但鉴于中国大量外币计价的外债增加和贸易逆差出现于 1894 年中日甲午战争后，因此本书将中国典型浮动汇率制的开端定为 1894 年，以 1840 年为研究起点是因为这以后中国与国际的相关环境变化为研究中国汇率制度的开端提供了背景依据。以上各时间的划分依据在后文具体分析中会详细说明。

| 第二章 |

近代中国汇率制度产生的国内外背景

近代中国首先出现了浮动汇率制，要想理解中国浮动汇率制的产生及引出的相关问题，就要对这一时期的国内外背景有一基本的理解。为此，本书先会就与中国汇率制度产生相关的国内外背景做一简单梳理。

第一节　近代中国汇率制度产生的国内背景

19 世纪以前，中国比欧洲或亚洲任何一个国家都要强大。[①] 然而，在近代中国"闭关政策"的影响下，中国的经济被西方工业革命促成的西方强国所赶超。据统计，1500～1820 年期间，中国经济增长率为 0.41%，世界平均为 0.32%；1820～1870 年期间，中国经济增长率为 - 0.37%，世界平均为 0.93%。[②] 中国的经济在 1820 年后出现了衰落，伴随 1840 年第一次鸦片战后中国被迫打开国门，中国的政治、经济、货币方面都面临许多新的变化与困境。

一、国内社会背景

（一）外来冲击导致中国近代社会性质发生变化

总体来看，中国在 1840 年以前，还是属于奉行"闭关政策"的、自给自

---

① ［英］安格斯·麦迪森（Angus Maddison）著，伍晓鹰，许宪春，叶燕斐，施发启译. 世界经济千年史 ［M］. 北京：北京大学出版社，2003：109.
② ［英］安格斯·麦迪森（Angus Maddison）著，伍晓鹰，许宪春，叶燕斐，施发启译. 世界经济千年史 ［M］. 北京：北京大学出版社，2003：260.

足型的、独立自主的封建社会；从 1840 年第一次鸦片战争开始，中国开始沦为被迫开放的、半殖民地半封建社会；1894 年开始的中日甲午战争后，中国完全加入世界经济格局，彻底深陷半殖民地半封建社会的深渊。

1840 年以前，中国奉行"闭关政策"，属于自给自足型的独立自主的封建国家。"闭关政策"是清王朝对"西学东渐"采取的一项总政策，最早主要是因文化忧虑而产生，即为了"杜民夷之争论，立中外之大防"①。康熙年间，中国还采用较为宽松的对外政策活动，这种宽松随着西方来中国传教的增多而逐渐收紧，到了雍正年间真正形成了因文化闭关而出现的"闭关政策"，并且这种闭关最终波及贸易领域，形成近代中国的贸易闭关。中国地大物博，长期闭关并不影响国内的运转，因为中国长期形成的小农经济与家庭手工业结合的经济结构形成了国内自给自足的经济状态。但是，"闭关政策"却使中国丧失了追赶国际工业化潮流的最佳机会，闭关的结果就是"不知海外尚有世界"②。此时，英国、比利时已完成工业转变，其他主要国家也正经历着改变世界历史的工业革命，并积极寻找和开辟海外殖民地市场。

完成工业革命的英国为了扩大海外扩张，在 1840 年对清政府发动了第一次鸦片战争。随着中国的战败，1842 年 8 月 29 日，清政府同英国签订《南京条约》，包括开放广州、厦门、福州、宁波、上海五口对外通商，取消公行制度，英商在通商口岸自由贸易，从此，中国开始沦为半殖民地半封建社会。第一次鸦片战争后，因为中国自给自足型的经济结构使得外国输入中国的商品并没有增多，另外中国人当时的消费和支付能力，在购买外国鸦片之后，已无能力购买外国先进的工业品。利益的推动使西方 1856 年又发动了第二次鸦片战争，签订《天津条约》《北京条约》，从而在中国获取了新的经济与政治特权，例如获取了协定关税、沿海贸易、领事裁判等特权，仅通商口岸就增加了 11 个。1883 年开始的中法战争后，清政府又签订了《中法新约》。

为了瓜分中国，1894 年日本发动了侵略中国的甲午战争，中国战败后，签订了《马关条约》。这一条约使列强获得了在中国设厂的权利，从此外国对

---

① 王先明. 中国近代史（1840 ~ 1949）[M]. 北京：中国人民大学出版社. 2011：8.
② 陈真，姚洛合编. 中国近代工业史资料（第一辑 民族资本创办和经营的工业）[M]. 北京：三联书店，1957：2.

华投资扩大，领域涉及财政金融、贸易、运输等，这使中国完全加入世界经济格局、彻底深陷半殖民地半封建社会的深渊。也是这一条约的出现导致了清政府面临大量赔款，从而扩大对外借债，出现了本书后来提到的"镑亏"。

此后还有八国联军侵略中国出现的《辛丑条约》，使中国半殖民地、半封建社会的社会性质进一步加深。

（二）内部矛盾导致中国近代政权交替、社会不稳

在1935年固定汇率制出现之前，近代中国经历了清朝时期、北洋政府时期、国民政府时期，不同时期的政权又都有自己内部难以调和的矛盾。

政治结构也称为政治体制，是指国家主权的组织形式。[1] 清朝采用的是中央集权的君主专制政治结构。从鸦片战争到清朝灭亡，清政府的这种政治结构逐渐瓦解，重要的两个表现是：一是中央政府对地方政府的控制力削弱，地方势力随汉族官僚势力扩大而加强。当时重要的代表是曾国藩、左宗棠、张之洞等汉族大臣，借助洋务运动扩充自己的实力与财力，造成权力向地方转移。二是西方势力介入清政府，国家主权遭到破坏，如丧失关税自主权。清朝后期，社会矛盾日益尖锐，对百姓的盘剥、贪腐盛行，使农民运动不断。

北洋政府时期名义上一直维持民主共和体制。实际上，北洋政府时期军阀混战，充满混乱，这一时期政坛更迭最为频繁，社会极为动荡。1931年孟世杰评论为："自民国元年迄今，战争兵乱，无年无之。"[2]

1928年南京国民政府成立后，采用国民党一党专政的政治制度。此时，派系斗争仍然存在，随着1937年中日战争爆发，中日民族矛盾上升为主要矛盾。

二、国内财政与控制国际汇兑的金融机构背景

（一）财政背景

清代中央无固有之财源，其用费均出于各省之贡献，第一次鸦片战争后，

---

①　张继良. 近代中国的政治社会变革研究［M］. 北京：北京大学出版社. 2013：75.
②　孟世杰. 中国近百年史——民国文存31［M］. 北京：知识产权出版社，2014：336.

清政府财政已经拮据，甲午战争后，更是大举借用外债。1840年鸦片战争后，清政府的财政出现拮据，因此在咸丰三年，即1853年，中国借入第一笔外债。这笔外债由上海道台吴健彰主持，借入银洋1.3万元，[①] 借外债的目的主要是用于剿灭太平军。甲午战争后，中国面临大量赔款债务，仅对日赔款、庚子赔款两项合计即达6.8亿两白银，而从当时清政府的财政情况看，至"光绪初年，清政府出入八千万两上下，中年加至一万万两，季年又加为二万万两"。[②] 在自有财政根本无力支付对外赔款的情况下，清政府开始大举借债。从史料记载看，1894年甲午战争之后中国外债大增，至光绪二十六年（1900年），外债遂至5575.5万镑之多，光绪二十七年（1901年）后，又借款约达1.68亿镑。[③]

民国时期的财政，总体呈入不敷出的紊乱状态。北洋政府时期的派系斗争加上清末遗留的历史欠债，使得民国初期靠借债度过危机成为选择。1911年，中国试办预算，当时借款也算做收入，因此表面看，民国时期的财政可能是收支平衡的，但实际入不敷出。以1912年为例，预算岁入共计银4.13亿元；岁出共计4.98亿元；预算表面显示收支相抵，实亏8521万元。[④]实亏只能靠借外债度过，例如历史有名的1913年善后大借款。北洋政府留下的财政亏空在南京国民政府初期异常严重，据统计：1925年中国岁入4.62亿元，岁出6.34亿元，赤字为27%。[⑤] 中国大量对外借款的出现，使中国当时财政体现的最大特色为"有财无政"。民国时期的财政支出与国外比较起来，呈现三个特点，即："国债费之支出，中国多于日德意，而少于英法美；军事费之支出，中国比任何一国其百分数皆高；政务费之支出，中国比任何一国皆低。"[⑥] 从而，军费开支和偿还债务成为民国时期支出的主要去向。

（一）控制中国国际汇兑的金融机构背景

控制中国国际汇兑的金融机构经历了从洋行到以麦加利和汇丰银行为首的

---

① 吴景平. 关于近代外债史研究对象的若干思考 [J]. 历史研究, 1997 (4): 55.
②③④ 孟世杰. 中国近百年史——民国文存31 [M]. 北京：知识产权出版社, 2014: 164.
⑤ 洪葭管. 中国金融通史（第四卷 国民政府时期）[M]. 北京：中国金融出版社, 2008: 53.
⑥ 严双. 中国财政问题之考察 [J]. 东方杂志. 第28卷, 第13号（1931年7月10日）: 20 –
21.

外商银行的转变，其中汇丰银行在近代中国的地位尤其突出。1834 年以前，英国的东印度公司垄断着对华贸易，随着 1834 年东印度公司对华贸易特权被撤销，洋行（外国商号在中国的代理人）成为英国对华贸易在中国唯一的代理人。1843 年上海开埠后，19 世纪 50 年代汇兑成为贸易结算手段，初期的国际汇兑主要是洋行控制，这一状况持续到 60 年代末，洋行控制国际汇兑的优势被外国来华银行取代。1842 年开设在印度的丽如银行，1845 年迁往英国伦敦，1850 年在上海设立分行，成为中国最早的外商银行。近代最早控制中国国际汇兑的外商银行应该始于英国的麦加利银行（即渣打银行），该行 1857 年在上海设立分行。在上海，最初出现的正规外汇牌价就是始于 70 年代中期麦加利银行的挂牌，"根据《申报》显示，从 1876 年 2 月 24 日起，开始对银行票和商人票进行挂牌，且行情较为稳定"[①] 这时出现的外汇挂牌就是麦加利银行挂牌的。在近代中国，控制中国国际汇兑最重要的外商银行是晚于麦加利银行的汇丰银行。汇丰银行 1865 年成立于香港，在上海设管辖行，另外在汉口、厦门、福州、天津、北京、广州、烟台、青岛、哈尔滨、大连、沈阳、汕头、重庆以及欧美各国设有分行。其在中国大陆的主要活动地点是北京和上海，在北京主要接洽对中国政府的借款事宜，在上海则主要从事商业性的金融业务。操纵国际汇兑历来是汇丰银行的一大主要业务，在 70 年代中期以后汇丰银行逐渐超越早于其设立的麦加利银行，成为中国经理国际汇兑最重要的银行。在对外贸易上，中国华商的国际汇兑主要通过汇丰银行经手，华商运进货物，先要通过洋行将单据凭证向汇丰做抵押，出口贸易也需洋行出具汇票存于汇丰。

除外国银行外，中国在清朝后期出现了新式金融机构，但在国际汇兑领域实力无法与汇丰银行为首的外商银行相比。中国最早主张开办银行的是太平天国的干王洪仁轩，其在咸丰九年（1859 年）就提出创办银行来发行纸币，[②] 但直到 1897 年，中国才出现第一家商业银行"中国通商银行"，由盛宣怀在上海设立。此后，中国先后有官办的户部银行（1905 年设立）、交通银行（1908 年设立）及各省设立的官银钱号。此外，清末传统金融机构（钱庄、票号）

① 宋佩玉. 近代上海外汇市场研究（1843～1949）［M］. 上海：上海人民出版社，2014：66.
② 彭信威. 中国货币史（第三版）［M］. 上海：上海人民出版社，2007：728.

仍占有重要地位，其中钱庄成为外商银行选中作为国际商业金融的中介人，受到外资银行拆款的影响获得发展，而票号没有适应新的形势渐渐没落。但中国的金融机构实力远低于以汇丰银行为首的外商银行，1897 年中国出现第一家商业银行时，汇丰银行早已揽做中国的国际汇兑。1898 年，通商银行创始者盛宣怀在一份奏折中说："汇丰之设，已三十余年，气势既盛，根底已深，不特洋商款项往来，网罗都尽，中行决不能分其杯羹，即华商大宗贸易，亦与西行相交日久，信之素深。"① 也就是说，不论洋商款项，还是大宗贸易都被汇丰银行所垄断。据估计，第一次世界大战前，汇丰银行买入和卖出的外汇总值经常占上海外汇市场成交量的 60% ~ 70%。②

中国真正意义的中央银行直到 1928 年才出现，也是中央银行出现后中国才开始收回此前汇丰银行控制的外汇控制权。国民政府 1927 年在南京成立后，即筹建中央银行，设筹备处于上海。1928 年 11 月 1 日，中央银行在上海正式开业，由国民党政府设置经营，资本总额国币 2000 万元，由"国库一次拨足"。③ 初成立时，虽以国家银行之银行的规模出现，但因当时社会心理及历史原因，其业务开展不及中国、交通两分行；与历史悠久之商业银行相比，亦有逊色。随后，国民政府通过扩充中央银行资本，增加中国、交通两行官股，大大加强了中央银行的实力。据统计：1937 年上末，中央银行存款余额增至8927.84 万元，与 1929 年上期末相比，增加近 18 倍。④ 从而真正成为有实力的国家的银行。为了便于行文理解，关于中央银行收回外汇控制权的内容，本书会在固定汇率制阶段进行解读。对比西方强国，中国的中央银行因社会、政治问题突出而出现较晚。在英国，1816 年即出现了英格兰银行，美国在 1913年也推出了联邦储备银行。

---

① 石毓符. 中国货币金融史略［M］. 天津：天津人民出版社，1984：166.

② 洪葭管. 从汇丰银行看帝国主义对旧中国的金融统治［J］. 学术月刊，1964（4）：40.

③ 南京金融志编纂委员会，中国人民银行南京分行. 民国时期南京官办银行南京金融志资料专辑（一）［M］. 南京：南京金融志编辑室，1992：1－2.

④ 南京金融志编纂委员会，中国人民银行南京分行. 民国时期南京官办银行南京金融志资料专辑（一）［M］. 南京：南京金融志编辑室，1992：20.

三、国内货币背景

任何一个国家的汇率制度都是该国货币制度的一隅，要理解一国的汇率制度，首先就必须理解该国的货币制度，尤其是币制中的货币流通与使用情况。

（一）1933 年废两改元前中国紊乱币制的总体特征

对于近代中国币制，学者唐庆增 1934 年评价为："吾国币制紊乱已达极点。历代所用之货币，种类繁多，如金银铜钱锡贝珠介等，均会用过"。[①] 在法币改革前，国民政府聘请美国甘末尔顾问团对中国币制提供建议，该顾问团研究后认为："中国的币制是在任何一个重要国家里所仅见的最坏的制度"。[②] 近代中国复杂币制呈现的总体特征表现为如下几方面：

1. 货币种类繁杂多样，应用场合各异

1840～1933 年废两改元年间，中国货币一直以两元并用为银货币的突出特征，此外还有其他名目繁多的货币，各种成色、重量、名目的货币掺杂，几乎让人无法理清头绪。中国自明朝中期以来一直以白银为主要货币，但长期停留在称量货币阶段。"所谓'称量货币'，是指货币金属没有成为有固定重量与成色的铸币，不是按枚流通，而是按重量计算，每次使用都要经过称量。"[③] 实际中，银两货币一直存在实银、虚银之分，重量、成色之分，时人评述当时的银两货币为："银两之复杂，不可究言。……平色之杂，诚属骇人听闻。"[④] 此外，社会上通行的货币名目除了银两外，还有银元、制钱、钞票、铜元等。每种名目的货币又有各自的类别，更有旧的与新的、中央的与各省的、官方的与私人的、中国的与外国的等不同的分类，各种货币掺混错杂，彼此没有本位币与辅币之分。种类繁多的货币往往应用场合各异。银两主要用于大额交易，在大城市特别是通商口岸使用，通常县解中央税赋、官俸、国内行商汇兑、批

① 唐庆增. 国外汇兑 [M]. 上海：商务印书馆，1934：83–84.
② 阿瑟·恩·杨格（Arthur N. Young），陈泽宪等译. 一九二七至一九三七年中国财政经济情况 [M]. 北京：中国社会科学出版社. 1981：177.
③ 叶世昌. 晚清政府错失金本位 [N]. 21 世纪经济报道，2005–12–26.
④ 唐庆增. 国外汇兑 [M]. 上海：商务印书馆，1934：83.

发交易、对外贸易、田产买卖以及民间宝藏等用银支付。制钱是指清代各朝官府铸造的铜钱，名曰制钱或大钱，制钱每枚大小和轻重不一，但以每枚重一钱二分者居多，[①] 主要用于民间小额交易，在广大的内地和中小城市使用，通常在县以下征收地丁、赋税都用制钱。直到 19 世纪 90 年代左右，民间的收支都是以制钱为标准，直到 1900 年起，中国开始铸造铜元作为银元的辅币，才开始停铸制钱。[②] 银元多使用于小额和零售交易、日常生活方面，地域上以本埠贸易及一埠与邻近地区间，特别是与广大农村的交易多使用银元。由于应用场合不同，人们往往需要进行银两与银元的兑换。除了这些大的应用范围，各种名目繁多的货币往往都有特定的应用场合，如各省银行、官银钱号发行的钞票往往因地方解决财政问题而毫无节制乱发，仅能流通于极少数地区。

正因中国货币种类繁多，因此很早就出现汇兑一说。中国的汇兑"产生于唐代，隐没于南宋，明代后期又重新面世。"[③] 明代汇兑的机构主要是钱铺，它们经营银钱之间、金银之间和金钱之间等的兑换。在清朝，类似钱铺的机构有钱庄、票号。关于票号的起源说法不一，一般认为清代最早的票号始于乾隆嘉庆年间的日升昌票号。[④] 嘉庆年间，日升昌票号首先尝试以汇票的方式结算与其有往来关系的各地商铺的账目，[⑤] 这使本书第一章所提的"内汇"开始发展，"内汇"业务随着票号的发达而获得发展，彭信威认为，"票号的发达，大概是在咸丰年间，可能是在咸丰末年"[⑥]。复杂的货币汇兑就会涉及银钱比价、银铜比价、银两与银元比价等问题。

在中国繁杂的各种名目与成色的货币中，白银货币还是主角。法币改革前中国各货币的数量并没有确实的统计数字，彭信威根据一些零星的数字和估计对清末各种类的货币数额做出了比较权威的估算，如表 2 - 1 所示。可见，银币是清末最重要的货币种类。

---

① 黄冕堂. 中国历代物价问题考述 [M]. 济南：齐鲁书社，2008：9.
② 郑友揆. 十九世纪后期银价、钱价的变动与我国物价及对外贸易的关系 [J]. 中国经济史研究，1986（2）：7.
③ 姚遂. 中国金融史 [M]. 北京：高等教育出版社，2007：219.
④ 彭信威. 中国货币史（第三版）[M]. 上海：上海人民出版社，2007：717.
⑤ 姚遂. 中国金融史 [M]. 北京：高等教育出版社，2007：246.
⑥ 彭信威. 中国货币史（第三版）[M]. 上海：上海人民出版社，2007：717.

表 2-1   清末中国货币数量分类估计表

货币种类	数额	折合银元	百分比（%）
银币		1297000000	61.85
中国银元	200000000 元	200000000	9.54
外国银元	500000000 元	500000000	23.84
银角	250000000 元	250000000	11.92
银锭	250000000 两	347000000	16.55
铜币		522253731	24.90
铜元	200000000000 枚	149253731	7.12
铜钱	500000000000 文	373000000	17.78
纸币		277777777	13.25
银两票	20000000 两	27777777	1.33
银元票	50000000 元	50000000	2.38
铜钱票	134000000 吊	100000000	4.77
外国钞票	100000000 元	100000000	4.77
合计		2097031508	100.00

资料来源：彭信威. 中国货币史（第三版）[M]. 上海：上海人民出版社，2007：660。

2. 货币发行分散

近代中国政府对于银两货币发行和流通放任自流，对制钱、铜元、银元、纸币虽有管理，但货币发行分散。从制钱看，在清前期就开始使用的制钱铸造权归政府所有，禁止私铸，对于私铸或私销，法律有严厉的制裁。实际上，当私铸有利可图时，往往私铸成风。从铜元看，中国从 1900 年起开始铸造铜元，作为银元的辅币，停铸制钱。开始时，铜元的铸造由各省地方承担，为了获得铸造铜元的收益，此前中央没有造币厂的清政府于 1905 年在天津设立造币厂开铸银元，目的之一是使地方铸币的利与权向中央收紧，但铜元仍呈分散铸造状态。从银元看，银元的铸造也同样分散，清政府 1905 年 8 月所做出的只许造币总厂及南、北洋、广东、湖北四个分厂铸造银元的规定不能贯彻。[①] 中国的纸币的发行也分散各地，中央、地方都有，国内、国外银行都有，钱庄、银

①　张振鹍. 清末十年间的币制问题 [J]. 近代史研究，1979（3）：279.

号、商店、企业都有。1910 年清政府曾发布《纸币兑换条例》，以图规范纸币发行，最后随着 1911 年辛亥革命的出现变成一纸空文。近代中国货币发行分散的后果就是在同一地方可能流通多种货币，同一货币可能只流通于某些地区。

3. 对货币没有严格有效的管理，各货币兑换比例不固定

由于货币种类繁多，使得近代中国无论是对各货币比价，还是货币的铸造发行都难以进行有效管理。从制钱情况看，清朝时期，银钱比价曾有官定和市场比价之分，清代官定比价是 1∶1000，坚持到道光年间。[①] 实际流通中，银钱比价并不固定，出现银贵钱贱或银贱钱贵的现象。从铜元情况看，1900 年以后铸造的铜元，由于清政府对各省各地的铸造和发行在一段时间内也没有统一的办法，各地乱铸铜元使得货币兑换比例严重不稳。据记载：初期银元 1 元兑铜元 1000 文，后随大面值铜元的出现，银铜比价曾达银元 1 元兑铜元8000 ~ 9000 文以上。[②] 此外，近代中国对货币没有严格管理的重要表现还有对白银货币流出入中国几乎放任自流，直到 1934 年实行白银出口税和平衡税才对白银进行行政干预。

（二）1933 年废两改元前繁杂的白银货币流通情况

近代中国银两的来源主要依赖国外进口和很少部分的自产（主要是云南）。中国不是产银大国，但却用白银作为主要货币使用，最基本的原因是：从明朝到清初，中国贸易基本保持出超，当时被国内外商家同时认可的货币媒介就是白银，当长期出超使外国白银大量流入中国后，银两就成为中国近代的主要货币。

近代中国浮动汇率制时期，中国的对外汇率都是以银兑外币表示，因此，下文将重点介绍近代中国银货币的流通情况，以便于后文对中国白银对外汇率的理解。从银两货币看，近代中国的银两主要分为实银两和虚银两。除银两外，重要的银货币是银元。

1. 实银两

① 姚遂. 中国金融史 [M]. 北京：高等教育出版社，2007：239.
② 姚遂. 中国金融史 [M]. 北京：高等教育出版社，2007：281.

　　实银两就是有白银实物存在的银两制度。实银两不管它的名称、大小、形态、重量和成色如何，统称"宝银"，[①] 如上海的二七宝银。在清朝，银两的铸造与发行，清政府基本采取自由放任的政策，这使银两种类异常繁多。作为一种称量货币，成色和平砝标准是确定银两货币价值的依据。

　　（1）宝银的成色。宝银的成色是指其白银的含纯量。如成色九七就是含银量为97%，成色越高，含银量越多。宝银按所含白银的多少，全国公认的统一标准可分几种：①纯银：即1000‰；②足银：理论上是1000‰，实际上是990‰以上；③纹银：930‰以上；④标准银：900‰以上。但实际上，近代中国在各地所用的宝银成色比这要复杂得多，近代学者张家骧评述为"若细别之，无虑数百种。"[②] 各宝银之间的成色不一样，价值的比较需要有一个中间标准成色，这就是纹银。据彭信威记载："纹银是一种全国性的假想的标准银，成色是93.5374，实际上并不存在。"[③]

　　（2）宝银的重量。衡量宝银重量的标准叫"平"（秤）。近代中国到底有多少平，没有准确记载。民国初年，中国银行曾作过调查，估计中国有170多种平，[④] 实际应该远不止此数。以湖南一省为例，清末该省除库平和关平两类官平外，市面还流通着长平、市平、湘平、安平、茶平等共计27种平。[⑤] 此外，由于在同一平下，各个县的具体轻重不同，因此实际流通的平就远高于27种。一省情况且如此复杂，全国情况可想而知。

　　实际生活中，主要的平砝有库平、关平、漕平、司马平、公砝平、钱平等，其中最重要的是库平、关平、司马平和漕平四种。如果按重量衡量，大体上以关平两为最重，广东两次，其次是库平两，漕平两最轻。即按重量排比是：关平两 > 广东两（司马两）> 库平两 > 漕平两。这些平砝中，库平与关平与本书相关较大，重点述之。①库平：这是清朝法定的银两货币单位。凡是国家和地方的财政收支、银行官股、稽征税款，都用库平银来核算。按照1895年中日马关条约的规定，中央政府的库平一两为575.82英

　　① 千家驹，郭彦岗.中国货币演变史（第二版）[M].上海：上海人民出版社，2014：173.
　　② 千家驹，郭彦岗.中国货币演变史（第二版）[M].上海：上海人民出版社，2014：174.
　　③ 彭信威.中国货币史（第三版）[M].上海：上海人民出版社，2007：576.
　　④ 千家驹，郭彦岗.中国货币演变史（第二版）[M].上海：上海人民出版社，2014：175.
　　⑤ 张振鹗.清末十年间的币制问题[J].近代史研究，1979（3）：251.

厘，即 37.31256 克，[①] 但各省地方的库平又各不相同。直到 1914 年北京国民政府规定租税改征银元，库平的使用才逐渐减少。[②]关平：是海关征收关税的平砝标准。凡是国际贸易、对外借款、国际金融，大都用关平来计算。关平始于第二次鸦片战争签订的中英天津条约及中英通商章程善后条约中的规定，重约 581.47 英厘，即 37.68 克，[②]但在各地海关所用关平的平色又各不相同。关平是近代中国使用较多的一种平，直到 1930 年国民政府关税改征海关金单位，关平才随之取消。正因为关平在国际金融使用较多，所以关平兑外币价格是近代中国重要的一种对外汇率表现形式，使用范围主要是海关采用。

2. 虚银两

由于实银不足、计重货币自身的发展及银元的不统一，使虚银两在各地大量出现。所谓虚银两，就是"徒有其名，并无其物"[③]，其作用仅为计值的单位，实际并不存在。一般来讲，商品标价、国家财政收支、民间债权债务契约上的银两数字都用虚银两，而实际发挥货币流通和支付的银两用实银两。任何一笔交易的虚银两，当面临实际支付时，都要换算成实际收受的实银两。

受交易习俗、历史传统的制约，全国各地均有自己的虚银两，典型代表是上海的九八规元。一般华洋交易、银两的汇兑、行市、转账、汇划都以规元为计算单位。规元 1856 年由上海钱庄和商界确立，一直运行到 1933 年废两改元。近代上海在对外贸易上的枢纽地位使得规元不仅在上海，就是在全国也是众多货币种类中最有影响的货币单位。在天津，虚银代表的是行化银，1933 年以前的天津外汇市场，外汇牌价以行化银开价。

规元的价值由三个因素组成：一是重量，以重 565.65 英厘的漕平一两为标准；二是成色，以库平银 1000 的 944 为标准；三是习惯，即以九八除之。照此要求，九十八两标准银就等于上海规元一百两，即规元较上海标准银低 2%。标准银的成色为 935.374‰，则规元成色为：$0.935374 \div 0.98 = 0.916666$，规元的标准重量为五十三两八钱二分六厘有奇。[④] 在 1933 年以前的

①② 千家驹，郭彦岗. 中国货币演变史（第二版）[M]. 上海：上海人民出版社，2014：176.

③ 魏建猷. 中国近代货币史 [M]. 合肥：黄山书社，1986：26.

④ 千家驹，郭彦岗. 中国货币演变史（第二版）[M]. 上海：上海人民出版社，2014：178.

上海外汇市场，外汇牌价都是以规元1两或百两合若干外币表示。在后文述及近代中国白银对外汇率时，为便于比较汇率出现的变化，会将不同白银货币兑换外币的价格统一为同一白银货币兑外币的价格，例如将规元兑外币转化为关两兑外币，这就需要厘清关两与规元之间的关系。据史料记载："1 海关两约合 1.114 银两"，[①] 后文在将关两与规元进行转换时就是根据这一比率进行的。

3. 银元

中国最早的银元主要是由外国传入，清代把外国流入的银铸币称为洋钱。最早传入中国的银元，据美国人杨格（Arthur N. Young）记载："据说是早在17 世纪行使的西班牙卡洛斯银元，其他包括美国和英国的贸易银元，日本和西贡银元，旧奥地利帝国的玛利亚、特利萨银元，秘鲁银元。"[②] 这些银元中，最重要的是墨西哥银元。墨西哥银元的前身是西班牙鹰洋（1824 年墨西哥独立后为墨西哥银元），西班牙鹰洋传入中国的途径是"通过马六甲的葡萄牙人、马尼拉的西班牙人进入东南亚。进而又从马尼拉流入广东、厦门、宁波等地及华南、华中沿海地区。"[③] 西班牙银元（后为墨西哥银元）在中国广泛流通的原因是数量大和成分稳定，因而在外国银货中获得了标准通货的地位。据资料显示：西班牙银元的数量在 1537～1821 年间铸造了 20 亿枚以上，1821～1903 年间又铸造了 15 亿枚以上。[④] 外国银元在中国流通时，要先按中国价值单位的两、钱的单位进行称量，再按其含银的纯度进行换算后才进行交易，也即外国银要在中国流通，一定要换算成称量银。

中国自铸银元始于光绪十五年（1889 年），在两广总督张之洞的主持下，在广东开铸银元，并投入流通。1893 年后，又有湖北、福建、吉林、浙江、安徽、奉天、山东、四川等省纷纷先后仿效广东设厂铸造银元，中国自铸银元俗称"龙洋"，这种各省铸造银元的情况使中国货币铸造分散的局面更趋复

---

① 上海社会科学院经济研究所. 上海对外贸易 1840～1949（上）[M]. 上海：上海社会科学院出版社，1989：581.

② [美]阿瑟·恩·杨格（Arthur N. Young），陈泽宪等译. 一九二七至一九三七年中国财政经济情况 [M]. 北京：中国社会科学出版社，1981：178.

③ [日]滨下武志. 近代中国的贸易契约：朝贡贸易体系与近代亚洲经济圈 [M]. 北京：中国社会科学出版社，1999：65.

④ [日]滨下武志. 近代中国的贸易契约：朝贡贸易体系与近代亚洲经济圈 [M]. 北京：中国社会科学出版社，1999：66.

杂。尽管中国有自铸银元，但是"民间显分畛域，此省所铸往往不能行于彼省，仍不如墨西哥银元之南北通行"。[①]

（三）1933 年废两改元终结两元并用

自 1928 年南京国民政府取得政权后，面对北洋政府时期遗留的、混乱的两元并用的货币制度，国民政府在 1935 年法币改革前做的最重要的货币改革就是 1933 年开始的废两改元。

1. 废两改元的货币背景

清后期至北洋政府时期持续的两元并用，为生产生活都带来不便。美国人耿爱德（E. Kann）在近代中国金融部门工作 25 年，其在 1929 年的著作中描述清末民初的中国货币情况为："各地之银两，其重量不同，成色又不同，不但各地之银两互异，即同在一地者，亦不必相同。情形之错综复杂，为各国所未有。"[②] 由于各地银两、银元质量的影响，成色、重量又存在差异，加剧了各地银两、银元的混乱，使得货币流通不畅，人民使用不便。当持有一种货币单位的人想要得到其他货币单位时，就必须到市场上按逐日变化的汇兑行情去兑换。从而，废除银两银元并行制的呼声不断兴起，但遭到钱庄、外资银行的强烈反对，同时也缺乏强有力的政府干预，使得两元并用的局面在北洋政府时期一直持续下来。

北洋政府时期币制的进步之处在于颁布了《国币条例》，从而正式确立了银元的本位币地位。宣统二年（1910），清颁布《币制则例》，规定以元为单位，定银元为国币，铸币权统归中央，停止各省的铸造权，某种程度上标志着中国以法定的形式正式进入银本位制时代。但随后，受辛亥革命影响，该举措与清王朝一同终结，并未施行。1914 年 2 月 8 日国务会议决定实行银本位币制，颁布《国币条例》，此条例规定国币单位为"元"，一元银币重库平七钱二分，成色银九铜一，即含纯铜六钱四分八厘。[③] 北洋政府时期，银元的使用范围扩大，但银元本身始终能维持一定的成色和份量，从而保持币信。据记

---

① 中国人民银行总行参事室金融史料组. 中国近代货币史资料（第一辑）（清政府统治时期）[M]. 北京：中华书局，1964：805.

② ［美］耿爱德（E. Kann）著，蔡受百译. 中国货币论 [M]. 上海：商务印书馆，1929：66.

③ 杜恂诚. 中国金融通史（第三卷 北洋政府时期）[M]. 北京：中国金融出版社，2002：31.

载："从 1917～1926 年的 10 年间，银元最高市价是 1919 年 11 月份的 0.768 两，最低市价是 1924 年 7 月的 0.707 两，二者相差 8.8%，一般的市价均围绕着七钱二分的规定标准略有上下"。[1]

南京国民政府初期，两元并用的弊端在 20 世纪 30 年代集中体现出来。中国的银两货币本身就已经非常复杂，对商品流通及交易带来非常大的不便，实际使用中，按市面商务习惯，计价以两为单位，而收支却又多用银元，这就要进行银两与银元的兑换。作为价值尺度的单位，银两与银元本身的价值对比又要经常变动。在 1921～1931 年之间，银两银元的兑换比价较为稳定，据统计："每个月的平均兑换率徘徊在每 100 枚银元合银 72.01 两至 72.69 两之间，总的平均率是 72.31 两。"[2] 但受 1929 开始的世界经济危机的波及，在 1931 年时内地银元大量涌入城市，导致上海厘价（银元与银两兑换的价格）大跌。据统计：1931 年 100 银元折上海银两的平均价为 72.532 两，1932 年跌至 70.613 两，8 月甚至平均跌至 68.838 两，开两、元并用以来最低纪录。[3] 上海厘价的下跌，又导致大量银元从全国各地流入上海，使得两元并用带来的币制不稳问题得到集中体现。

2. 1933 年废两改元的推出

1933 年 3 月 2 日，国民政府财政部发布了《废两改元令》："本部为准备废两，先从上海实施。规定上海市面通用银两与银本位币一元，或旧有一元银币之合原定重量成色者，以规元七钱一分五厘合银币一元为一定之换算率，并自本年三月十日起施行。"[4] 同时规定了银两与银元的换算比例，即：

"银本位币 1 元 = 纯银 23.493448 公分

上海规元每两合纯银 33.599 公分

23.493448/33.599 = 0.6992305

① 中国科学院上海经济研究所. 上海解放前后物价资料汇编［1921～1957］［M］. 上海：上海人民出版社，1958：7.
② ［美］阿瑟·恩·杨格（Arthur N. Young），陈泽宪等译. 一九二七至一九三七年中国财政经济情况［M］. 北京：中国社会科学出版社，1981：202-203.
③ 刘克祥，吴太昌. 中国近代经济史（1927～1937）［M］. 上海：人民出版社，2012：412.
④ 中国人民银行总参室编. 中华民国货币史资料（第二辑）（1924～1949）［M］. 上海：上海人民出版社，1991：93.

每银本位币 1 元 = 上海规元（纯银）0.6992305 两

加铸费 2.25% = 上海规元（纯银）0.0157327 两

每银本位币 1 元 = 上海规元（纯银）0.715 两"①

1933 年 3 月 8 日，财政部又颁布了《银本位币铸造条例》，该条例中没有关于辅币的规定，仅对一元主币及厂条做了规定，即：银本位币的铸造专属于中央造币厂，银本位币定名为"元"，"重 26.6971 克，银 88%，铜 12%，即含纯银 23.493448 克"。②废两改元后，银元的铸造是自由的，但不是无偿的，铸造费用为 2.25%。至此，《银本位币铸造条例》成为近代中国颁布的第三个实行银本位制的条例（第一个为 1910 年清政府颁布的《币制则例》，第二个为 1914 年北洋政府时期颁布的《国币条例》）。3 月 10 日，宋子文宣布新银元的官定正式兑换率为每一元折合规元 0.715 两。4 月 6 日，政府公布法令，禁止银两交易，现存的一切契约均应按照每一元合规元银 0.715 两折算改定。至 1933 年底，废两改元基本成功，历经千余年的银两制度从此退出货币行列。

"废两改元"意义重大，是中国银本位制度的真正建立。以前之银两制度虽以银为货币，只是称量货币，没有形成抽象的记账单位及铸造本位币。"废两改元"不仅从法律上规定了本位币，而且基本上在全国范围内实行了这一制度，废除了称量货币银两后，减少了银两与银元的折算麻烦，便于交易流通，得到了当时各界的称赞。但是，"废两改元"没有解决纸币的发行和流通统一问题，而且遗憾的是，1934 年美国开始的购银活动推动国际银价抬高，导致不少银元刚进入流通领域，就被运往国外谋利去了，加上当时南京政府的财力及中央造币厂的能力有限，新银元无法完全取代旧银元，因而中国的通用银元始终没能统一。概括来看，自清末以来近代中国币制的主要演变路径是：银两、制钱并行流通、相辅而行的不完全平行本位制——两元（银两、银元）并用为主——银元本位（废两改元）——纸币本位制度。

废两改元后中国外汇市场白银对外挂牌出现变化。1933 年以前，中国外汇市场（以上海为主）的外汇挂牌主要是以规元合便士、美元、日元、法郎

① 中国人民银行总参室编.中华民国货币史资料（第二辑）（1924～1949）［M］.上海：上海人民出版社，1991：93.

② 姚遂.中国金融史［M］.北京：高等教育出版社，2007：321.

等形式挂出，1933 年后，改为以国币元合若干外汇的形式挂出，这种挂牌形式一直持续到 1935 年 11 月法币推出为止。1935 年 11 月前，中国都以白银货币表示外汇的价格，但是 1933 年前后白银货币出现变化，为便于纵向比较中国白银货币对外汇率，需要将规元与国币元的关系厘清。本书在后续归整白银对外汇率时基本按照 1933 年的《废两改元令》给出的标准，即：银本位币 1元 = 上海规元（纯银）0.715 两，根据这一比例将国币元转化为规元，或将规元转化为国币元。

第二节　近代中国汇率制度产生的国际背景

在清政府实行"闭关政策"的同时，国际市场出现了重要变化，这种变化集中体现在世界工业革命的进行，以及工业革命带来的国际货币制度的演变。

一、国际主要经济背景

1840 年第一次鸦片战争打开中国国门，此前英国、比利时等国已完成工业革命，欧美其他强国也正经历着工业革命带来的农业国向工业国的转变。1733 年英国发明飞梭、1735 年发明卷轴飞车，这使英国的技术革命首先发生在纺织工业，此后蒸汽机在英国的最早发明和使用大大提高了英国纺织工业的生产率。一系列的技术采用使得英国的采矿、冶金、机器制造、交通运输等行业快速发展。到 19 世纪中叶，英国已经完成从农业向工业的转变。据统计，1840 年英国工业生产在世界工业生产中占 45%，法国占 12%，美国占 11%。[①]工业的发展使英国成为第一次世界大战以前的世界工厂，并带来英国人均收入的快速提高。据统计，1820～1913 年英国人均收入的增长快于以往任何时代，

[①]　高德步，王钰. 世界经济史（第三版）[M]. 北京：中国人民大学出版社，2011：216.

是其 1700~1820 年人均收入的 3 倍。[①] 英国开始的工业革命引领了世界历史新时代的来临，并向欧洲其他地区传播。欧洲大陆中，比利时是第一个开始工业化的国家，1840 年时比利时的工业化基本取得成功，并成为欧洲大陆最重要的工业国之一。随后，瑞士在 19 世纪上半期基本完成工业转变。法国经过缓慢变革在 1870 年左右也基本完成工业转变。德国在 1871 年实现统一，此后工业化呈跳跃式发展，在第一次世界大战前超过英国，成为欧洲工业总产量最多的国家。美国的工业化基本是在 19 世纪初开始，但此后获得巨大成功，到 1894 年中日甲午战争时，美国的工业产值已经相当于整个欧洲工业产值的一半，成为世界第一工业强国。[②] 第一次世界大战后，美国取代了英国在世界经济格局中的最强国地位。1913~1950 年间，美国的全要素生产率平均增长 1.6%，是其自身，也是英国从 1870~1913 年所达到的生产率增长速度的四倍多。[③] 亚洲国家中，日本是唯一成为第一次世界大战以前完成工业化的国家，在 1901~1914 年，日本工业年均增长率达 6.3%，高于同期的美、英、法、德等国。[④]

工业化促使西方强国为获取利润，急于寻找世界商品输出地。资本主义是一种外向型的经济政治结构，不断扩大商品市场和原料产地，把越来越多的国家和地区纳入自身体系中是其发展的必然结果。[⑤] 于是出现了范围越来越大的海外殖民扩张，当时落后的中国就是重要目标之一。从 1870 年起，以海外投资为目的的英国资本大量流出，相当于它一半的储蓄。在这期间也出现了大量的法国、德国和荷兰对海外投资。[⑥]

世界分工出现"垂直化"格局。英国发生的工业革命带动世界出现以"垂直化"为特点的国际分工，这种垂直分工在 19 世纪中叶以后，特别是 19

① ［英］安格斯·麦迪森（Angus Maddison）著，伍晓鹰、许宪春、叶燕斐、施发启译. 世界经济千年史［M］. 北京：北京大学出版社，2003：7.

② 高德步，王钰. 世界经济史（第三版）［M］. 北京：中国人民大学出版社，2011：233.

③ ［英］安格斯·麦迪森（Angus Maddison）著，伍晓鹰、许宪春、叶燕斐、施发启译. 世界经济千年史［M］. 北京：北京大学出版社，2003：95.

④ 高德步，王钰. 世界经济史（第三版）［M］. 北京：中国人民大学出版社，2011：263.

⑤ 王先明. 中国近代史（1840~1949）［M］. 北京：中国人民大学出版社，2011：6.

⑥ ［英］安格斯·麦迪森（Angus Maddison）著，伍晓鹰、许宪春、叶燕斐、施发启译. 世界经济千年史［M］. 北京：北京大学出版社，2003：8.

世纪70年代以后，得到扩大和加深。所谓"垂直化"分工，即由英国等先进国家出口制成品，销往落后国家的殖民地，而后者出口原料供应前者。① 这种分工格局促使中国在近代对外贸易中出口主要以原材料为主，进口以制成品为主，详细情况后文分析汇率对贸易影响部分会述及。

世界贸易体系经历了从自由向保护的演变路径。经济学家斯密和李嘉图倡导的自由的市场经济在贸易领域得到充分应用，自由贸易的典型表现就是降低或废除关税。英国19世纪最早实行了自由贸易并获得了成功，这推动欧洲大陆仿效英国推广自由贸易，使得19世纪60年代世界自由贸易获得大范围推广。1873年，西方世界发生了规模空前的经济危机，随后导致欧洲保护主义复归。如法国1892年将农产品关税提高了25%。② 此后，自由贸易在第一次世界大战期间受到进一步遏制，最后随着1929年世界经济危机的发生，最早采用自由贸易的英国放弃了自由贸易，世界各国不同程度地实行以关税战为代表的贸易保护。

二、国际货币制度背景

随着1840年第一次鸦片战争后中国被迫打开国门，中国与国外的贸易往来开始增多，这就涉及了结算问题。在上海，汇兑成为进出口贸易共同结算手段的时间始于19世纪50年代，③ 由此本书第一章概念界定中的"外汇"问题（即国际汇兑）出现，按时间推算，19世纪50年代出现的中国的"外汇"应该晚于"内汇"，前文述及最早用汇票结算的"内汇"始于嘉庆（1796~1820年在位）年间的日升昌票号。"外汇"的出现即涉及中国与别国的货币兑换及因兑换产生的价格，也就是汇率问题，而这又要求对国际货币制度的演变情况有基本的把握。

中国在1840~1935年11月法币推出前，以银为主要使用货币，同期国外

---

① 高德步，王钰.世界经济史（第三版）[M].北京：中国人民大学出版社，2011：227.
② 高德步，王钰.世界经济史（第三版）[M].北京：中国人民大学出版社，2011：317.
③ 上海社会科学院经济研究所.上海对外贸易1840~1949（上册）[M].上海：上海社会科学院出版社，1989：88.

主要采用金本位制。工业化后的英国 1816 年最早采用了金本位制，1871 年德国采用金本位制，此后主要西方国家陆续放弃金银复本位，转而采用金本位制。在近代中国的典型浮动汇率制时期（1894 ~ 1935 年 11 月），对比表 2 - 2 能够发现，与近代中国有重要贸易及债务关系的英、美、日、德、法、俄、意等国家都是金本位制的货币制度。

表 2 - 2　　　　　　　　　　　**主要国家采用金本位制时间**

年份	内容
1816	英国采用金本位制
1854	葡萄牙采用金本位制
1871	德国采用金本位制
1873	美国、丹麦、瑞典、挪威采用金本位制,比国停止铸造五法郎银币,法国限制五法郎银币之自由铸造
1874	拉丁同盟国限制银币之铸造
1875	意大利中止银币自由铸造;荷属殖民地中止银币铸造,荷兰采用金本位制,并中止银币铸造
1876	芬兰采用金本位制,法国中止五法郎银币之铸造
1880	海地采用金本位制
1881	阿根廷采用金本位制
1885	埃及采用金本位制
1893	印度银币及法国贸易银币中止自由铸造,美国弃止维持银之"休门条例"
1897	日本、俄国采用金本位制
1899	印度采用金汇兑本位制
1900	厄瓜多尔采用金本位制
1903	菲律宾采用金汇兑本位制
1905	墨西哥采用金汇兑本位制、玻利维亚采用金本位制
1910	加拿大采用金本位制
1925	印度采用金本位制
1930	安南采用金本位制

资料来源：孔敏主编. 南开经济指数资料汇编 [M]. 北京：中国社会科学出版社，1988：648.

实行金本位制国家间的汇率是在铸币平价的基础上，在黄金输出入点间上下浮动，表现为自发的固定汇率制。所谓铸币平价即两个实行金本位制国家之间货币含金量之比；黄金输出点等于铸币平价加上两国间运送黄金涉及的运费、保险费等；黄金输入点等于铸币平价减去两国间运送黄金涉及的运费、保险费等。例如，当时英美之间的铸币平价为 1 英镑 = 4.8665 美元，运送一单位英镑的黄金涉及的运费、保险费等为 0.03 美元，则 4.8665 + 0.03 = 4.8965 为黄金输出点，4.8665 − 0.03 = 4.8365 为黄金输入点，英美之间的汇率就会在 4.8665 的基础上上下浮动，但不会超过黄金输出点 4.8965，也不会低于黄金输入点 4.8365，从而在实行金本位制的国家之间表现出自发的固定汇率制。在实行金本位制的国家中，白银仅是一种国际交易的普通商品，就如同黄金在中国的情形一样。既然是普通商品，价格就有可能涨落，这就是本书下一章将分析到的中国的浮动汇率制。

国际以金本位为主的货币制度，第一次世界大战期间曾暂时放弃，第一次世界大战后以英国为首采用了金块本位制，以德国为首采用了金汇兑本位制，随着 1929 年经济危机的出现，金本位制在中国以外的国家相继被放弃。英国在 1931 年 9 月放弃金本制，日本在 1931 年 12 月放弃金本位制，美国在 1933 年 4 月暂时、并在 1934 年正式放弃金本位制。放弃金本位制后的各国相继采取了货币贬值策略，以英镑为例，英国在 1931 年放弃金本位后，就出现了汇率下跌。1925 年时，1 英镑可以兑换 4.8665 美元，1931 年降为 3.25 美元。[①]为便于行文理解，各国放弃金本位制的过程及贬值情况会在分析 1931 年后的中国浮动汇率制时期进行详细阐述。

本章小结

1840 年以前，中国奉行起源于文化的"闭关政策"，同期世界正在经历工业革命，这使中国的经济开始衰落。英国、比利时等国在 1840 年以前已完成

---

① 洪葭管. 中国金融史十六讲［M］. 上海：上海人民出版社，2009：85.

工业革命，1840 年后欧美其他强国也正经历着工业革命带来的农业国向工业国转变。工业革命促使世界经济快速发展，并使世界分工出现了"垂直化"格局，贸易也出现自由化特点，这种贸易的自由化直到第一次世界大战受到遏制，并在 1929 年经济危机时终结。这种国际经济环境的变化使"不知海外尚有世界"的中国在经济上开始落后，内外冲击下，使中国在 1820～1870 年的经济增长速度变为负数，出现衰退。

工业化后的强国为了资本输出，采用战争的强制手段打开了中国国门，使中国由奉行"闭关政策"、自给自足、独立自主的封建社会国家转变为被迫开放的、半殖民地半封建社会国家，这种社会性质尤其在 1894 年中日甲午战争后更加明显。伴随战争引出的一系列条约的签订，使中国面临巨大的财政压力，这种压力在 1894 年后集中爆发，无论清政府还是民国时期，财政上均入不敷出。经受外部冲击的同时，近代中国经历了清朝、北洋政府、国民政府等时期，不同时期的政权都有自己内部难以调和的矛盾。可以说，整个的近代中国自 1840 年被迫开放后，处于一种对外难以保持国家政治独立、对内又政局动荡的社会环境中。

伴随列强对中国的资本输出，外商银行继洋行之后垄断了近代中国的国际汇兑，其中尤以汇丰银行为首。19 世纪 50 年代汇兑成为中国对外贸易的结算方式，初期由洋行垄断，洋行的垄断地位持续到 19 世纪 60 年代末，被麦加利银行赶超。汇丰银行继麦加利银行之后，成为 19 世纪 70 年代中期以后在中国垄断国际汇兑最重要的外商银行。洪仁轩 1859 年就提出建立中国自己的银行，但直到 1897 年中国才出现第一家商业银行，此时汇丰银行早已垄断中国的国际汇兑。内忧外患之下，中国真正意义的中央银行直到 1928 年才出现，大大晚于英、美等强国。

各国开始工业化转变之后，陆续开启了金融领域的货币制度建设，到 1880 年左右，主要欧洲国家基本实现从金银复本位到金本位的转变，金本位各国间的汇率呈现自发的固定汇率制。同期，中国货币制度仍然采用银本位，并且成为同期国际币制中最紊乱的一个。呈现出：货币种类繁杂多样，应用场合各异，银货币总体以两元并用为主；货币发行分散；对货币没有严格有效的管理，各货币兑换比例不固定等突出特点。这种紊乱的币制表面看是中国没有统一货币铸造权导致，更深入的原因则是历任政权面临内部矛盾与外部侵略时，难以实现政治上的独立统一而在经济领域的反映，这种紊乱的币制直到1933年"废两改元"得到初步改观。中国紊乱的币制催生了"内汇"业务的较早发展，最早用汇票结算的"内汇"始于嘉庆（1796～1820年在位）年间，早于中国19世纪50年代出现的"外汇"业务。

| 第三章 |

汇率下跌期的近代中国浮动汇率制
及其影响（1840～1931）

　　1931 年以前，中国币制属于银本位时期，同期世界币制属于金本位，中外币制不同，使中国的白银货币对其他国家的货币随着世界金银比价的波动而波动，出现了近代中国的浮动汇率制时期。这一时期中国白银货币的对外汇率具有阶段变化特点，但总体呈下跌趋势，汇率的波动对中国带来多方面影响。

第一节　近代中国浮动汇率制的开端

　　中国的浮动汇率制起源何时，对此没有相关的文献记载。要考察中国浮动汇率制何时开端，先要考察汇率问题何时在中国受到关注。1840 年鸦片战争后，中国被迫打开国门，对外贸易扩大，同时也催生了中国一系列外债的增加，由此产生了对外币的需求，为考察浮动汇率制在中国的开端提供了线索。

一、中国汇率问题受到关注的考证

　　汇率是国与国之间货币兑换的比率。从 1840 年鸦片战后中国的对外贸易和外债两方面考证，本书发现：

　　（一）中国在 1840 年鸦片战争后的近四十年里，汇率问题没有受到关注

　　从对外贸易的发展看，中国最早的通商口岸始于上海，上海在 1843 年 11 月 17 日被辟为对外通商口岸。开埠后，上海对外贸易结算支付经历了现金（即白银）、现货贸易、汇兑等方式。

上海开港初期对英国产品的支付，在 1843～1845 年间基本还是使用现金（即白银）。随着中国结算手段白银的不足及对外贸易的扩大，上海开始出现"现货贸易"，即以物换物，这在 1847 年上海领事阿礼国撰写的贸易报告中有所体现，即"上海的贸易现在几乎完全成为物物交换的贸易，就我们能投入中国市场的输入品而言，鸦片和棉布都与丝茶交换，因此，只有多余的鸦片才由中国的消费者以银两支付"。① 物物交换涉及汇兑很少，因此可以推断：开埠初期的上海对外贸易基本不涉及汇率问题。

19 世纪 50 年代，汇兑开始成为上海进出口贸易的共同结算手段。时任上海英国领事罗伯逊描述为："白银汇兑贸易不仅是本港（上海）货币贸易中一项恒常的项目，而且是占有重要位置的税收的来源。1856 年汇兑贸易 1 个月平均为 60 万镑，1 年后达到了 720 万镑。"②

尽管 19 世纪 50 年代已出现汇兑结算方式，但中国在鸦片战争后的近四十年里，汇率问题仍没有受到关注。分析原因主要为：

一是中国近代外债偿付不需要用外汇。外债是指一国对国外的负债，既然是对国外负债，就可能涉及不同货币的兑换，由此出现汇率问题。1853 年，中国借入近代中国第一笔外债，金额为银洋 13000 元。③ 从笔者翻阅的近代外债史资料来看，从 1853—1854 年的第一笔外债直到 1864 年的"福建军需借款"止，都是以银两为单位计价，不存在外币支付的问题，因此也就不存在汇率折算问题。

二是 1887 年以前，中国的对外贸易实际上是出超，在对外贸易上没有形成对外债务，也无须用外币支付。清朝初期，中国还是典型的自给自足的封建经济，中国人很少需用外国商品，而外国商人当时对中国的茶叶、生丝和瓷器需求较大，由于中国习惯以白银为支付手段，因此这些外商必须用白银来购买中国商品。据统计："1864～1887 年，中国对外贸易实际上是顺差的，出超额

---

① 上海社会科学院经济研究所. 上海对外贸易 1840～1949（上册）[M]. 上海：上海社会科学院出版社，1989：88.

② 英国议会文书. 1856～1857 年广东、福州、上海商务报告. 1857：54，转引自 [日] 滨下武志. 近代中国的贸易契约：朝贡贸易体系与近代亚洲经济圈 [M]. 北京：中国社会科学出版社，1999：192.

③ 吴景平. 关于近代外债史研究对象的若干思考 [J]. 历史研究，1997（4）：55.

达262745000关两。"①实际上，中国对外贸易大量入超是1894年以后的事情。因此，1887年以前中国贸易的出超使外国白银大量流入中国，尽管此时已有很多国家采用金本位制，但中国的汇率问题并没有受到关注。

（二）汇率问题受到关注始于中国以外币计价的外债本息的偿付

1865年中国出现第一笔以外币计价的外债，但汇率问题仍未受到关注。按严中平的观点，②1874年汇丰银行对华进行了第一次大规模借款——福建台防借款，并且认为该笔借款是第一次以英国货币为计算单位，在此以前的所有借款都是借银还银，而这次借款，计价及归还都按英镑计算。但据笔者考察，中国近代首笔外币标价的借款应该始于1865年的新疆伊犁借款。据记载：该年伊犁被围，清政府向俄国借粮食、火药及资金，然后向英国伦敦一家银行借款1431664镑（合库平银4562237两）。③民国财政史第一人贾士毅在《民国财政史》中称："我国募集外债，始于前清季年。同治四年，与俄国缔结伊犁条约，赔偿损失军费甚巨，遂向英国伦敦一行，借英金一百四十三万一千六百六十四榜二先令，约定签字后，逾四个月，开始偿还。"④同期国际市场上，在1873年前，金银比价都很稳定，1933年外国学者毕匮克（A. W. Pinnick）描述到："自一八三三年至一八七三年间，伦敦银条的平均价格变化无多，在这个时期中，每标准英两的价格从未远过或远低于六十便士"。⑤因此，本书推断该笔借款并没产生汇率折算风险，即后文所说的镑亏。

中国第一笔产生汇率风险的外债应该始于1877年，由胡光墉经手的第四次西征借款。此后以英镑、马克、法郎等为单位的外债逐步增多，伴随同期国际市场银价不断下跌背景，使中国在逐年偿付按外币单位所订外债本息时，都

① 郑友揆. 1840～1948中国的对外贸易和工业发展 [M]. 上海：上海社会科学院出版社，1984：17.
② 严中平. 中国近代经济史（1840～1894）[M]. 上海：人民出版社，2012：1171－1172.
③ 许毅，金普森，隆武华，孔永松，王update华. 清代外债史论 [M]. 北京：中国财政经济出版社，1996：210.
④ 转引自吴景平. 关于近代外债史研究对象的若干思考 [J]. 历史研究，1997（4）：55.
⑤ 毕匮克（A. W. Pinnick）著，褚保时、王栋译. 银与中国 [M]. 上海：商务印书馆，1933：19.

要比按订借年份平均汇价折算所应偿付的银数多，由此汇率问题在中国受到关注。1877 年，胡光墉托上海汇丰银行经手，代为签名，发给债单向外国借款英金 1604276 镑 10 便士，合白银 500 万两关平银。据记载："此项借款分十四次本息摊还，每一次以一百七十七日为期，共十四期，计二千四百七十八日，合计七年，本息还清。持上海、宁波、广东，汉口四关关税作抵，到期还银。"① 国际市场上，从 1873 年经济危机后，国际银价不断下跌，从金银比价看：1870 年是 15.5706，1875 年是 16.6416，1880 年是 18.0908，1890 年是 19.7486，1900 年是 33.3066，1910 年是 39.2914，1915 年是 39.9151。② 可以推算：1877 年的英镑借款，在接下来的七年偿还期内，由于银对金的比价下跌，都会涉及用更多的白银本币兑换英镑偿还。因此，本书推断该笔借款出现了汇率折算风险。

二、近代中国浮动汇率制开端的典型代表

浮动汇率制度是现代国际金融领域的概念，一般是指汇率完全由市场供求决定，政府不加干预的汇率制度。追溯浮动汇率制在近代中国的典型起源，本书认为应以 1894 年中日甲午战争的开始作为标志，之所以持这种观点，主要原因有两个：

一是 1894 年爆发中日甲午战争后，中国政府的对外外币借款激增。近代中国对外借款的总体情况是，1894 年中日甲午战争前清朝所借外债量少、偿还期限短，除海关外并没有在其他方面形成直接的损害，战争使得清政府的外债迅速增加起来。1895 年 1 月 26 日清政府派出总理衙门与户部代表同汇丰银行签订"汇丰镑款"借款合同，按照合同规定：中国国家向汇丰银行借英金 300 万镑（年息六厘，20 年还本付息），合库平银 20134200 两，③ 这是清政府有外债以来最大的一笔借款。此后陆续发生了更大数额的外币借款，如炽大借

---

① 许毅，金普森，隆武华，孔永松，王国华．清代外债史论［M］．北京：中国财政经济出版社，1996：221.

② 石毓符．中国货币金融史略［M］．天津：天津人民出版社，1984：248－249.

③ 许毅，金普森，隆武华，孔永松，王国华．清代外债史论［M］．北京：中国财政经济出版社，1996：377.

款（1895 年 2 月，100 万英镑，20 年还清）、瑞记借款（1895 年 6 月，100 万镑，20 年期）、克萨镑款（1895 年 7 月，100 万英镑，20 年期）、俄法借款（1895 年 7 月，40000 万法国法郎，36 年清还）、英德借款（1896 年 3 月，1600 万英镑，36 年还清）、英德续借款（1898 年 3 月，1600 万英镑，45 年期）等。① 据统计，从 l894～1898 年五年之内，清政府所借的甲午战费和赔款、借款（不包括铁路借款）合计达库平银三亿五千余万两，超过甲午战争前的借款总额 6.6 倍。② 从 1894～1911 年所借外债总额约达库平银 12.34 亿两，比甲午战前所借总额超过 27 倍。③ 据美国在中国的财政顾问杨格估计，中国的外债中约 3/4 是以外币、主要是以英镑计算。④ 这些外币借款都需以金偿还（英国在 1816 年已采用金本位制），清政府在归还时就必然涉及以银易金，从而经受金银比价变动带来的风险，这在历史上称为"镑亏"，由此汇率问题受到关注。

二是从 1888 年后中国开始出现接连入超，大量进口需要以银易金。近代中国对外贸易以入超为突出特征，这种特征在 1888 年后表现为接连入超。据统计，1890～1900 年每年入超平均值为 44097000 关两，1901～1914 年每年入超平均值为 129828000 关两，1890～1936 年的 47 年里平均每年入超 157730000 关两。⑤ 这些统计数字说明，中国对外贸易入超额自 1900 年后更为严重。这使得中国近代进口商品时，由于外国商品基本以金计价，随着入超增加，中国以银易金的量自然增大，从而汇率问题更加突出。

三、近代中国浮动汇率制出现的原因及根源

近代中国从 1894～1935 年 11 月法币改革前是典型的浮动汇率制时期。这

① 相关数据整理自许毅，金普森，隆武华，孔永松，王国华. 清代外债史论［M］. 北京：中国财政经济出版社，1996：382，406，423，428－435.
② 刘金章，唐建宇. 试论晚清的币制改革（一）［J］. 华北金融，1984（9）：12.
③ 徐义生. 从甲午战争到辛亥革命时期清政府的外债（上）［J］. 经济研究，1957（6）：111.
④ ［美］阿瑟·恩·杨格（Arthur N. Young），陈泽宪等译. 一九二七至一九三七年中国财政经济情况［M］. 北京：中国社会科学出版社，1981：119.
⑤ 郑友揆. 1840～1948 中国的对外贸易和工业发展［M］. 上海：上海社会科学院出版社，1984：100.

种浮动汇率制出现的直接原因是中外货币制度的不同，根源则在于"闭关政策"导致的经济落后与被迫开放后导致的政治不独立。

（一）中外采用不同的货币制度是近代中国出现浮动汇率制的直接原因

在近代中国的典型浮动汇率制时期，与中国往来的主要国家中，中国是国际商业界中唯一用银本位制的重要大国。到了 20 世纪 20 年代末时，就像唐庆增所说的，"近年来世界银诸国，或则采用金本位，或则改用金汇兑本位制，其仍采用银为币制本位者，惟中国一国而已。"① 实际上，中国的产银极小，据记载："自从 1493 年美洲新大陆被发现后，世界产银量最多的地区为北美中部、南部，17 世纪秘鲁、巴西也发现了新银矿，到了 18 世纪，墨西哥的银产量几乎占到世界银产量的一半，但是以白银为币的中国银产量'殊无几也'"。②

尽管近代中国的币制所用到的白银货币没有表现出规范统一的单位，但这并不妨碍认定中国为银本位制这一结论。因为近代中国的白银有时可以银条及重量不等成色不一的银币方式通行，所以理论界有一种观点认为认定中国为银本位制不够科学。对此，近代实业部银价物价讨论委员的史料可以进行说明，即："盖各种银币与银两之互相兑换须以其所含之银量为准，足见货币之价值即其内含之白银价值或其可以换到之白银价值，货币之价值既全以白银为归，则货币之系银本位又岂待论"。③ 另外，在近代中国，曾长期银钱并用，以铜铸造的制钱曾在近代中国普遍使用，但并不能因此而说中国不是银本位，因为："……其谓铜币为一般中国人民交换之本位者非事实也。现今各地之铜元，均不过为辅币而已，且均用于小量交易。即在通用铜元交易各地，其纳税，偿债仍需用银。然债税额不能因银价高涨而有所减少，农村衰落受此影响匪浅"。④

不同的货币制度使中国对别国表现出自发的浮动汇率制。实行金本位制国家间的汇率是在铸币平价的基础上，在黄金输送点间上下浮动，这是世界上最早出现的、自发形成的固定汇率制，金本位国家间的固定汇率在一般的《国

---

① 唐庆增. 国外汇兑 [M]. 上海：商务印书馆，1934：83.
② 邵金铎. 银价之研究 [M]. 上海：学术研究会总会，1928：1.
③④ 实业部银价物价讨论委员会编辑. 中国银价物价问题 [M]. 上海：商务印书馆，1936：68.

际金融》教材中都有述及。中国与金本位制国家间的汇率就是两国间货币的兑换比例，中国货币用银，别国货币用金，金银比价的对比就是中国与别国汇率决定的基础。"白银在各国都为货物，而在我国独为货币"，① 但是中国自己不生产大量白银，因此不能控制世界市场上的白银价格，银的价格在伦敦和纽约市场上决定，从而形成完的浮动汇率制。并且回顾近代中国货币背景可知，白银作为中国的主要货币，近代中国对白银的货币约束都极小，对白银的输出入几乎无限制。因此，可以说 1935 年 11 月法币改革前的中国对外浮动汇率制，某种程度上可能是世界上最早的浮动汇率制。

（二）近代中国"闭关政策"导致的经济落后与被迫开放后导致的政治不独立是近代中国浮动汇率制存在的根源

回顾近代中国汇率制度产生背景的分析可知，"闭关政策"是 1840 年以前中国处理对外事务的一切总则。这使 19 世纪以前是世界第一强国的中国失去了接触国外工业革命的机会。当 1840 年中国被迫开放时，英国早已经完成了工业革命并正积极寻找对外输出资本的机会。被迫开放后，忙于处理国内外矛盾的清政府难以顾及对经济的投入，出现了 1820~1870 年间，中国经济增长率为 -0.37% 的负增长，同期世界平均为 0.93%。② 经济的衰落伴随 1840 年后一系列的赔款、割地使中国陷入半殖民地半封建社会，政治上受列强左右。经济衰落与政治不独立促使清政府在 1840 年后初期顾及不上、后期无力变革的币制异常紊乱，形成了中外不同的币制，这种币制又导致中外形成不同的汇率制度。

第二节　中国浮动汇率制的表现

本节在对近代中国货币对外汇率的表现形式和决定权进行考察的基础上，整理中国白银货币对外汇率的数据，在此基础上总结中国白银货币对外汇率波

---

① 张素民. 白银问题与中国币制 [M]. 上海：商务印书馆，1936：18.
② [英] 安格斯·麦迪森（Angus Maddison）著，伍晓鹰、许宪春、叶燕斐、施发启译. 世界经济千年史 [M]. 北京：北京大学出版社，2003：260.

动的阶段特点，并分析中国白银货币对外汇率的决定基础。

一、近代中国货币对外汇率的表现形式

1931 年以前，欧美主要用金本位制，曾经的用银大国印度也于 1893 年建立了金本位制，同期中国仍主要用白银做货币。

中国货币用银，外国货币用金，所以中国的对外汇率即代表中国银币与外国金币之比价，这种比价实质上就是金银比价问题。中国的对外汇率是银对金的汇兑，但中国自己不产银，银价随世界白银市场价格波动而沉浮。伦敦标准银市价自 1833 年就有记载，其每日所定行市成为全世界金银交易的标准。如当日伦敦标准银（成色 0.925）每盎司价为 25 便士，则当日上海对英电汇平价应为二先令五又八分之三便士；如次日伦敦银价缩为 24 便士，则上海对英电汇平价亦必随之而缩；如伦敦银价涨，则上海对英电汇平价亦随之涨。[①] 由于金与银的比价不是固定的，所以，中国的外汇平价并不像金本位国家之间的比价那样固定不变，而是逐日改变，表现出对外汇率的浮动性。

除了受金银比价影响外，中国实际的外汇市价，必然随着市场的供求关系在以金表示的银价的基础上在一定的幅度内上下波动，这个幅度就是"现金输送点"，当市价涨落的幅度超过输送现金的一切费用时，外汇买卖就会由金银进出口来代替。理论上讲：当市价低于平价，为金贵银贱现象，利于银的输出和金的输入；反之，如市价高于平价，为银贵金贱的现象，则利于银的输入和金的输出。[②] 在中国近代重要的外汇市场，如上海或天津，它们与英美等国间的国外汇率由一种极重要的事实所支配——即在有利可图时，随时可自中国通商各口将银条运入或输出，因此，伦敦与上海间汇率的涨落决不长时间超出两地间贩运银条所需的费用之外，这些与运送银相关的费用即为现金输送点。毕匿克（A. W. Pinnick）把上述这种关系表述为："汇兑涨落的限度，其依据银的金价为标准者，通常较为狭小，大致与银条的运费，保险费及所付利息等费用相符合。这种限度可称之曰［送银点］，以其与上述用金本位国家间汇兑

① 杜恂诚. 中国金融通史（第三卷）[M]. 北京：中国金融出版社，2002：347.
② 洪葭管，张继凤. 近代上海金融市场 [M]. 上海：上海人民出版社，1989：195.

的〔送金点〕相似故也。在银币的熔化和银条的运输没有限制时，国际间借贷差额影响于汇率的涨落，仅在这限度之内。"① 即，中国与别国的汇率波动的幅度理论上就是在平价的基础上，在现金输送点间变动。

二、近代中国对外汇率的决定权

（一）上海是近代中国最重要的外汇市场

广州是清代前期最重要的对外贸易港口和国内商品集散地。1840 年鸦片战争后，上海、天津等口岸迅速崛起，上海位居沿海各口之首，地处长江、黄浦江汇合出口处及南北两洋中枢，逐渐成为全国对外贸易的第一大港（图 3 - 1 所示），广州在全国贸易中的地位下降。中国贸易中心城市之所以由广东向上海转移，根源在于工业化后的英国为了资本输出，把上海作为英国工业产品面向中国市场的一个大型聚散地，也就是面向华北市场和长江沿岸市场的中心地来看待。

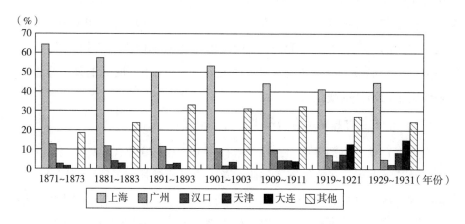

图 3 - 1　1871 ~ 1931 年五大口岸在全国对外贸易中的比重

注：全国各关总计 = 100，单位：%。

资料来源：根据严中平等编. 中国近代史统计资料选辑［M］. 北京：科学出版社，1955：69，数据整理得出.

---

① 毕匿克（A. W. Pinnick）著，褚保时、王栋译. 银与中国［M］. 上海：商务印书馆，1933：15.

贸易地位的上升，促使19世纪下半叶上海金融地位崛起，成为中国各地外汇与黄金的交易中心。时人描述上海为："不但为欧美南洋及他处贸易之总汇，且为中外汇兑之枢纽。"① 从19世纪70年代中期开始，随着贸易吞吐量的巨幅增加，汇兑业务上开始出现了稳定而正规的外汇牌价（开始是麦加利银行挂牌）。根据《申报》显示，从1876年2月24日起，开始对银行票和商人票进行挂牌，且行情较为稳定。② 近代上海外汇市场总体交易情况是：（1）交易主体以外国银行为实际操纵主体，各国银行在沪均各自经营各国货币对外汇兑，如英商银行出售英汇，法国银行出售法汇，同时经营其他国家的汇兑；（2）在交易币种上，各银行买卖外汇以英、美远期电汇和港汇为多，20世纪20年代日汇曾为上海标金结价的依据，交易也很多；（3）上海的外汇交易，除了星期日及银行例假日外、每日开市，有早市（上午9：30—12：00），午市（除了星期三、六外，其他为14：00－16：30）；（4）以电汇汇率为基础汇率，其他汇率都以电汇汇率为基础计算确定；（5）外汇汇率采用间接标价法。间接标价法是现代国际金融用语，即以一定单位（1、100或10000）的本币为标准，折合若干外汇的汇率标价方法。翻看近代《申报》及20世纪二三十年代集中出版的一些著作，③ 可以发现近代中国的汇率标价用的是间接标价法，以一定单位的本币为标准（两、海关两或元等），用不同时期的外币数量的变化来说明本币币值的变化。

（二）汇丰银行控制上海乃至中国的外汇牌价

由本书背景分析部分可知，外商银行在19世纪70年代超越洋行成为上海国际汇兑的垄断者，外商垄断了国际汇兑，自然也就控制了因国际汇兑产生的价格——汇率（或牌价）。在对中国对外汇率的控制上，长期以来中国各地的外汇市价要看上海，上海又以汇丰牌价为准。汇丰银行控制上海外汇牌价始于70年代中期以后。当时伦敦银价的议定，常要探询汇丰、麦加利在上海交易的多寡；而伦敦现银的市价，则由上海汇丰银行隔日挂牌公布，决定当日上海

---

① 唐庆增. 国外汇兑［M］. 上海：商务印书馆，1934：84.
② 宋佩玉. 近代上海外汇市场研究（1843～1949）［M］. 上海：上海人民出版社，2014：66.
③ 注：可参阅［美］耿爱德著（E. Kann）所著《中国货币论》中第112页所记录的1926年10月9日外汇牌价.

对英汇价。① 透过耿爱德的描述我们可以了解当时的汇丰银行在上海挂牌中的地位，即"汇丰银行每晨九时半公布各外汇市价，全埠即据之为汇价之标准"。② 当汇丰银行在每日上午九点半挂出"先令"牌价（汇丰银行挂牌主要以"上海规元一两合英金"为主）后，整个上海的外汇汇票交易与投机活动就迅速开始，汇率不稳定时，一天之中汇丰银行的挂牌要变更几次。汇丰银行之所以能控制上海的外汇牌价，主要是由于英镑是当时国际间清算货币，而汇丰又有足够外汇资金可以依照牌价大量进行买卖，汇丰银行上海分行挂牌的外汇牌价成为上海外汇市场乃至中国实际有效的汇率。据耿爱德记录，20 世纪20 年代汇丰银行的挂牌已经非常丰富，当时汇丰银行的报价分卖价和买价分别报出，卖价种类主要有：伦敦（又分为电汇、即期、四月期），印度、法国、美国、中国香港、日本、巴达维亚（今印尼）、新加坡等地的电汇；买价种类主要有：伦敦（分为四月期、四月押汇、六月期、六月押汇）、法国（四月期）、美国（分为四月、押汇），此外汇丰银行还会报出大条银和中国银元的价格。③

三、1931 年以前中国本币的对外汇率水平

近代中国由于使用的白银种类多样，因此也出现多样白银折合的对外汇率，其中有两种重要的白银对外汇率：上海规元两对外汇价和海关两折合的对外汇价。

（一）上海银两货币（规元）的对外汇率

汇丰银行基于对伦敦先令汇市价格的掌握，每天上午 9：30 在上海，10：00 在外地挂牌公布每天的外汇行市。1933 年废两改元前，上海的外汇行市全部以上海规元开价，一直到废两改元后才以银元开价。

查阅近代记录史料的文献，关于 1931 年以前规元合外币汇率，仅有部分学者记录了部分年限的汇率数据，但长时段、完整将规元折合外币汇率的记录

---

① 洪葭管，张继凤. 近代上海金融市场［M］. 上海：上海人民出版社，1989：254.

② ［美］耿爱德（E. Kann）著，蔡受百译. 中国货币论［M］. 上海：商务印书馆，1929：110.

③ ［美］耿爱德（E. Kann）著，蔡受百译. 中国货币论［M］. 上海：商务印书馆，1929：112.

尚属空白。本书以徐雪筠等译编的《上海近代社会经济发展概况（1882～1931)》－《海关十年报告》译编、孔敏主编的《南开经济指数资料汇编》、石毓符主编的《中国货币金融史略》、郑友揆主编的《1840～1948中国的对外贸易和工业发展》等文献为主，归纳整理了1890～1931年间规元合英汇、美汇的汇率，其中1903和1904年上述文献缺省的数据引自蒋立场对《申报》的整理结果。还要说明的是，各文献各时段的汇率记载单位并不统一，英汇汇价有的用规元合先令价、有的用规元合便士价、还有的用关两合先令价；美汇汇率有的用规元兑美元价、有的用关两兑美元价。为便于比较，本书将英汇价统一为规元一两合便士价，美汇价统一为规元百两合美元价，在此基础上，本书以1926年为100，计算了该期间规元兑英、美汇率的汇率指数，整理结果为表3－1所示，其中各汇率的折算方法见表3－1的表下注释。

表3－1　　　　　　　　1890～1931年上海规元对英、美汇率

年份	英汇汇价（规元一两合便士）	英汇汇率指数1926=100	美汇汇率（规元百两合美元）	美汇汇率指数1926=100	年份	英汇汇价（规元一两合便士）	英汇汇率指数1926=100	美汇汇率（规元百两合美元）	美汇汇率指数1926=100
1890	55.88	166.2	114.00	167.5	1903	28.17	83.8	57.45	84.4
1891	50.72	150.8	107.72	158.2	1904	30.73	91.4	59.25	87.0
1892	47.83	142.2	96.05	141.1	1905	32.33	96.1	65.22	95.8
1893	48.50	144.2	86.18	126.6	1906	34.92	103.8	70.63	103.7
1894	34.75	103.3	69.12	101.5	1907	34.69	103.2	71.09	104.4
1895	35.00	104.1	71.81	105.5	1908	28.73	85.4	58.48	85.9
1896	35.88	106.7	72.71	106.8	1909	27.87	82.9	56.86	83.5
1897	31.88	94.8	64.63	94.9	1910	28.97	86.1	58.65	86.1
1898	31.00	92.2	62.84	92.3	1911	28.97	86.1	58.73	86.3
1899	32.38	96.3	65.53	96.3	1912	32.65	97.1	66.25	97.3
1900	33.25	98.9	67.32	98.9	1913	32.34	96.2	65.85	96.7
1901	32.33	96.1	64.63	94.9	1914	29.29	87.1	59.59	87.5
1902	28.01	83.3	56.55	83.1	1915	27.71	82.4	54.97	80.7

续表

年份	英汇汇价（规元一两合便士）	英汇汇率指数 1926＝100	美汇汇率（规元百两合美元）	美汇汇率指数 1926＝100	年份	英汇汇价（规元一两合便士）	英汇汇率指数 1926＝100	美汇汇率（规元百两合美元）	美汇汇率指数 1926＝100
1916	35.31	105.0	69.85	102.6	1924	39.33	116.9	72.40	106.3
1917	45.75	136.0	90.71	133.2	1925	37.54	111.6	75.54	111.0
1918	56.16	167.0	111.33	163.5	1926	33.63	100.0	68.08	100.0
1919	66.38	197.4	123.17	180.9	1927	30.32	90.2	61.70	90.6
1920	72.96	216.9	111.00	163.0	1928	31.43	93.5	63.73	93.6
1921	42.46	126.3	67.69	99.4	1929	28.91	86.0	58.45	85.9
1922	40.23	119.6	74.27	109.1	1930	20.65	61.4	41.85	61.5
1923	37.47	111.4	71.06	104.4	1931	16.78	49.9	31.17	45.8

注：（1）英汇汇率1905年前数据原文用的海关两合先令价格，本书折算成规元一元合便士数，即按1先令＝12便士，将海关两折成合便士数，再除以1.114；（2）美汇汇率1890～1904年原数据为1关两合美元价，本书折算成规元百两合美元价，即将原汇率除以1.114，再乘以100.

资料来源：（1）英汇汇价中的1890～1891年数据来自徐雪筠等译编．中国近代经济史资料丛刊——上海近代社会经济发展概况（1882～1931）——海关十年报告译编［M］．上海：上海社会科学院出版社，1985：16，67，145；1903～1904年数据年来自蒋立场．清末银价变动研究［D］．苏州：苏州大学，2004：27；1905～1931年数据来自孔敏主编．南开经济指数资料汇编［M］．北京：中国社会科学出版社，1988：449。（2）美汇汇价中1890～1904年数据来自郑友揆．1840～1948中国的对外贸易和工业发展［M］．上海：上海社会科学院出版社，1984：342；1905～1931年数据来自孔敏主编．南开经济指数资料汇编［M］．北京：中国社会科学出版社，1988：449。

（二）海关两的对外汇率

近代中国的对外汇率形式，除了上海规元合外币的兑换汇率外，还有另一种重要的货币对外汇率表现形式，即海关所用"海关两"折合的对外汇率。清朝时期，中国海关征收进出口税时，原无全国统一的标准，各地实际流通的金属银成色、重量、名称互不一致，折算困难，中外商人均感不便。为了统一标准，中国海关创造了海关两作为全国统一的计量单位。中国海关最早成立于1859年，随后开始运作。在海关文献中，除了来自国外的进口，1875～1932

年的统计全部采用海关两，1932 年后用中国元转换的方式部分继续存在，它仅仅是计量单位而已，并无实际流通。[①]

1931 年以前，海关两对美元汇率（1 关两合若干美元）及汇率指数（1926 年 =100）整理为表 3 -2 所示：

表 3 - 2   1890～1931 年中国海关两对美汇汇率情况   单位：1 关两合美元

年份	关两对美汇汇率	关两对美汇汇率指数	年份	关两对美汇汇率	关两对美汇汇率指数	年份	关两对美汇汇率	关两对美汇汇率指数
1890	1.27	167.1	1904	0.66	86.8	1918	1.26	165.8
1891	1.20	157.9	1905	0.73	96.1	1919	1.39	182.9
1892	1.07	140.8	1906	0.80	105.3	1920	1.24	163.2
1893	0.96	126.3	1907	0.79	103.9	1921	0.76	100.0
1894	0.77	101.3	1908	0.65	85.5	1922	0.83	109.2
1895	0.80	105.3	1909	0.63	82.9	1923	0.80	105.3
1896	0.81	106.6	1910	0.66	86.8	1924	0.81	106.6
1897	0.72	94.7	1911	0.65	85.5	1925	0.84	110.5
1898	0.70	92.1	1912	0.74	97.4	1926	0.76	100.0
1899	0.73	96.1	1913	0.73	96.1	1927	0.69	90.8
1900	0.75	98.7	1914	0.67	88.2	1928	0.71	93.4
1901	0.72	94.7	1915	0.62	81.6	1929	0.64	84.2
1902	0.63	82.9	1916	0.79	103.9	1930	0.46	60.5
1903	0.64	84.2	1917	1.03	135.5	1931	0.34	44.7

注：1926 =100。

资料来源：美汇汇率来自郑友揆. 1840～1948 中国的对外贸易和工业发展 [M]. 上海：上海社会科学院出版社，1984：342 - 343；汇率指数由作者计算得出。

利用表 3 -1 及表 3 -2 中规元及关两折合的美元汇价指数制成图 3 -2。图 3 -2 中可见，在 1931 年以前，规元两和海关两对美元的汇率走势基本一致，规元两和海关两折合外汇的汇率也是近代中国货币对外汇率的主要表现形式，

[①] ［美］托马斯·莱昂斯（Thomas P. Lyons）著. 毛立坤，方书生，姜修宪译. 中国海关与贸易统计（1859～1948）［M］. 杭州：浙江大学出版社，2009：50.

后文统一称为中国白银货币的对外汇率，或中国本币的对外汇率，在近代中国，白银货币的对外汇率表现形式基本采用间接标价法，即以一定单位的白银货币（本币）折合为若干的外币。

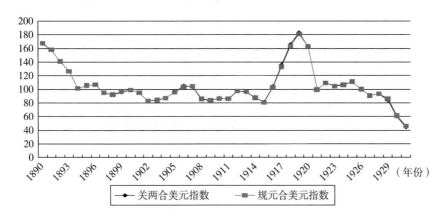

图3-2　1890～1929年关两及规元合美元指数

资料来源：本章表3-1及表3-2。

四、中国白银货币对外汇率的决定基础

1931年以前属于近代中国浮动汇率制时期，此时决定中国白银货币对外汇率的基础是伦敦、纽约市场的银价。英、美货币此时都用金表示，所以中国白银货币对外汇率的决定基础就是金银比价。

（一）中国白银货币对外汇率决定基础是伦敦、纽约市场的金银比价的依据

1. 伦敦与纽约拥有世界白银定价权

中国虽然是用银大国，却产银极少。据记载：至民国初年，中国本国每年产银额还不到5万两。[①] 近代中国又远没有英、美发达，因此，世界银价的定价权也就不在中国。

世界产银中心主要在美洲，以墨西哥、美国、加拿大占前三位，这三个国

---

①　杜恂诚.中国金融通史（第三卷）［M］.北京：中国金融出版社，2002：75.

家的产量占世界产银总额的一大半。其中，"美国产银之量几占世界产额百分之二十五。"[①] 尽管产银中心在美洲，而世界银市中心却在欧洲。据估计，每年世界产银额的40%是由伦敦经售的，而纽约则居其次。[②] 世界银市中心所说的银价，一般是指一盎司白银的价格，在1931年各国放弃金本位前，也就是一盎司白银的黄金价。马寅初对当时的银价解读为："吾人常有银价高低之语句，其意乃指银之金价高与低；因我国无银市，世界最大之银市在伦敦与纽约，而从前两国皆用金本位，其视白银如普通货物，普通货物皆以金币表示其价格，故白银之价格亦以金币表示之，如美国银价1盎司4角，英国银价1盎司19便士是，……。"[③]实际上，银价一说主要是针对西方国家而言，正如近代学者孙拯所说："银本位国，无所谓银价，普通言银价，乃以金本位国为主体而言，既以金本位国为主体，则须认清自己之立脚点"。[④]

伦敦是世界白银价格的决定场所，此项市价决定权在英国老牌的四家金银号。每日午后13：45，四家金银号派代表集议，决定市价。伦敦银市的标准成色为925‰，公定价为标准银1盎司值英金多少便士，当时伦敦白银市场有现货和期货两种报价。伦敦大条银，上海称为"红毛条"，作长块砖形，其重量约在980～1190盎司之间，其成色绝大多数为0.998。[⑤] 由于上海与伦敦有8个小时的时差，所以上海只能用伦敦前一日的市价，该市价由汇丰银行在每日早上与外汇汇率挂牌一同公布。

纽约是世界上又一个主要的银条市场，其银价的确定紧密结合伦敦市价。在伦敦每日下午14点左右决定银价后，纽约会在当日上午10点得到消息（因时差关系），得到消息的美国控制银货交易的主要商号结合美国的供求，在当日12点发布纽约银市的公定价格。纽约银市的标准成色为999‰，公定价为成色0.999的大条银1盎司值美金多少元。纽约的大条银，上海称为"金山

① 毕匿克（A. W. Pinnick）著，褚保时、王栋译. 银与中国［M］. 上海：商务印书馆，1933：57.
② 杜恂诚. 中国金融通史（第三卷）［M］. 北京：中国金融出版社，2002：357 – 358.
③ 马寅初. 通货新论［M］. 北京：商务印书馆，2010：3.
④ 孙拯. 银价之研究，经济学季刊［J］. 第1卷，第3期（1930年）：103.
⑤ 杜恂诚. 中国金融通史（第三卷）［M］. 北京：中国金融出版社，2002：358.

条"，因多数系从旧金山装运来华而得名。[①] 第一次世界大战前，由伦敦输入大条银块，战争期间及战后渐由纽约"金山条"取代。

2. 伦敦、纽约银价与中国白银货币对外汇率关系的数据描述

1931 年前，在欧美国家的金本位体制下，伦敦和纽约的银市用英镑（或便士）和美元（或美分）表示白银的价格，等同于用黄金来标示银价。在中国，对外汇率是白银对外国货币的比率，即白银对各金本位国的金本位币的汇率。因此，就银价和中国的对外汇率的关系而言，世界市场上银价的涨落影响中国的对外汇率，而不是中国的汇价影响国际市场上的银价。当伦敦、纽约的银市用金（便士、美元）来标银价，中国的对外汇率也等于用金（便士、美元）来标银价（如规元），则银价指数和中国货币对外币的汇率指数应该呈相同变动方向。根据刘巍的实证检验，1905～1936 年银价与汇率的数量关系是：银价指数每变动 1%，汇率就同向变动 0.93%。[②]

理论上讲，国际借贷作为货币供求的影响因素之一，也会对中国的对外汇率产生影响，但是，"中国货币汇价的变动，虽然也要受国际收支差额的影响，但这种影响比较小。大部分是受金银比价变动的影响。"[③] 对此，毕匿克的解释能够说明原因："在用金本位的国家和用银为标准货币的国家中间，其汇兑率高低的主要原因是银的金价，这种银的金价易起变化，且很有涨落，因此中国的对外汇率受银的金价的影响较中国与外国间借贷差额的影响更为重大。"[④]

世界白银价格与中国白银货币的对外汇率关系密切，要理解 1931 年前中国白银货币的对外汇率情况，必须准确把握同期世界银价的变动轨迹。查阅近代史料文献，关于 1931 年以前的伦敦、纽约银价，仅有部分学者记录了部分年限的银价数据，但长时段、完整的记录也尚属空白。本书根据耿爱德主编的《中国货币论》、孔敏主编的《南开经济指数资料汇编》、郑友揆主编的《1840～

① 杜恂诚. 中国金融通史（第三卷）[M]. 北京：中国金融出版社，2002：359－360.
② 刘巍. 对近代中国的银价、汇率与进出口关系之实证分析 [J]. 中国社会经济史研究，2004（4）：23.
③ 彭信威. 中国货币史（第三版）[M]. 上海：上海人民出版社，2007：639.
④ 毕匿克（A·W·Pinnick）著. 褚保时，王栋译. 银与中国 [M]. 上海：商务印书馆，1933：16.

1948 中国的对外贸易和工业发展》、中国科学院上海经济研究所主编的《上海解放前后物价资料汇编》（1921～1957）等资料，整理计算了自 1870 年以来世界伦敦、纽约银价，并计算了各年的价格指数（以 1926 年＝100），结果见表 3－3。另外，有些年份的数据是根据其他年份的指数和银价倒推出来的，推算过程见表 3－3 的表下说明。

表 3－3   1870～1900 年伦敦、纽约银价及价格指数

年份	伦敦大条银价（1 盎司合便士数）	伦敦大条银价指数（1926＝100）	纽约大条银价（1 盎司合美元数）	纽约大条银价指数（1926＝100）	年份	伦敦大条银价（1 盎司合便士数）	伦敦大条银价指数（1926＝100）	纽约大条银价（1 盎司合美元数）	纽约大条银价指数（1926＝100）
1870	60.50	210.9	1.326	212.5	1891	45.10	157.2	0.990	158.7
1871	60.50	210.9	1.326	212.5	1892	39.80	138.7	0.876	140.4
1872	60.30	210.2	1.322	211.9	1893	35.60	124.1	0.782	125.3
1873	59.20	206.3	1.297	207.9	1894	28.80	100.4	0.640	102.6
1874	58.30	203.2	1.272	203.8	1895	29.80	103.9	0.663	106.3
1875	56.70	197.6	1.239	198.6	1896	30.70	107.0	0.682	109.3
1876	53.10	185.1	1.150	184.3	1897	27.70	107.0	0.603	96.6
1877	54.80	191.0	1.194	191.3	1898	27.10	94.5	0.591	94.7
1878	52.60	183.3	1.154	184.9	1899	27.20	94.8	0.605	97.0
1879	51.30	178.8	1.125	180.3	1900	28.40	99.0	0.621	99.5
1880	52.30	182.3	1.139	182.5	1901	27.20	94.8	0.597	95.7
1881	51.60	179.9	1.127	180.6	1902	24.10	84.0	0.528	84.6
1882	51.80	180.6	1.138	182.4	1903	24.70	86.1	0.542	86.9
1883	50.60	176.4	1.086	174.0	1904	26.40	92.0	0.578	92.6
1884	50.70	176.7	1.111	178.0	1905	27.20	94.8	0.610	97.8
1885	48.60	169.4	1.064	170.5	1906	31.00	108.1	0.674	108.0
1886	45.40	158.2	0.999	160.1	1907	30.10	104.9	0.660	105.8
1887	44.70	155.8	0.979	156.9	1908	24.40	85.0	0.535	85.7
1888	42.90	149.5	0.943	151.1	1909	23.80	83.0	0.522	83.7
1889	42.70	148.8	0.936	150.0	1910	24.70	86.1	0.542	86.9
1890	47.80	166.6	1.053	168.8	1911	24.70	86.1	0.540	86.5

续表

年份	伦敦大条银价（1盎司合便士数）	伦敦大条银价指数（1926=100）	纽约大条银价（1盎司合美元数）	纽约大条银价指数（1926=100）	年份	伦敦大条银价（1盎司合便士数）	伦敦大条银价指数（1926=100）	纽约大条银价（1盎司合美元数）	纽约大条银价指数（1926=100）
1912	28.03	97.7	0.620	99.4	1922	34.38	120.0	0.679	108.8
1913	27.56	96.1	0.612	98.1	1923	31.94	111.3	0.652	104.5
1914	25.31	88.2	0.563	90.2	1924	34.00	116.3	0.671	107.5
1915	23.69	82.6	0.511	81.9	1925	32.08	111.8	0.694	111.2
1916	31.31	109.1	0.672	107.7	1926	28.69	100.0	0.624	100.0
1917	40.88	142.5	0.840	134.6	1927	26.04	90.8	0.567	90.9
1918	47.56	165.8	0.984	157.7	1928	26.74	93.2	0.585	93.8
1919	57.06	198.9	1.121	179.6	1929	24.48	85.3	0.533	85.4
1920	61.38	214.3	1.017	163.0	1930	17.65	61.5	0.385	61.7
1921	36.88	126.5	0.631	101.1	1931	14.46	50.4	0.290	46.5

资料来源：

（1）伦敦银价中，1871～1895年来自耿爱德（E. Kann）著．蔡受百译．中国货币论 [M]．上海：商务印书馆，1929：227－229；1870年及1896～1911年的数据经本书计算得出，即根据孔敏主编的《南开经济指数资料汇编》第635～636页的相关年份伦敦指数数据（原文指数以1870=100），及耿爱德编著《中国货币论》中1871年伦敦银价60.5便士的数据（原数据以1871=100），用指数为100时的价格60.5便士乘以《南开经济指数资料汇编》其他年份的指数即得出各个年的银价；1912～1931年数据来自中国科学院上海经济研究所．上海解放前后物价资料汇编 [1921～1957] [M]．上海人民出版社．1958：114.

（2）纽约银价中，1870～1889年银价计算得到，即根据孔敏主编的《南开经济指数资料汇编》第636－637页所列1870～1889年银价指数（原文指数以1870=100，1890年指数为79.4），及郑友揆主编的《1840～1948中国的对外贸易和工业发展》第342页中1890年的银价1盎司银等于1.053美元，倒推出指数为100的银价为1.053/79.4＊100=1.3262，其他年份的银价用1.3262乘以相应指数，再除以100；1890～1931年银价来自郑友揆．1840～1948中国的对外贸易和工业发展 [M]．上海：上海社会科学院出版社，1984：342－343。

利用表3－1中规元合便士、美元的汇率指数和表3－3中伦敦、纽约的银价指数，将四者1870～1931年间的数据制作成图3－3来观察近代中国白银货币对外汇率与世界银价的关系。

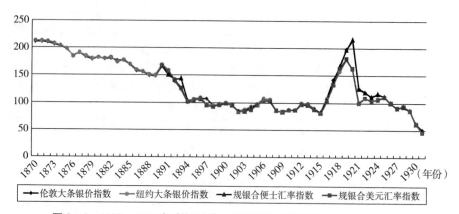

图3－3　1870～1931年中国对英、美汇率及银价指数（1926年＝100）

资料来源：本章表3－1及表3－3。

图3－3说明：（1）1931年以前，世界银价与中国白银货币的对外汇价走势完全相同，不论是伦敦银价与规元银合便士的汇价、还是纽约银价与规元银合美元的汇价，世界银价（以外币表示的银价实际上就是金银比价）是中国白银货币对外汇率的决定基础。（2）1916～1924年间，伦敦银价和规元银合英汇的上升幅度大于纽约银价和规元银合美汇的上升幅度。这种现象出现的直接原因就是第一次世界大战。1914年第一次世界大战爆发，西欧所有货币中止兑换，1919年英国和法国放弃了对英镑和法郎的支持，导致货币贬值。① 因为战争，英国靠卖掉外国资产，特别是靠在国外借款，为战争筹措资金。借款很大程度上同支持汇率有关，这导致英镑汇率下降。为此，英国也曾做出努力试图支持英镑汇率，比如"英国政府请纽约的J. P. 摩根公司从1915年起将英镑支撑在4.765美元的商品上，这个汇率比平价汇率4.866美元略为低了一点。"② 正由于英镑的贬值，其对规元汇率的变动幅度大于美元对规元汇率的变动。

（二）1931年以前世界金银比价及中国白银货币对外汇率波动的阶段特点

1. 世界金银比价的再次描述

历史上，中国的金价历来比欧洲贱，这种状况一致持续到19世纪以后。

---

① ［美］查尔思·金德尔伯格（Charles P. Kindleberger）著. 徐子健，何建雄，朱忠译. 西欧金融史（第二版）［M］. 北京：中国金融出版社，2010：11.

② ［美］查尔思·金德尔伯格（Charles P. Kindleberger）著. 徐子健，何建雄，朱忠译. 西欧金融史（第二版）［M］. 北京：中国金融出版社，2010：312.

据记载:"中国自西汉以来,在很长一个历史时期,金银比价约为一比五、六之间,宋元时比价略增,约在六、七换,元末由于战乱的原因曾一度达到十换,但到明初却出现一比四的情况,十六世纪末又涨到七、八换。"[1] 比较起来,欧洲的金价,自 17 世纪中叶以来,便是十五换上下,很少有大的波动,这种稳定的比价,维持了两百年之久。[2] 但 19 世纪以后,中国的金价,大体上同欧洲的金价接近。尤其是鸦片战争以后,更是以伦敦的市价为转移。[3]

1840~1932 年间伦敦市场的金银比价及中国白银货币对英汇率（此处用关平银合英镑价）变动如表 3-4 所示。此处金银比价指同量纯金与同量纯银价格的比较,其中金 1 = 白银若干。

表 3-4　　　　　1840~1932 年世界金银比价及中国关平银合英镑汇率

年次	金银比价（年平均数）（元）	对英汇率（关平银一两平均合英镑）		年次	金银比价（年平均数）（元）	对英汇率（关平银一两平均合英镑）	
		先令	便士			先令	便士
1840（道光二〇）	15.6190			1916	30.1156	3	3.8
1850（道光三〇）	15.4431			1917	23.0702	4	3.8
1860（咸丰一〇）	15.2866			1918	19.8264	5	3.4
1870（同治　九）	15.5706	6	7.1	1919	16.3466	6	4.0
1875（光绪　一）	16.6416	6	2.2	1920	15.3177	6	9.5
1880（光绪　六）	18.4908	5	9.6	1921	25.5728	3	11.4
1885（光绪一一）	19.4172	5	3.5	1922	27.4326	3	9.0
1890（光绪一六）	19.7486	5	2.3	1923	29.5263	3	5.8
1895（光绪二一）	31.6308	3	3.3	1924	27.7352	3	7.9
1900（光绪二六）	33.3066	3	1.3	1929	38.6000		8.0
1905（光绪三一）	33.9054	3	0.1	1930	53.4000	1	11.1
1910（宣统　二）	39.2914	2	8.3	1931	70.3000	1	7.1
1915	39.9151	2	7.1	1932	73.5000	1	11.4

资料来源:石毓符.中国货币金融史略 [M].天津:天津人民出版社,1984:249。

---

① 石毓符.中国货币金融史略 [M].天津:天津人民出版社,1984:246.
② 彭信威.中国货币史（第三版）[M].上海:上海人民出版社,2007:636.
③ 彭信威.中国货币史（第三版）[M].上海:上海人民出版社,2007:648.

2. 1931 年以前中国白银货币对外汇率的阶段特点

结合图 3 - 3 及表 3 - 4，可以总结出在 1931 年以前中国白银货币对外汇率呈现如下阶段特点：

（1）1931 年以前，世界金银比价的差距越来越大，总体表现出金贵银贱的趋势，带动中国白银货币对外汇率呈现不断下跌趋势。表 3 - 4 显示，在 1870 年前，多数国家皆为银本位或金银复本位制时，金银比价极为稳定。随着 19 世纪 70 年代各国采用金本位制，金的比价上升，银的比价下降；到 1900 年美国采用金本位制时这一比价达到 33.3066，比 1870 年的比价翻了一倍还多，此时，关平两一两平均合英镑的汇率为 3 先令 1.3 便士，比 1870 年的汇率 6 先令 7.1 便士跌了一倍还多；到 1931 年各国相继放弃金本位制时，金银比价为 70.3，比 1900 年美国采用金本位制时的价格又翻了一倍还多，此时关平两一两平均合英镑汇率为 1 先令 7.1 便士，比 1900 年的汇率 3 先令 1.3 便士又跌了一倍还多；1931 年的金银比价已经是 1870 欧洲普遍采用金本位制时金银比价 15.5706 的四倍多，1931 年关平两一两平均合英镑的汇率也比 1870 年的汇率跌了四倍还多。可以看出，1931 年以前，中国的对外汇率是以金银比价为基础，表现出：金价涨，则白银的对外汇率下跌；金价跌，则白银的对外汇率上涨，即中国银两的对外汇率与金银比价完全相反，中国白银兑外汇汇率处于不断下跌的趋势中。

（2）19 世纪 70 年代以后直至第一次世界大战爆发后的 1915 年间，世界金银比价快速变化，银价大幅度贬值，银两对外币的汇价，也呈现加速下降的趋势。表 3 - 4 显示，1840～1870 年的三十年间金银比价相当稳定，比价维持在十五换上下。毕匿克描述为："自一八三三年至一八七三年间，伦敦银条的平均价格变化无多，在这个时期中，每标准英两的价格从未远过或远低于六十便士，这种银价的稳定大半由于偶然的结果，在这四十年中，每年的银产量增至百分之二百以上，而消费量的增加也成同一比例，所以价格没有大变化。"[1]但是，从 1870 年后，银价开始小幅下跌。1895 年左右金银比价发生剧烈变化，20 世纪初与 30 年前的比价相差一倍以上，30 年间，金银比价升高一倍

---

[1] 毕匿克（A. W. Pinnick）著. 褚保时，王栋译. 银与中国 [M]. 上海：商务印书馆，1933：19.

多。第一次世界大战开始后的1915年的金银比价39.9151，已快接近1870年比价的三倍。与此适应，1915年的白银对英镑汇率为2先令7.1便士，这比1870年的6先令7.1便士下跌了近三倍。1870～1915年间中国对外汇率的下跌趋势从图3-3看得更为清楚。

（3）1916～1920年世界金银比价暂时缩小差距，银价经历了短暂回升，从而中国白银货币对外币的汇率也出现了暂时的回升。1916～1920年属于第一次世界大战及战后初期，世界金本位制名存实亡，黄金国际流动交易几乎停顿，黄金有价无市，银价随物价上涨一路上扬。从表3-5看到，金银比价从1916年起，连续经历了几年的银价上升。每年银价最高者甚至达到1916年为37.13便士，1918年为49.5便士，1919年为79.13便士，1920年则达89.5便士。[1] 银价之所以上升是因为第一次世界大战爆发后，西欧各国金本位制暂时遭到破坏，例如英国在第一次世界大战时暂停金本位后，"此时英镑折合美金大约要低落百分之二十。"[2] 另外，当时产银的墨西哥发生内乱，使白银产量减少，同期印度因为战乱原因对白银的需求增加，这促使白银价格回升。[3]

随着这一时期银价的回升，中国海关十年报告之四（1912～1921年）记录了当时汇率的情况为："汇率变动之剧在中国是前所未有的。标准银价从战前1914年每盎司25便士稳步上升，1920年初竟上升到$89^1/_2$便士，达到创纪录的惊人数字。汇兑一般随着银价从每两兑换2先令4便士升到9先令3便士。"[4]

（4）世界金银比价经历20世纪20年代十年间平稳差距拉大后，从30年代开始发生极剧烈变动，世界金银比价差距悬殊，中国白银货币对外币汇率急剧下跌。在第一次世界大战期间和战后，白银的价格完全和普通商品一样变动，英国学者埃因催格（P. Einzig）记录当时的情景为："在战后假景气的期

---

① 吴弘明. 1912至1921年天津之货币与金融一瞥 [J]. 天津经济，2003（8）：61.

② 毕匿克（A. W. Pinnick）著. 褚保时，王栋译. 银与中国 [M]. 上海：商务印书馆，1933：9-11.

③ 石毓符. 中国货币金融史略 [M]. 天津：天津人民出版社，1984：249.

④ 徐雪筠等译编. 中国近代经济史资料丛刊 - 上海近代社会经济发展概况（1882～1931）- 海关十年报告译编 [M]. 上海：上海社会科学院出版社，1985：187.

间，银价大涨，但是当战后物价暴落的时候，银价亦同样跌得很凶。"① 世界银价在 1921～1929 年间比较稳定，这种稳定在近代中国的杂志中有所反映。据 1936 年的《时事月报》记载，1926～1929 年四年中的银价，平均达二十七便士余，金银比价为 1∶34 左右，"同时，各国间的货币价值，也非常稳定，货币贬值，为各国当做可怕的，不名誉的事，在用全力警戒着……。"② 但自 1929 年后，从表 3–4 可见，1929～1932 年间银价连续下跌，金银比价升到 70 换还多的水平，出现了银价急跌，金价大涨的现象。这种银价急跌，导致世界的银产跟着减少，因为："如银子每英两的价格，在伦敦跌至二十三便士以下，在纽约跌至五十分以下，则大多数专产银子的银矿都没有利益可得。所以自一九二九年十月以来，各银矿都受到损失。至一九三〇年正月，许多银矿，因为银价没有大涨的希望，相继被逼停关。"③

按道理，白银供给随着部分银矿的关停应该减少。然而，尽管部分银矿关闭，白银的供给仍有其他来源，重要的来源之一就是几国政府将国库藏银出售（见表 3–5），正因为各国将藏银售出才又促使世界银价下跌。

伴随世界银价下跌，中国白银货币的对外汇率也出现急剧下跌。1929 年开始，到 1931 年 9 月中旬止，时人记录："各国的汇率，都在金输出入点间徘徊，货币价值，并未有所变动，可是，金银比价，却从 1929 年的 1∶38，直升到 1931 年的 1∶64，我国的汇率，跟着暴缩。"④ 杨格回顾当时中国货币的对外汇率情况为："美元对中国银元的汇价波动幅度，达每 100 美元折合中国银元 170 元至 250 元之间。"⑤ 此次中国白银货币的对外汇率下跌比起 19 世纪 70 年代起的跌势更猛烈，"足以与九十年代初期的跌势相比。中国银元的价值从 1928 年值 0.45 美元上下，跌落到 1932 年的只值 0.20 美元上下，成为从未有

① ［英］埃因催格（P. Einzig）著，彭子明编译. 战后世界金融［M］. 上海：商务印书馆，1937：198.

② 杨时展. 我国现行汇率平议［J］. 时事月报，第 13 卷，第 1 期（1936 年）：119.

③ 毕匿克（A. W. Pinnick）著. 褚保时，王栋译. 银与中国［M］. 上海：商务印书馆，1933：22–23.

④ 杨时展. 我国现行汇率平议［J］. 时事月报，第 13 卷，第 1 期（1936 年）：119.

⑤ ［美］阿瑟·恩·杨格（Arthur N. Young），陈泽宪等译. 一九二七至一九三七年中国财政经济情况［M］. 北京：中国社会科学出版社，1981：207.

过的最低记录。"① 20 世纪 20 年代末 30 年代初的这次银价暴跌，时人称之为
"金贵银贱"风潮。

表 3 - 5　　　　　　1928～1929 年世界出售的纯银量（英两）

国家	1928 年	1929 年
印度国库	26000000	35000000
比利时	12000000	—
法国	25000000	10000000
英国	6000000	6000000
安南	—	5000000
总计	69000000	101000000

资料来源：毕匿克（A. W. Pinnick）著. 褚保时，王栋译. 银与中国［M］. 上海：商务印书馆，1933：24。

第三节　中国白银货币对外汇率波动的原因

如前所述，金银比价是中国白银货币对外汇率的决定基础，在 1931 年前中国白银货币对外汇率变动总趋势是金贵银贱，影响金银比价的因素都应该是影响中国白银货币对外汇率的因素。其中，短期内金银比价波动可能取决于商业循环，而决定金银比价长期趋势的主要因素应该是金或银各自的供求规律。

一、世界金银产量变化的影响

金银比价的变动，金银两方面均有影响。

从白银方面来看，银产量的增加，是银价跌落的主因之一。表 3 - 6 显示了 1851～1910 年间世界白银产量，表中可见，在 60 年的时间里，世界白银产量增长了六倍还多。

① ［美］阿瑟·恩·杨格（Arthur N. Young），陈泽宪等译. 一九二七至一九三七年中国财政经济情况［M］. 北京：中国社会科学出版社，1981：207。

表 3 - 6　　　　　　　　　晚清时期世界白银生产额　　　　（单位：库平两）

时间	生产额
公元 1851～1860 年	240068027
公元 1861～1870 年	325072872
公元 1871～1880 年	592384114
公元 1881～1890 年	837616200
公元 1891～1900 年	1347731956
公元 1901～1910 年	1522714428

资料来源：彭信威. 中国货币史 [M]. 上海：上海人民出版社，2007：637。

美洲大陆发现以前，世界产银额最多的地区是欧洲大陆，以德奥为突出代表，这两个国家产银"几占世界总产额四分之三。"[1] 此后，随着美洲大陆银矿的发现，美洲成了世界产银最多的地区（见图 3 - 4），以墨西哥、美国、加拿大占前三位。美洲银矿的发现使得世界银产量大增，例如："在 1873 年，北美发现了内华达州大银矿，当年产银就达 64.5 万美元，两年后产量居然翻了25 倍。"[2]

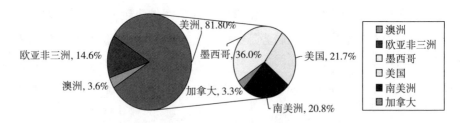

图 3 - 4　1493～1925 年各地产银在世界总额中所占百分数

资料来源：根据耿爱德（E. Kann）著，蔡受百译. 中国货币论 [M]. 上海：商务印书馆，1929：206 - 207 数据制成。

世界银产量增加若能与银的需求增加一致，并不会导致银价的下跌。关于世界对银的需求，史料记载 1871 年以前银的需求每年增加率为 0.62%，[3] 因

---

[1]　邵金铎. 银价之研究 [M]. 上海：学术研究会总会，1928：3.

[2]　陈雨露，杨栋. 世界是部金融史 [M]. 北京：北京出版社，2011：152.

[3]　孔敏主编. 南开经济指数资料汇编 [M]. 北京：中国社会科学出版社，1988：673.

此，世界白银的供给若每年增加0.6%，即可维持白银的购买力不变。根据前文世界货币背景部分的分析，世界各国在1871年以后陆续采用金本位制，对银的需要减少。但是，世界银的供给并没有同期减少，仍在增加，即"自1871年至1930年银货存在量平均每年增加1.63%，其率倍于前期而有余。"[1]这一时期的白银产量之所以增加，一方面是因美国西部发现银矿使白银产量增长，另一方面近代冶炼技术的进步也促进了银的开采，结果就是促使世界白银供给大增。

从黄金方面来看，黄金产量的减少，是银价跌落的另一原因。从19世纪末以来，世界对黄金的需求增加，但黄金供给不足。黄金的产量，自19世纪中叶随着加利福尼亚等地的金矿陆续发现，世界黄金产量曾有大量增加，但至1871年后，金产量即渐缩减。表3-7显示了1908～1929年的金银产量，可见黄金产量非但没有增加，反倒减少，尤其是1919～1922年期间减少更多。结合下表金银产量可以发现，当各国陆续采用金本位，对金的需求增加、银的需求减少时，世界黄金、白银的供给却没有与金、银的需求保持一致，从而在1931年以前出现了金贵银贱的总趋势。

表3-7   1908～1929年世界黄金与白银产量

年份	世界黄金产量 （单位：百万英镑）	年份	世界黄金产量 （单位：百万英镑）	时期	世界白银产量 （单位：百万盎司）
1908	88.4	1922	65.5	1900～1925年平均	194
1909	90.6	1923	75.5	1926	243
1910	91.0	1924	81.0	1927	254
1911	92.2	1925	81.0	1928	257
1912	93.0	1926	82.0	1929	254
1913	91.9	1927	82.0		
1916	93.5	1928	82.3		
1919	50.1				

资料来源：石毓符. 中国货币金融史略 [M]. 天津：天津人民出版社，1984：43。

---

[1] 孔敏主编. 南开经济指数资料汇编 [M]. 北京：中国社会科学出版社，1988：673.

二、世界货币制度演变的影响

世界白银产量大增的同时，世界各国也在先后采用金本位制，这使白银在世界范围内作为货币的用途大减，金银比价大增。世界本位制度先后经历了银本位—金银复本位—金本位—放弃、恢复、再放弃金本位—纸币本位的过程。观察银价的典型变动年份会发现，每一次货币制度的演变都会对金银比价带来巨大影响。尤其是各国采用金本位制，对世界银价和中国的对外汇率影响都是最大的，因为中国在 1931 年前始终是以白银为主要货币。世界最早采用金本位的是英国（1816 年），公认的世界金本位体系形成于 1880 年。

1873 年是对银价产生重大影响的年份。美国、丹麦、瑞典、挪威采用金本位制，比国停止铸造五法郎银币，法国限制五法郎银币之自由铸造，[①] 这意味着世界白银的供给将进一步增加，从而对于银市是一种严重的打击。例如，1873 年，普鲁士废除了银货币并大量出卖白银（数年间超过了 6000 万磅）。[②] 根据耿爱德的记录，以往每标准英两的价格从未远过或远低于六十便士，但1873 年银价则下跌为 $59^3/_{16}$ 便士。[③]

1893 年世界几个重要国家的货币制度变革对该年银价产生重大影响，从而也冲击了中国的对外汇率。1893 年 11 月美国国会正式废除了《谢尔曼购银法》（该法曾规定财政部每月铸造 450 万美元银币）。印度是世界用银大国，但印度在 1893 年也进行了货币制度变革。1893 年 6 月，印度政府收回印度造币厂的自由铸币权，采用金汇兑本位制。此外，印度事务大臣宣布自 1894 年1 月起放弃政府汇票与卢比的 1 先令 4 便士最低固定比价。[④] 印度是用银大国，除了印度放弃银本位造成银价下跌外，印度人原有窖藏白银的习惯，随着文化的进步，人们不愿再像过去那样藏银了，这使大量窖藏白银游离到市场，造成

① 孔敏主编. 南开经济指数资料汇编 [M]. 北京：中国社会科学出版社，1988：648.

② ［日］滨下武志. 近代中国的贸易契约：朝贡贸易体系与近代亚洲经济圈 [M]. 北京：中国社会科学出版社，1999：73.

③ ［美］耿爱德（E. Kann）著，蔡受百译. 中国货币论 [M]. 上海：商务印书馆，1929：227.

④ 徐雪筠等译编. 中国近代经济史资料丛刊－上海近代社会经济发展概况（1882~1931）－海关十年报告译编 [M]. 上海：上海社会科学院出版社，1985：67-68.

银价的下跌。这些国家的货币制度变革使得"一八九二年每英两银条的平均价格为三十九又四分之三便士，但一八九四年的平均价格尚不及二十九便士。"① 其中，1893 年银价尤其波动剧烈，银价在"1893 年这一年即下跌14%，几乎同整个前一个十年不相上下。"② 伴随重要国家货币制度变革对银价的冲击，中国白银货币的对外汇率出现巨大波动。从关两兑美元的汇率看，1890～1894 年汇率（1 关两合美元）分别为：1.27、1.2、1.07、0.96、0.77，汇率出现了与银价同步激烈变动的趋势。无怪当时的海关报告形容："1893 年发生空前的外汇波动"。③

1897 年夏天日本政府将通货改为金本位制，这对中国对外汇率同样产生重要影响。日本在 1894 年中日甲午战争中的获胜对日本采用金本位制提供了基础，据记载，日本将甲午战争所获的赔偿金作为本位货币，储存在伦敦，并在 1897 年以固定的 1 比 32 （1 日元等于 2 先令）④ 的金银比价的比率采用了金本位制。日本采用金本位制带动世界银价下跌，为此，1897 年 11 月，中国政府曾短暂地制止了白银输出。

前文已述，世界银价和中国白银货币对外汇率在 20 世纪 30 年代开始急剧下跌，在中国称为"金潮"，这与世界货币制度的变革也有很大关系。1930 年1 月越南采用金本位制，3 月伊朗采用金本位制，采用金本位后的越南和伊朗大量出售国内存银。当时，世界用白银做货币的只有中国，这些白银自然主要流入中国。据上海东方汇理银行行长爱尔琪宣称，1929 年越南有 700 万两银币运到中国，1930 年运入约 1000 万两左右。⑤ 但 20 世纪 30 年代初的这次汇率波动还有更重要的影响因素，下文述之。

---

① 毕匿克（A·W·Pinnick）著. 褚保时，王栋译. 银与中国 [M]. 上海：商务印书馆，1933：21.

② ［日］滨下武志. 近代中国的贸易契约：朝贡贸易体系与近代亚洲经济圈 [M]. 北京：中国社会科学出版社，1999：86.

③ 徐雪筠等译编. 中国近代经济史资料丛刊－上海近代社会经济发展概况（1882～1931）－海关十年报告译编 [M]. 上海：上海社会科学院出版社，1985：45.

④ ［日］滨下武志. 近代中国的贸易契约：朝贡贸易体系与近代亚洲经济圈 [M]. 北京：中国社会科学出版社，1999：86.

⑤ 贺水金. 论近代中国银本位制下的汇率变动 [J]. 社会科学，2006 (6)：103.

三、汇丰银行的影响

19 世纪 70 年代中期以后，汇丰银行因在国际汇兑领域的优势控制了中国的外汇挂牌。在近代中国，由于汇丰银行对于自己的挂牌数据可以灵活掌握，其往往就根据自己的利益将行情放长或压低，如当伦敦黄金上涨时，汇丰挂牌则暂时不动，而是暗中买进黄金，等到涨风过去且价格回缩时，汇丰银行再将其挂牌再往上涨，"一进一出，一涨一缩，汇丰大获其利"[①]。另外，汇丰银行还利用自己的特殊地位，经常在中国进出口贸易季节"结先令"期或借款交付于收货时，就故意提高或降低外汇牌价，以获取额外的外汇利益，据记载："自 1895～1910 年的 12 项借款，中国实收银数，大都比该年份平均外汇市价折合数为低，差额达库平银 1700 余万两之所，低于平均外汇市价折合数的 4.95%。"[②]

四、其他因素的影响

导致中国白银货币对外汇率波动的原因除以上因素外，尚有一些因素会影响其短期波动，如 20 世纪 30 年代初的中国白银货币对外汇率下跌，以下即为重要影响因素。

（一）各国对金银进出口限制的影响

20 世纪 30 年代初期，印度、中国、日本都曾采取措施对金银进出口进行限制，这些限制措施也不同程度地影响了中国白银货币对外汇率的下跌。

从印度的情况看，印度人民向来有窖藏白银的历史习俗，这一习俗使印度成为世界白银进口大国，但是印度在 20 世纪 30 年代初期曾征收过银进口税，规定："自 1930 年 3 月，对于每英两标准之进口，征收四安那（anna）之从量

---

① 王渭泉，吴征原，张英恩. 外商史［M］. 北京：中国财政经济出版社，1996：303.
② 王渭泉，吴征原，张英恩. 外商史［M］. 北京：中国财政经济出版社，1996：295.

税；1931 年 3 月，复增至六安那。"① 印度银进口税的征收必定限制印度的银货进口，从而使世界白银的需求进一步减少，促使银价下跌，带动中国白银货币对外汇率下跌。

从中国的情况看，1930 年 5 月 15 日，国民政府曾下令禁止金条出口，这一禁令在 1937 年以后的整个抗日战争时期里始终有效。禁止黄金出口的原因据杨格回顾："是以为禁止出口，多少可以减轻银价暴跌对外汇市场所造成的不利影响。"② 中国尽管不产银，但却是一个砂金生产国，1930 年前，中国每年产金十万盎司以上，大部分产自东北的金矿，也有一部分系内地金矿所产。③ 中国禁金出口的政策进一步减少了世界黄金的供给，促使世界银价下跌。影响到我国对外汇率上，出现了规元合日元汇率下跌，即日元短期超涨，历来日元与标金存在着"日汇涨，标金亦涨。日汇跌，标金亦跌"④ 的关系，但国民政府的这一举措使得日汇涨幅超过了标金。

从日本的情况看，日本自 1917～1929 年禁止国内现金出口，这一禁令在 1930 年 1 月取消。据人民银行的史料记载："日金解禁，不独世界上现金之需还要增加，而我国对于日本之汇价亦大涨特涨。上海标金市价，从来与日汇有密切关系，初亦随之而涨。但结果标金之涨，终不若外汇之俏，金价与汇价乃呈分离之象。"⑤ 日本想要实行金的解禁，就不得不抬高汇价。同时，日本若想维持金解禁后国内现金不致流出，就必须吸收我国现货、标金及金币。中国禁金出口和日本金解禁对我国合日元的汇率影响如图 3 - 5 所示，即带来了短期日元存在超涨现象，表现在 1930 年日元合规元指数高于标金指数。

① 吴大业. 白年来金银变动之原因及其影响. 经济统计季刊，第 1 卷，第 1 期：1 - 79，转引自孔敏主编. 南开经济指数资料汇编 [M]. 北京：中国社会科学出版社，1988：665.

② [美] 阿瑟·恩·杨格（Arthur N. Young），陈泽宪等译. 一九二七至一九三七年中国财政经济情况 [M]. 北京：中国社会科学出版社，1981：290.

③ 郑友揆. 1840～1948 中国的对外贸易和工业发展 [M]. 上海：上海社会科学院出版社，1984：111.

④ 马寅初. 中国国外汇兑 [M]. 上海：商务印书馆，1925：159.

⑤ 中国人民银行总参室编. 中华民国货币史资料（第二辑）（1924～1949）[M]. 上海：上海人民出版社，1991：105.

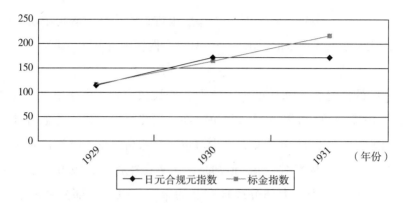

图 3 – 5　1929 ～ 1931 年日元合规元及标金指数对比

注：取 1926 年价格为 100，计算得出 1929 ～ 1931 年的指数。

资料来源：根据孔敏主编. 南开经济指数资料汇编［M］. 北京：中国社会科学出版社，1988：449
日汇数据及第 485 页标金数据。

（二）世界商业衰落的影响

　　1929 ～ 1933 年世界曾发生举世瞩目的大萧条。这次大萧条以 1929 年 10 月美
国纽约金融市场的股票价格暴跌为导火索（此前纽约经历了股票上涨），如果以
1926 年为基期，1929 年 9 月纽约的股票行情指数是 316，12 月跌到 147。[1] 纽约
的股票暴跌迅速向欧洲传导，使英国、加拿大、比利时、德国等都受到波及，出
现了股票行情的接连暴跌，据记载：加拿大的股票行情 1929 年 12 月相比 9 月下
跌了 33%。[2] 在股票暴跌的过程中各国面临了一系列的利率上涨、信用紧缩、价
格下跌、公司破产等打击。不仅如此，危机的发生很快传导到了银行，引发储户
存款挤提导致的银行信用危机，进而波及各国对外汇率的下跌，最终使英国
1931 年 9 月首先宣布放弃了金本位，同年 12 月日本放弃金本位，这又带动各国
货币贬值（有关各国放弃金本位的过程及货币贬值情况会在下一章详述）。

　　大萧条的过程中各国都面临了严重的价格下跌，失业增加，生产萎缩现
象。白银在这些国家中仅是商品，价格自然也随物价的下跌而下跌，从而表现

---

　　① ［美］查尔思·金德尔伯格（Charles P. Kindleberger）著. 徐子健，何建雄，朱忠译. 西欧金融史
（第二版）［M］. 北京：中国金融出版社，2010：386.

　　② ［美］查尔思·金德尔伯格（Charles P. Kindleberger）著. 徐子健，何建雄，朱忠译. 西欧金融史
（第二版）［M］. 北京：中国金融出版社，2010：390.

出以同等数量的英镑、美元等黄金货币，在大萧条后可以换得更多的白银，反映到中国的对外汇率上，就是中国的白银货币合外币越来越少，表现出中国白银货币对外汇率的下跌。

第四节　浮动汇率制对中国经济的影响

美国货币制度历经演变，在 1900 年 3 月 14 日通过《金本位制法案》,[①]该法案宣布黄金为美国货币本位。在中国，从 1900 年起（光绪二十六年）开始铸造铜元，作为银元的辅币，停铸制钱。在制钱停铸之前，中国是银钱并用的双重本位制。在对外贸易上，严格受双重汇率影响，即对外是金、银汇价，对内是银、钱比价。因此本书研究汇率制度的影响，主要以 1900 年后的资料为主。

1931 年以前世界总体是金贵银价，表现出中国的对外汇率下跌。这对中国产生的影响主要有财政、贸易、金银流动、物价及经济稳定等方面。同期，国际其他国家并没有因汇率问题而受到大的影响，但对于中国，情况则完全不同，正如毕匿克所言，"中国从未享受大多数国家采用金本位制所得的国外汇兑率比较稳定的利益。"[②]

一、对国家财政上的影响

中国白银货币对外汇率的波动随着清末"镑亏"问题受到关注，可见，浮动汇率制对近代中国经济的影响首先反映在财政领域，这种浮动汇率制在给近代中国财政带来巨大压力的同时，也促进了中国的关税改革。

（一）导致外债还本付息增加

从 1894 年开始的中日甲午战争以后，清政府的外债迅速增加。据统计，

---

① ［美］米尔顿·弗里德曼（Milton Friedman），安娜·J. 施瓦茨（Anna J. Schwartz）著．巴曙松、王劲松等译．美国货币史（1867～1910）［M］．北京：北京大学出版社，2009：78.

② 毕匿克（A. W. Pinnick）著．褚保时，王栋译．银与中国［M］．上海：商务印书馆，1933：31－32.

1894～1911 年所借的外债总额比甲午战前所借总额超过 27 倍。[①] 清政府因甲午战争和八国联军侵华战争的战争费用及赔款而大举借债，先后有汇丰银款、汇丰镑款、瑞记借款、克萨镑款、俄法借款、英德借款、英德续借款和庚子赔（借）款，其中部分外币借款情况见表 3－8 所示。据人民银行资料记载：因为甲午战争所引发的外债总额达到了 5445000 英镑。[②]

表 3－8　　　　　　　　　　甲午战争后清政府的六次外币借款

外债名称	金额	借款年份	期限(年)
汇丰金款	英金三百万镑	1895	20
俄法洋款	法金四亿法郎	1895	36
克萨镑款	英金一百万镑	1895	20
瑞记洋款	英金一百万镑	1895	20
英德洋款	英金一千六百万镑	1896	36
续借英德洋款	英金一千六百万镑	1896	45

资料来源：杨荫溥. 民国财政史（下册）. 北京：中国财政经济出版社，1995：25。

　　中国为银本位国，同时又为债务国，当白银对外汇率随银价下跌而下跌时，使得以白银为通货的中国在向以黄金为通货的国家返还所借债务时，实际的返还额有所增加，从而增大了以白银为通货的国家的财政负担，即出现"镑亏"（指在偿付借款过程中由于金价涨银价落而出现的亏损问题）。之所以有"镑亏"，是因为原来有许多借予中国的外债都是以金币计算的，由于借款收付均以黄金货币计，而中国每年还付本息，须按银两购买金货币，当中国白银汇率下跌时，自然购买外币时要多付白银。对此，时人描述为："此数以金镑计在将来数年中必可稍稍减少，但以银计算，则以汇兑率之低落，其数高涨令人惊骇"。[③]

　　表 3－8 六次借款均以英镑或法郎计价，但中国偿还却用银两，六项借款

　　① 徐义生. 从甲午战争到辛亥革命时期清政府的外债（上）. 经济研究 [J]，1957 (6)：111.

　　② 中国人民银行参事室编. 中国清代外债史资料（1853—1911）[M]. 北京：中国金融出版社，1991：247.

　　③ 毕匿克（A. W. Pinnick）著. 褚保时，王栋译. 银与中国 [M]. 上海：商务印书馆，1933：49.

合计随中国对外汇率下跌带来的镑亏可见表3-9。该表是1901～1911年间的
数据，前文分析中国汇率阶段变动特点时提及，此阶段正是中国白银对外汇率
下跌期，中国对外汇率的下跌导致外币借款的还本付息压力增大。该表显示，
六项借款因本币汇率下跌多付出库平银27646175两，损失极大。

表3-9　　　　　　　清末六项借款本息偿还合计镑亏统计表　汇率：1英镑合库平银

年份	平均外汇折合率	英镑数	按借款年平均外汇率折合库平银两	按付款年平均外汇率折合库平银两	差额
1901	6.862743	3251385	20798642	22348220	+1549578
1902	7.822307	3230988	20671672	25316603	+4644931
1903	7.707031	3210868	20546769	24789381	+4242612
1904	7.094651	3190472	20419981	22677052	+2257071
1905	6.760554	3170109	20293395	21473283	+1179888
1906	6.178633	3149786	20167064	19501342	-665722
1907	6.257846	3133464	20065611	19651226	-414385
1908	7.626950	3108901	19912921	23765365	+3852444
1909	7.825443	3088768	19787773	24229566	+4441793
1910	7.552990	3068398	19661155	23234902	+3573747
1911	7.567628	3047791	19533069	22517287	+2984218
合计					+27646175

资料来源：徐义生.中国近代外债史统计资料（1853～1927）[M].中华书局，1962：74-75，
转引自蒋立场.清末银价变动研究[D].苏州：苏州大学，2004：49。

　　由于金贵银贱导致中国白银货币对外汇率下跌带来的这种对外负债的不利
影响，在南京国民政府时期仍很严重。据统计，南京国民政府每年用关税收入
偿付外债的有20000000美元，支付庚子赔款的有18000000美元，另外每年用
盐税收入偿付的外债也有1500000美元，总计有39500000美元，相当于平均
每月要支付3300000美元。[①]随着金贵银贱趋势下中国对外汇率的下跌，使得
国民政府每月偿还的外债越来越多。到了20世纪30初中国白银对外汇率加速
下跌，国民政府因汇率问题带来的财政压力更大，据杨格估算，1930年因白

_____

①　吴景平，龚辉.1930年代初中国海关金单位制度的建立述论[J].史学月刊，2007（10）：64.

银暴跌使中国偿还债务的费用增加 50% 。① 也正是这种汇率安排的不利影响促使中国 1930 年开始实行海关金制度，从而这种"镑亏"给中国带来的财政损失一直持续到 1930 年实行海关金为止。

（二）实现了关税自主

20 世纪 30 年代初的金价暴涨被中国称为"金潮"，中国迫于偿还外债压力增大，于 1930 年改征关金。当时的财政部长宋子文描述了关金征收之前政府的压力："政府每年汇往外国以偿付各债之款，不下九百万镑，按现在汇价偿付，较诸民国十四年之平均汇率，需多付百分之六十，即较一年前之汇率，亦须多付百分之二十六。"② 由于直接影响了中国外债的偿还，中国政府被迫于 1930 年 2 月 1 日起，关税改征关金。

海关金单位并不直接采用整数黄金的称量，而只是观念中的计算单位，这就意味着中国汇率行情中产生了一个新的对象。就在国民政府公布实施海关金单位的同日，财政部就海关金单位与其他货币的折算值做出了规定，即每一海关金单位合 0.601866 克纯金，约合美金 0.40 元、英金 19.7265 便士、日元 0.8025 元。每关平两折合金单位数，3 月 15 日以前按 1929 年最后一个季度的平均汇价，定为 1.75 金单位。凡用银元、银两或其他通用货币缴纳的关税，按照每天公布的官定汇价计算。③ 随后，除美元、日元、英镑外，海关金单位也按照所含纯金量确定了与其他外汇的比价，即每一海关金单位约合法郎 10.184、新加坡元 0.705、印度卢比 1.096、德国马克 1.679、意大利里拉 7.6 等共计 12 种货币的汇率，加上关金兑英、美、日的汇率，一共 15 种关金兑外币的汇率。④ 同时，中央银行从 3 月 1 日起每天参照各种货币的市场价格公布官定汇价。

关金的征收一定程度缓解了银价下跌导致的关税收入减少问题，保持了税收的实际价值。在关金征收前，国民政府的海关收入由于是白银，偿还外债时不仅要承担汇率损失，还要受到来自汇丰银行的挂牌盘剥。关税按关金征收

---

① ［美］阿瑟·恩·杨格（Arthur N. Young）. 陈泽宪等译. 一九二七至一九三七年中国财政经济情况［M］. 北京：中国社会科学出版社，1981：126.

② 马寅初. 关税征金与改革币制［J］. 经济学季刊. 第 1 卷，第 2 期（1930 年）：45.

③ 刘克祥，吴太昌. 中国近代经济史（1927~1937）［M］. 上海：人民出版社，2012：2069.

④ 中国人民银行总参室编. 中华民国货币史资料（第二辑）（1924~1949）［M］. 上海：上海人民出版社，1991：108.

后，国民政府减少了来自外国银行的盘剥，也避免了金银比价波动带来的损失，并且使得中央银行获得参加国际财政活动的经验，为后来收回外汇控制权奠定了基础。

二、对近代中国对外贸易的影响

近代中国商品进出口贸易约占国际收支总额的比重为 70% 左右①，是近代中国国际收支中最重要的项目。按现代国际金融理论，影响贸易收支的重要因素是汇率。因此在本书考察近代中国汇率制度的影响时，考察汇率对中国对外贸易的影响是重点之一。

（一）近代中国对外贸易概况

1. 贸易总体入超，仅个别年份是出超，人均贸易值很低

中国对外贸易从 1864 年开始有海关统计直到 1931 年为止，仅各别年份是出超，呈现出总体贸易入超的特点。所谓入超，即现代国际金融领域的逆差，可理解为在贸易方面进口多于出口。近代学者杨端六根据中国海关统计，整理了 1864～1928 年共六十五年的出入口货值统计，其中仅 1864 年、1872～1876 年这六年是贸易出超，其他年份都是入超。据杨端六描述："自从光绪三年（即 1877 年）以来，就只有入超而无出超。这种现象，自从光绪二十六年（即 1901 年）以来，更觉得非常显著。欧战期内，入超虽然减少，但还是维持不改。欧战完结后，又大见进步，甚至总贸易 1507 百万两内有 305 百万两的入超（民国十年即 1921 年）。"② 实际上，除了各别年份外，从 1864 年至抗日战争前，中国贸易都是入超，1864～1936 年中国对外贸易的入超合计达到 7564953 千关两。③ 从中国 1900～1931 年间对外贸易入超情况（见表 3－10）看，中国近代对外贸易入超在第一次世界大战期间有所缓解，但战争结束后，越往后逆差额越多。

---

① 陈争平．1895～1936 年中国国际收支研究［M］．北京：中国社会科学出版社，1996：21.

② 杨端六，侯厚培．六十五年来中国国际贸易统计［M］．国立中央研究院社会科学研究所专刊（第四号），1931：ix.

③ 杜恂诚．货币、货币化与萧条时期的货币供给［J］．财经研究，2009（3）：46.

表 3 – 10 　　　　　　　　　　　1900 ~ 1931 年中国净进口（ – ）额　　　　（单位：1000 关两）

时期	贸易平衡	
	总值	每年平均值
1901 ~ 1914	– 1817592	– 129828
1915 ~ 1920	– 462629	– 77105
1921 ~ 1928	– 1742301	– 217788
1929 ~ 1931	– 1189018	– 396339

资料来源：郑友揆 . 1840 ~ 1948 中国的对外贸易和工业发展［M］. 上海：上海社会科学院出版社，1984：100。

中国的对外贸易额在 20 世纪开始以后增长加速，但人均贸易量远低于世界各国。中国的贸易总额在 1900 年时是 370067000 关两，至第一次世界大战前的 1913 年达 973469000 关两，这 13 年间的贸易增加额是此前 32 年（1968 ~ 1900 年）增长额的 2 倍多。[1] 尽管贸易额大幅增加，但人均贸易量非常低。1904 年《东方杂志》写到："现将中国入口货物价值，按名分摊，每人只得美洋五角。查日本进口货物此十年内，由每人一元二角五，骤增至每人三元……"[2] 根据这段史料可以判断，当时我国人均贸易值远低于同期的日本。杨端六把中国的人均贸易值评价为："就人口此例看来，我们比无论何国都不如；每人平均贸易额还不到美金三元！"[3]

2. 进口主要以直接消费资料为主，出口主要以原材料为主

本书背景分析部分提及，各国在工业化后世界分工出现"垂直化"格局，这种格局对中国的影响表现在：在"垂直化"分工下，中国作为半殖民地，成为世界强国的原料来源国，工业品制成品的去向国之一。

1840 年鸦片战争后中国被迫开放，随着贸易发展，中国进口商品种类大大增多。据记载，1874 年时上海进口洋货约 180 种，到了 1911 年，上海进口

---

① 郑友揆 . 1840 ~ 1948 中国的对外贸易和工业发展［M］. 上海：上海社会科学院出版社，1984：15.

② 沈云龙主编 . 近代中国史料丛刊续编第九辑——中国近代货币史资料（一八二二——一九一一）［M］. 台北：文海出版社，1966：1111 – 1112.

③ 杨端六，侯厚培 . 六十五年来中国国际贸易统计 . 国立中央研究院社会科学研究所专刊（第四号），1931：xv.

洋货已达 850 多种。[①] 中国进口商品主要包括各种制成品、原料、食品等，从表 3-11 可以发现，用于直接的消费资料始终占进口最大比例。出口方面，据美国财政顾问杨格估算，"中国农产品约占出口总额的六分之五。"[②] 从下表严中平的统计看，农产品出口占中国出口比例没有杨格说的那么高，但农产品的确一直占据中国近代出口商品的首位。其他如矿产出口包括锡、钨和锑的出口仅占微小部分。

表 3-11　　　　　　1931 年以前中国部分年份进出口商品分类比重　　　　单位：%

分类			1903 年	1910 年	1920 年	1930 年
进口商品分类比重	生产资料	机器及大工具	0.7	1.5	3.2	3.7
		原料	—	0.1	0.2	1.9
		建筑用品等	14.3	16.0	25.1	21.3
	消费资料	消费品原料	22.3	17.0	16.9	17.3
		直接消费资料	62.7	65.4	54.6	55.8
出口商品分类比重	原料	农产品	26.8	39.1	36.4	45.1
		矿产品（手工）	0.2	0.2	0.9	1.2
		矿产品（机采）	0.2	0.5	2.8	3.4
	半制品	手工	17.2	13.1	8.2	3.5
		机器	14.7	11.9	12.3	12.2
	制成品	手工	32.9	28.3	31.2	27.1
		机器	8.0	6.9	8.2	7.5

资料来源：根据严中平等编. 中国近代史统计资料选辑 [M]. 北京：科学出版社，1955：72-73 整理。

3. 主要贸易伙伴

甲午战争之后，各国加快对中国资本输出步伐，英、美、德、法、俄、印度等国在中国对外贸易中占主要地位。1913 年，上述六个国家和地区占中国进

---

① 陈争平. 试析 1895～1930 年中国进出口商品结构的变化 [J]. 中国经济史研究，1997（3）：43.

② ［美］阿瑟·恩·杨格（Arthur N. Young），陈泽宪等译. 一九二七至一九三七年中国财政经济情况 [M]. 北京：中国社会科学出版社，1981：367.

出口贸易总值的40%以上，如果包括这些国家从香港转口在内，则达61%[①]，亚洲地区则以日本为主要贸易伙伴。总体来看，第一次世界大战前，英国是中国最重要的贸易国，第一次世界大战后英国在中国的贸易地位已让位于美国和日本。数据能够说明这种变化：英国、美国在中国对外贸易中的占比1913年为11.4%、7.4%，1919年为9.3%、16.1%，1931年为7.8%、18.7%。[②]

美国是近代中国最重要的对外贸易国之一，中美贸易间中国基本处于入超地位。以中美1927～1931年的贸易情况为例（见图3-6），中国对美始终入超，美国对中国的商品输出处于持续增加中，即使是1929年西方经济危机开始后，美国对中国的出口仍未减少，这从杨格的回顾中能够得到说明："美国1931年对所有国家的出口要比1930年下降38%，尽管银价暴跌了25%，但向中国的出口却上升了1%。"[③] 同期，中国对美国的出口比较稳定，1929年中国对美输出货值最高。1931年为中国趸售物价（即批发物价）最高之年，进口美货的白银价值也最高。

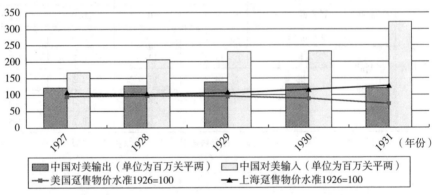

图3-6　1927～1931年中美物价及贸易水平

资料来源：实业部银价物价讨论委员会编辑. 中国银价物价问题 [M]. 上海：商务印书馆，1936：127。

---

① 上海社会科学院经济研究所. 上海对外贸易 1840～1949（上册）[M]. 上海：上海社会科学院出版社，1989：212.

② 上海社会科学院经济研究所. 上海对外贸易 1840～1949（上册）[M]. 上海：上海社会科学院出版社，1989：213.

③ [美] 阿瑟·恩·杨格（Arthur N. Young），陈曾年译. 美国三十年代的白银政策和对中国的冲击 [J]. 上海经济研究，1981（10）：53.

中日贸易在中国占有重要地位。据估计，日本在中国近代进出口总额中占三分之一左右。[①] 1894 年中日甲午战争前，中日贸易数额不多，战后中日贸易迅速发展。据记载，1894 年中国对日贸易总值 1972 万关两；1913 年增加到 19523 万关两，增加近 9 倍；1929 年，日本对中国进出口贸易总值最高达 63502 万关两，较 1913 年增加 2.3 倍。[②] 在 1894 年前，中日贸易互有出超和入超，此后则基本以中国对日入超为主要特征，尤其在第一次世界大战后对日入超加剧。前文分析国际背景部分提及，日本是亚洲唯一在第一次世界大战前完成工业革命的国家，工业化使日本向中国资本输出大增。从史料记载看，全国在 1868～1934 年间对外贸易总的净入超额可达 62.26 亿关两，其中对日贸易的净入超额占 25.73%[③]，可见日本是中国入超的主要国家。

（二）汇率在中国对外贸易中的作用分析

1. 中国白银货币对外汇率下跌没有改变中国贸易入超的局面，但的确促进了中国出口

1900～1931 年间，金贵银贱的总趋势使得中国的货币相对于金本位国的货币贬值，属于中国本币对外汇率下跌。理论上讲，中国本币对外汇率的降低提高了外国商品的进口价格，相应降低了中国商品的出口价格，最终应该利于中国出现贸易出超。但从前述近代中国的贸易结果看，中国在 19 世纪 70 年代以后出现的白银货币对外汇率下跌，没有使得中国出现出超，反而入超。正如 1936 年杨荫溥所说："惟事实上我国国际贸易，在十八年至二十二年银价跌落期间，出口净值，反形减少，进口净值，反形增加。入超数字，更变本加厉，逐年激进。"[④] 中国贸易入超的扩大，基本上和银汇下跌的趋势一致。

为了进一步观察中国白银货币对外汇率与中国进出口数量的关系，可分析表 3-12。

---

① 郑友揆. 1840～1948 中国的对外贸易和工业发展 [M]. 上海：上海社会科学院出版社，1984：55.

② 上海社会科学院经济研究所. 上海对外贸易 1840～1949（上册）[M]. 上海：上海社会科学院出版社，1989：449.

③ 上海社会科学院经济研究所. 上海对外贸易 1840～1949（上册）[M]. 上海：上海社会科学院出版社，1989：526.

④ 杨荫溥. 中国金融研究 [M]. 上海：商务印书馆，1936：283.

表 3 - 12 1900 ~ 1931 年中国对外汇率、进出口价格与数量及剔除物价的银价关系

年份	关两对美元汇率指数(1)	进口价格指数(2)	出口价格指数(3)	出口物量指数(4)	进口物量指数(5)	纽约大条银价价格指数(6)	剔除物价的纽约大条银价指数(7) = (6)/(2)
1900	102. 7	74. 8	72. 1	54. 9	49. 5	101. 5	135. 7
1901	98. 6	75. 3	70. 6	59. 8	62. 5	97. 5	129. 5
1902	86. 3	78. 0	81. 7	65. 1	70. 9	86. 3	110. 6
1903	87. 7	88. 3	89. 0	59. 8	65. 1	88. 6	100. 3
1904	90. 4	87. 2	92. 7	64. 0	69. 2	94. 4	108. 3
1905	100. 0	81. 2	90. 4	62. 5	96. 6	99. 7	122. 8
1906	109. 6	75. 4	90. 6	64. 6	95. 3	110. 1	146. 0
1907	108. 2	82. 3	97. 6	67. 1	88. 7	107. 8	131. 0
1908	89. 0	95. 4	94. 1	73. 0	72. 7	87. 4	91. 6
1909	86. 3	95. 1	90. 5	92. 9	77. 1	85. 3	89. 7
1910	90. 4	102. 5	91. 8	102. 9	79. 2	88. 6	86. 4
1911	89. 0	102. 2	91. 5	102. 1	80. 9	88. 2	86. 3
1912	101. 4	100. 0	88. 6	103. 8	82. 8	101. 3	101. 3
1913	100. 0	100. 0	100. 0	100. 0	100. 0	100. 0	100. 0
1914	91. 8	108. 9	105. 4	83. 8	91. 6	92. 0	84. 5
1915	84. 9	113. 0	107. 8	96. 5	70. 3	83. 5	73. 9
1916	108. 2	122. 4	117. 0	102. 3	73. 7	109. 8	89. 7
1917	141. 1	131. 0	106. 2	108. 3	73. 4	137. 3	104. 8
1918	172. 6	147. 0	114. 5	105. 5	66. 1	160. 8	109. 4
1919	190. 4	150. 2	112. 0	140. 0	75. 4	183. 2	122. 0
1920	169. 9	175. 7	112. 9	119. 3	75. 9	166. 2	94. 6
1921	104. 1	167. 4	117. 6	126. 9	97. 7	103. 1	61. 6
1922	113. 7	146. 8	124. 7	130. 5	112. 6	110. 9	75. 5
1923	109. 6	148. 7	136. 3	137. 3	108. 5	106. 5	71. 6
1924	111. 0	148. 8	141. 2	136. 6	119. 6	109. 6	73. 7
1925	115. 1	151. 0	145. 9	132. 9	109. 9	113. 4	75. 1

续表

年份	关两对美元汇率指数（1）	进口价格指数（2）	出口价格指数（3）	出口物量指数（4）	进口物量指数（5）	纽约大条银价格指数（6）	剔除物价的纽约大条银价指数（7）＝（6）/（2）
1926	104.1	150.8	152.9	141.1	130.5	102.0	67.6
1927	94.5	161.7	148.9	154.1	109.8	92.6	57.3
1928	97.3	159.1	158.4	156.1	131.5	95.6	60.1
1929	87.7	158.1	169.8	149.2	139.9	87.1	55.1
1930	63.0	174.7	170.4	131.1	131.0	62.9	36.0
1931	46.6	192.9	166.3	136.5	129.9	47.4	24.6

资料来源：（1）依据本章表 3－2 关两合美元价格，并以 1913＝100 计算得出；（2）（3）（4）（5）数据来自孔敏主编. 南开经济指数资料汇编［M］. 北京：中国社会科学出版社，1988：375－376；（6）依据本章 3－3 纽约大条银每盎司合美元的价格，以 1913＝100 计算得出；（7）＝（6）/（2）。

表 3－12 以 1913 年为基期，显示了关两对美元汇率指数（间接标价法）、中国进出口物量指数、剔除物价影响的世界银价（以纽约大条银为代表）指数关系。依据表中（1）（4）（5）（7）列数据制成图 3－7，以便观察汇率与进出口数量之间的关系。

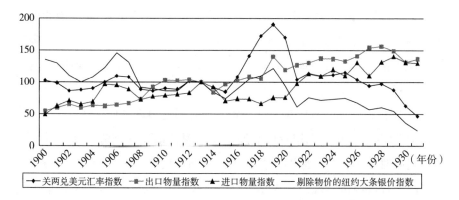

图 3－7 1900～1931 年中国对外汇率、进出口数量及剔除物价的银价关系（1913 年＝100）

资料来源：本章表 3－12。

图 3-7 说明：（1）自 1900 年以来，中国进口、出口数量总体是上升的，即对外贸易扩大。（2）从名义汇率（以关两对美元汇率为代表）看，中国白银货币对外汇率下跌会促进出口，抑制进口的理论推理没有得到验证。如在 1914～1920 年，中国白银货币名义对外汇率上升，但同期出口并未减少，而是缓慢上升，同期进口也没有大量增加，反倒表现出进口停滞；又如 1920 年后，中国白银货币名义对外汇率下跌，出口数量确有增加，但在 1931 年白银对外汇率非常低时出口数量反倒减少很多，同期进口并没有因为中国白银对外汇率的下跌而减少。（3）从剔除物价影响的银价指数（这是中国汇率的决定基础，剔除物价后可代表中国对外实际汇率）与中国进出口数量关系看，银价下跌的确促进了中国的出口。如 1908 年以前，世界银价高于其他商品的物价，此时尽管中国名义对外汇率处于平稳下跌期，但实际较高，从而出口物量基本无变化。第一次世界大战之后，白银价格上涨，但国外物价也上涨，且世界银价指数低于物价指数，此时尽管中国名义对外汇率上涨，但实际上真实银价较低，也就是中国的实际对外汇率的决定基础较低，这种趋势一直保持到 1931 年，在真实银价低的情况下，中国的出口物量一直表现出持续增加。总结可知：银价与中国近代出口贸易呈反向变动趋势，银价跌，出口增；反之，银价涨，出口减，但这仅限于真实银价，这种真实银价就是中国白银货币的实际对外汇率。

以上结论从史料记载中能够得到验证。据 1903 年 1 月 21 日的《北华捷报》介绍，"事实上，中国出口货的银价格是按这些货物在外商本国的金价格而定，因之当银价对金价相对下降时，则对中国的出口，必须给以更多的白银，而此项银数的上升，即足以刺激出口"。[①] 从其表述中我们知道，银价下跌（即白银对外汇率下跌）是促进出口的。

2. 中国白银货币对外汇率下跌与贸易入超同时出现的原因解释

自 1870 年后，中国白银货币对外汇率呈现长期下跌趋势，这与近代中国贸易入超同时存在。分析原因主要在于：影响近代中国对外贸易的因素众多，包括国内外社会经济状况、国内外一般物价水平、自然灾害、外国进口关税提高、中国进出口商品生产与消费的特点等，而汇率不是影响外贸的主要因素。

① 沈云龙主编. 近代中国史料丛刊续编第九辑——中国近代货币史资料（一八二二——一九一一）[M]. 台北：文海出版社，1966：1099.

外国商业兴衰是决定近代中国对外贸易的最重要因素，这又和中国当时的内部经济条件和它在世界经济中所处的地位有密切的关系。近代中国对外贸易的商品结构特点使得中国失去出口商品价格决定权，这在 19 世纪 80 年代当时有经验的观察家的总结中可以洞悉。当时情形说："世界贸易主要商品的价格，是在中国以外决定的。中国商人的任何努力，对这些价格不能有严重的影响。"① 当中国失去出口商品定价权后，中国出口商品的原材料性质又不具有优势，使得中国出口商品的价格都是随着银价的变更而涨落，中国自己却没有主动权。这种结论在史料中得到验证，即："中国出口数量之多寡，似大都以外国商业之兴衰转移。因中国输出品大多数均为原料品与半制造品，其价格固早已随银值之变更而涨落，因此吾人颇无法能断定输出数量定与银值有关也。"②

外国商业兴衰对中国对外贸易的影响在第一次世界大战和 1929 年开始的经济危机中都有明显表现，我们以 1929 年危机为例进行说明。1929 年世界经济危机到 1931 年前后逐渐波及中国，中国在 30 年代初白银货币对外汇率随银价急跌，1930 年 7 月国际贸易导报载："连日金价飞涨，银市惨落，各业均已发生影响，以进口业为最，而各地出口货品，亦因种种关系，非常不振，最近进出口货物日渐减少，仅及往日三分之一。"③ 实际上，1931 年中国在本币对外汇率极低的情况下仍是入超，而且"1931 年入超反而比上年增加 30%，达到了八亿一千余万元的惊人数字"④。这种入超增加是因为进口物价的下跌超过银价的下跌，使得银价下跌并没有对进口贸易造成多大不利的影响，而进口物价的控制权就在西方强国，他们为了转嫁危机，进行低价倾销过剩产品。

（三）白银货币对外汇率变动对近代中国对外贸易的有利影响

1. 促进了过去出口较少的商品的海外出口

始于 19 世纪 70 年代的世界银价下跌带动中国对外汇率下跌，这使外国商

---

① 郑友揆. 十九世纪后期银价、钱价的变动与我国物价及对外贸易的关系 [J]. 中国经济史研究，1986（2）：5.

② 实业部银价物价讨论委员会编辑. 中国银价物价问题 [M]. 上海：商务印书馆，1936：137.

③ 工商消息. 国际贸易导报，1930 年 7 月 10 日：6 - 7，转引自上海社会科学院经济研究所. 上海对外贸易 1840～1949（上册）[M]. 上海：上海社会科学院出版社，1989：241.

④ 榭菊曾. 一九三五年上海白银风潮概述 [J]. 历史研究，1965（2）：79 - 80.

人觉得以进口货款购买中国土产运回比购买银行汇票汇回本国更为有利，这促使他们更注意发掘适合于国外市场的中国产品，带动中国一些新商品扩大了海外出口。以羊毛为例，1873 年每担平均价格为 7.95 关两，按当时平均汇率每关两 6 先令 5 便士计，每担羊毛须英金 2.55 镑。此后羊毛价格上升，到 1895 年时每担平均价格为 9.24 关两，此时中国白银对外汇率降到每关两 3 先令 $^3/_8$ 便士，每担只须英金 1.48 镑。1895 年时的羊毛价格高于 1873 年，但白银汇率下跌使得以英金表示的价格反倒下降，这使羊毛的出口快速增加。根据各年海关公布的统计报告显示：1877 年全国羊毛占比仅为 0.1%，属于中国出口极少的产品，随着白银汇率下跌，羊毛出口到 1887 年上升为 0.5%，1894 年占比提高到 5.6%。[①] 近代中国的生丝出口也是个明显的例证，中国对外汇率下跌使许多原先售卖所得不足以抵偿运费的货物，这时输出已有利可图。如 1894 年上海生丝每包价格较 1873 年下跌 10%；而由于银价下落，同期内伦敦丝价却下跌 52%。这就很有利于外国商人对中国生丝的收购。[②]

2. 部分抵消了关税对贸易的不利作用

鸦片战争之后，西方列强强加给中国的不平等条约，使得中国丧失了关税自主权，关税几无屏障可言，无法起到贸易保护的作用，但银贱在汇率方面对中国进出口起了反向调节的作用，抵消了关税的部分不利因素。

1840 年鸦片战争后一系列条约的签订，使中国关税方面出现一些举世罕见的奇异现象：进口税低于出口税，进出口关税低于国内贸易税，外商所纳税款低于华商所纳税款，洋货所纳税款低于土货所纳税款等。根据 1842 签订的《南京条约》规定的"均宜秉公议定则例"，中国的海关税则，非经缔约国一致同意，不能自己更改。鸦片战争后，中国对外税率不断降低，从而使得"中国税率之低是举世无双的。"[③] 中国近代这种低税率直到 1928 年，中国通过与美、英、法、意大利、德国等十二个缔约国的关税谈判，在同这些国家签

---

① 上海社会科学院经济研究所. 上海对外贸易 1840~1949（上册）[M]. 上海：上海社会科学院出版社，1989：36-37.

② 姚贤镐. 十九世纪七十至九十年代中国对外贸易的发展趋势 [J]. 中国社会经济史研究，1987（4）：2.

③ 姚贤镐. 两次鸦片战争后西方侵略势力对中国关税主权的破坏 [J]. 中国社会科学，1981（5）：126.

署了恢复关税自主的协议，于1929年2月1日正式生效，并于1930年改征关金后正式收回关税自主权。在此之前中国与外国相比，进口关税极低，从图3-8可见，中国收回关税自主权前，进口关税仅及美国1/6。因此，可以说1931年前的进口税则对国内工业保护性作用较小，中国白银货币对外的低汇率正适应了这些年里保护中国工业的需要。

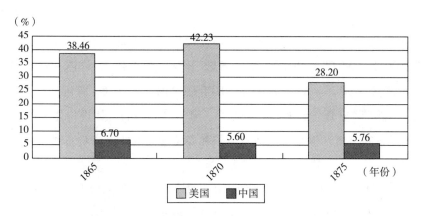

图3-8 中美两国部分年份进口税率水准的比较

资料来源：根据姚贤镐. 两次鸦片战争后西方侵略势力对中国关税主权的破坏 [J]. 中国社会科学，1981（5）：126 数据制作。

3. 改善了中国近代的收入贸易条件

（1）贸易条件的定义。在国际经济学理论中贸易条件可分为三类：纯贸易条件（net barter term s of trade，简称NBTT）、收入贸易条件（income terms of trade，简称ITT）、要素贸易条件（factorial terms of trade，简称FTT），其中纯贸易条件和收入贸易条件应用最广。

纯贸易条件（NBTT）又称价格贸易条件，指一国出口与进口的交换比价，反映单位出口商品的进口能力。公式表示为：

$$NBTT = \frac{P_X}{P_M} \qquad 公式（1）$$

式中，P_X 为出口价格指数、P_M 为进口价格指数。其经济学含义是：随着出口商品相对于进口商品价格的变化，出口每单位商品所能换回的进口商品的数量。一般来讲，当NBTT＞1时，意味着价格贸易条件改善，即出口每单位商品能换回更多的进口商品；当 NBTT < 1 时，则表示价格贸易条件恶化，即出口每单位商品能换回较少的进口商品。当一国的价格贸易条件获得改善，就意味着该国的贸易利益或经济福利的增加。

收入贸易条件（ITT）是联系出口数量，反映一国出口商品的整体进口能力，被认为是出口商品的购买力。公式表示为：

$$ITT = \frac{P_X}{P_M} \cdot Q_X \qquad\qquad 公式（2）$$

公式（2）中，Qx 为出口数量指数。可见，收入贸易条件（ITT）是由价格贸易条件（NBTT）和出口数量指数（Qx）两个因素决定，所以 ITT 与 NBTT 的变动方向不一定一致，在 NBTT 恶化时，由于 Qx 有可能大幅上升，ITT 有可能不降反升。由于 ITT 反映了一国出口商品的总体进口能力的变动以及一国通过对外贸易满足本国消费需求和经济增长的能力，对宏观经济的影响较为直接。[①]

（2）近代中国价格贸易条件的恶化及收入贸易条件的改善。利用表 3-12 中的进出口价格指数，按公式（1）计算，我们可以得出近代中国从 1900～1931 年的价格贸易条件，绘制成图 3-9。该图表明：中国近代价格贸易条件较差，长期低于 1。在 1920 年前，中国价格贸易条件不断恶化，1921 年后价格贸易条件得到缓解，但仍然低于 1。图上看，主要是进口价格指数长期高于出口价格指数。中国近代 NBTT < 1 多见，表示价格贸易条件恶化，这反映中国近代出口每单位商品所能换回的进口商品的数量较少，价格贸易条件的恶化意味着中国近代的贸易利益或经济福利的减少。而价格指数中，中国的进口价格指数取决于国外的经济状况，中国的出口价格指数来自国内，但在当时的中国，"中国国内物价的变动，不是受汇价的影响，而是汇价和物价受一共同因素的影响，即受银价下跌的影响。"[②] 银价又取决于英美，由此可知，对于中国近代价格贸易条件的恶化，中国是左右不了的。

---

①　李洪梅，谢朝阳．人民币升值的贸易条件效应研究［J］．商业时代，2007（8）：67.

②　彭信威．中国货币史（第三版）［M］．上海：上海人民出版社，2007：639.

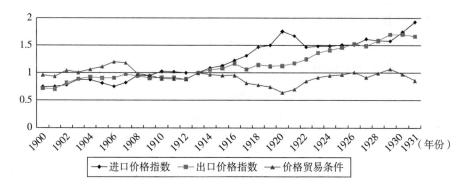

图 3 - 9　1900～1931 年中国价格贸易条件和进出口价格指数

资料来源：数据来自本章表 3 - 12。

利用表 3 - 12 中的进出口价格指数，按公式（2）计算，我们可以得出近代中国 1900～1931 年的收入贸易条件，绘制为图 3 - 10。通过分析图 3 - 10 会发现：中国近代的白银货币对外汇率走势改善了收入贸易条件。前文已知，中国长期的白银货币对外汇率下跌有利于中国产品的出口，"出口货物由于汇价跌落处于有利的竞争地位，并且直到 1932 年销路一直很旺。"[①] 这从图 3 - 10 显示的出口物量指数不断上升也能够看出。本来中国的贸易结构导致中国必

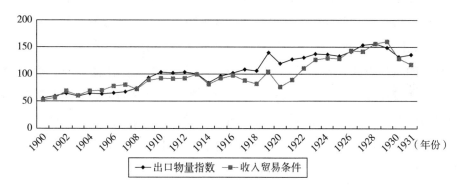

图 3 - 10　1900～1931 年中国收入贸易条件和出口物量指数

资料来源：数据来自本章表 3 - 14。

---

① ［美］阿瑟·恩·杨格（Arthur N. Young），陈泽宪等译. 一九二七至一九三七年中国财政经济情况［M］. 北京：中国社会科学出版社，1981：216.

须进口一些物资，但进口价格的提高，超过出口价格指数，导致中国价格贸易条件不断恶化，但白银货币对外汇率下跌带动中国出口数量增加，因此导致中国的收入贸易条件自 1900 年以后得到改善。

4. 促使企业提高了规避外汇风险的能力

近代中国币制混乱为商人从事对外贸易带来不便。中国 1933 年废两改元前，在对外经济交易时以金计算，但在进行商品买卖时则以银元标价，而入账时又将银元折算成银两。这样反复折合计算，使国际贸易中的商品交易繁杂而混乱。当白银对外汇率下跌时，时人描述出现了商人因汇率变动而不敢提取进口货物的情况，即"在外汇汇率大幅上涨前商人订货在八两左右者，而今要用十两多才能结价因而货到而不敢提取"。①

在近代中国的浮动汇率制时期，商人在实际交易中开发了一些规避汇率风险的手段。据杨格记载：商人为了保障自己不致因汇价波动而蒙受损失，通常都在将来交货结账的某个日期之前，预先办好买进或者卖出货物所用的外币。这样他们就可以在用某一种货币付出款项，而用另一种货币收回款项的中间期间保护自己。具体手续是：不愿到外汇市场上去投机的进口商人可以预先和银行在当时的外汇行情基础上，商定将来货物运到付款时的外币价格。同样地，出口商人也可以预先和银行商妥将来货物运到外国收进货款时的外币价格。银行因此能够算出未来的外汇需求和供应的数额，从而进行调剂。② 在上海还推出了规避外汇风险的"先令保价办法"。在上海，通过洋行订货的贸易方式逐渐推广，国内商人与洋行订货时往往都按规元商定价格，但洋行在国外订货却要用外币，订货与到货期间洋行必定负有外汇长缩的风险。为了规避外汇风险，上海推出了一种"先令报价办法"，即"外汇长缩不超过 1 便士，仍按原订规元价计算，超过 1 便士，则由双方协商适当调整"。③

---

① 若戌编 . 金贵银贱问题之讨论 ［M］. 上海：上海华通书局，1930：6.
② ［美］阿瑟·恩·杨格（Arthur N. Young），陈泽宪等译 . 一九二七至一九三七年中国财政经济情况 ［M］. 北京：中国社会科学出版社，1981：188 – 189.
③ 上海社会科学院经济研究所 . 上海对外贸易 1840～1949（上册）［M］. 上海：上海社会科学院出版社 . 1989：112.

（四）中国白银货币对外汇率变动对近代中国对外贸易的不利影响

1. 以外币计价进出口值下降

1931 年是近代中国进出口贸易额最高的一年，之所以欧洲都在经历危机，而中国进出口贸易还达到最高，是因为："1929 年初期，在国际恐慌期间，银价跟着商品价格继续下跌。可是正因为这个缘故，银价对商品价格倒比较稳定了。因此中国和少数其他用银国，倒逃过了银商品价格跌落所引起的不景气的恶影响。"[①] 但这种贸易情况是按中国币制，即海关两计算的，由于银价下跌，若按外币计价，中国近代的进出口值大大下降。例如 1929 年经济危机后，中国对外汇率暴缩。从表 3 - 13 看，1929 年海关两还合英镑 2 先令 $7^{13}/_{16}$ 便士，到 1931 年仅合 1 先令 $6^{7}/_{18}$ 便士。因此，按海关两计算，1931 年虽然是中国进出口贸易额最高的一年，但按英镑计算，则仅及 1929 年的 59.5%，且低于战后各年的水平。

表 3 - 13　　　　　1931 年以前中国部分年份关两与英镑计值贸易额对比

单位：千关两、千英镑

年份	关两/英镑折合率	全国进出口贸易总值	
		关两	英镑
1913	$3.00^{2}/_{4}$	989598	149470
1921	$3.11^{7}/_{16}$	1534108	303226
1929	$2.70^{13}/_{16}$	1297008	304473
1931	$1.60^{7}/_{18}$	2957663	181123

资料来源：上海社会科学院经济研究所. 上海对外贸易 1840～1949（上册）［M］. 上海：上海社会科学院出版社，1989：185。

2. 提高了进口设备的成本，从而不利于中国民族工业的发展

19 世纪 70 年代，伴随"官督商办"和"官商合办"企业的出现，中国的民族资本主义工业开始出现。主要集中于广州、上海等重要通商口岸及附近地

[①] ［英］埃因催格（P. Einzig）著，彭子明编译. 战后世界金融［M］. 上海：商务印书馆，1937：198.

区。从甲午战争到民国初年，民族工业获得初步发展。

中国近代进口多为熟货（制成品），出口多为生货（原材料），1870 年以后中国白银货币对外汇率整体下跌的趋势，导致中国近代必须引进的工业先进国家的生产技术和设备成本提高，从而不利于民族工业的发展。这有两个时期特别明显：一个是第一次世界大战结束后，另一个是 20 世纪 20 年代末、30 年代初。

第一次世界大战时期曾是中国工业的繁荣发展时期，对于许多人来说，如果不是战争的结束，这种繁荣还将持续下去。第一次世界大战后，中国白银货币对外汇率经过第一次世界大战时期的上涨后从 1922 年后又复下跌使进口成本重新提高，这在当时是一些民族工业预料不到的。以恒丰纱厂为例，该纱厂原名华新纺织新局，清政府时期经李鸿章之手创办，第一任总办是上海道台龚照瑗，该纱厂一度曾非常兴旺。20 世纪 20 年代时该纱厂总理为聂云台，由于此前白银对外汇率上涨，因此他判断这种趋势还将继续下去，从而在 1919 年和 1920 年时从英国订购了大批机器用于生产，共计 333300 英镑，起初每两五先令汇率，共折合白银 1333200 两。聂云台认为银价还会上涨，从而白银汇率的提高会减少债务。然而出乎意料的是，在接下来的两年中，银价跌落了 50个百分点，这为该纱厂带来巨大损失，最终在 30 年代倒闭。[①]

20 世纪 20 年代末到 30 年代初中国白银货币对外汇率的下跌也导致进口机器设备的成本提高，使得机器设备进口减少，从而不利于民族工业的发展。如 1921 年和 1922 年中国机械及机器进口分别为 89527536 海关两和 76388743海关两，由于白银对外汇率下跌导致进口成本增加，1929 年、1930 年、1931年的中国机械及机器进口值分别为 59521561 海关两、71267907 海关两、69267356 海关两[②]，进口机器的减少必然对中国新兴民族工业的发展带来不利影响。

除以上不利影响外，金银比价变化带来的汇率波动还促进了投机的盛行，这种投机在一些华商的对外贸易上也有反映。例如据雷麦编著的《中国对外

---

① ［英］科大卫（David Faure）著. 周琳，李旭佳译. 近代中国商业的发展 [M]. 杭州：浙江大学出版社，2010：139 - 143.

② 贺水金. 论国际资本移动对近代中国经济的影响 [J]. 江汉论坛，1999（7）：70.

贸易》介绍，1886 年，华商发觉自己所索茶价不为外商所接受，就把绿茶自行运往美国发货。当时的中美汇价对他们有利，使自行运货所得优于售给驻华外商。1887 年，一些华商同样经营，同样获利。1888 年初，他们以为银价会要上涨，就向上海外商订购大批进口货。不料当年夏季，银价不仅没有上涨反而下跌。因此华商就被迫要付出更多的现银，因而受到了很大的损失。[①]

三、对中国白银流动的影响

近代中国以银为主要使用货币，白银在中国的地位异常重要，因此有必要探讨中国白银货币对外汇率波动对中国白银流动的影响。

（一）近代中国白银流动的总体情况

对于金银的进出口，近代中国政府基本上采取放任自流的态度，不加任何干涉。在 1935 年法币改革前，仅有两个阶段采取过干预措施：一个是 1930 年 5 月实行禁止黄金出口；另一个是在美国白银政策导致国际银价上涨带动中国白银大量外流压力下于 1934 年 10 月 15 日开始，对白银征收出口税和平衡税。除这两个阶段外，中国金银的国际流动是自由的，且不须缴纳任何关税。

查阅中国对外贸易与白银流动的文献会发现，近代中国几乎一直存在对外贸易入超与银入超并存的特殊现象。理论上，贸易入超的国家应当是货币输出，即在中国应该表现为白银输出，从而抵补贸易入超。中国海关之有全国金银进出口统计始于 1888 年，而 1870～1887 年海关当局对金银进出口没有完整统计。[②] 根据海关统计：自从光绪十五年（1889）到民国十七年（1928），恰好四十年间，金的净出超总计值 96760217 两；银的净入超总计值 627177427 两；两抵净得入超 530417210 两。照寻常经济的原则，货物入超必有金银出超以为抵偿。中国的现象乃与此相反。[③] 近代中国进口的银两虽然增多，但还能维持经济运转，原因在于中国通商口岸认可的数量日渐增加，对白银需求较

① 刘金章，唐建宇. 试论晚清的币制改革（一）[J]. 天津金融研究，1984（9）：13.
② 严中平. 中国近代经济史（1840～1894）[M]. 上海：人民出版社，2012：1314.
③ 杨端六，侯厚培. 六十五年来中国国际贸易统计 [M]. 国立中央研究院社会科学研究所专刊（第四号），1931：ix.

大。另外，除了物价的高涨或复利的增加而需要较多的货币外，也需要较多的白银去替代一部分中国境内不能兑现的纸币。

关于对外贸易入超与银入超同时并存这种反常的原因，较多学者解释为是以外国对华投资为代表的华侨汇款导致。杨端六是近代最早根据海关统计，完整整理长时段中国对外贸易及金银流动的学者，他认为中国贸易入超和银入超很有可能是外国对中国投资增加导致，即："因此我个人推测，是否近年来外国人对于中国的投资有很大的进步。"① 马寅初分析出现这种问题的原因是：教会支出、外债、外国驻华海军与军队之用度、华侨汇款。其中，马寅初认为最重要的在于："则在外人在中国投资设厂，经营事业，并以其盈余投资于中国。"② 关于侨汇，很难找到准确的数字。大致情况是 1933 年前，侨汇在中国增多，如从 1928 年的二亿五千万元增加到 1931 年的三亿五千七百万元。③

（二）白银货币对外汇率在中国白银流动中的作用分析

陈争平认为近代"我国黄金、白银等贵金属的流动状况受世界金银比价的影响极大，而与贸易的出入关系很小。"④ 而世界的金银比价即中国对外汇率的决定基础，因此，中国白银货币对外汇率与中国白银流出入关系很大。但是，这种汇率并没有直接影响中国金银进出口，而是成为国际银价影响中国白银流动的一个比较指标。

1. 白银货币对外汇率影响中国白银流动的理论分析

白银在除中国以外的国家是普通商品，理论上，在无管制的情况下，某种商品在哪里售卖价格高，该种商品就会流向何处，白银也不例外。白银在国外的售卖价格是伦敦、纽约的大条银价格，在中国的售卖价格相当于中国外汇市场上的汇率，中国外汇市场的白银货币对外汇率与伦敦、纽约银价的对比决定白银流动，因为它们都是白银与外国货币的比价。

---

① 杨端六，侯厚培．六十五年来中国国际贸易统计［M］．国立中央研究院社会科学研究所专刊（第四号），1931：ix.

② 马寅初．马寅初全集（三）［M］．杭州：浙江人民出版社，1999：392 – 393.

③ ［美］阿瑟·恩·杨格（Arthur N. Young），陈泽宪等译．一九二七至一九三七年中国财政经济情况［M］．北京：中国社会科学出版社，1981：230.

④ 陈争平．1895 ~ 1936 年中国国际收支研究［M］．北京：中国社会科学出版社，1996：95.

白银在中国与在英、美的价格比应该用同质同重的白银为比较标准，这就是外汇平价。汇兑平价，简单地说，就是两国货币的价值相等，亦即使某国一单位货币值，可等于他国的单位货币数。[①] 法币改革前，近代中国的外汇平价主要以上海规元的平价为依据。耿爱德曾计算过上海规元的外汇平价，即上海规元的外汇平价以伦敦每标准盎司（成色 925）或纽约每金衡盎司（成色 999）为基础，以上海宝银与大条银比较时，其间的定数，在英国为1.1725，在美国为 108.228，以伦敦或纽约的银价乘以定数就是规元的外汇平价。[②]

白银在中国与英、美的价格比除了平价外，还应该加上各种运送费用。在20 世纪 30 年代初期交通不够发达的情况下，从上海运到世界其他各处的白银时间较长、运费较高。杨格估计这种运费在当时为："在中国，外汇和银货市场都是自由的，而且可以把白银用不到百分之二至三的运输成本（包括利息在内），从中国运到伦敦或纽约。"[③] 1931 年中国的《银行周刊》曾详细记录了从上海运往世界各处的费用，即"白银从纽约由水路运到上海，约需 40 ~ 50 天，运费 1.84%；从纽约经伦敦运到上海，约需 2 个月，运费 2.09%；从纽约经陆路运到旧金山，再经水路运到上海，约需 30 天，运费 2.15%；从纽约经陆路运到西雅图、温哥华，再经水路运到上海，约需 21 天，运费1.97%。"[④] 也就是说，从上海运到各地的费用大约 2% 左右。

以上观点可以总结为：理论上，中国白银货币对外汇率（即白银在中国的价格）＞经定数调整后的英、美银价＋运费（2% 左右），白银流入中国；中国白银货币对外汇率＜经定数调整后的英、美银价＋运费（2% 左右），白银流出中国。

2. 中外白银购买力的差异引起白银的现实流动

现实中，引起中外白银流动不仅要看中外白银价差，还要结合物价、对比

① 洪葭管，张继凤. 近代上海金融市场 [M]. 上海：上海人民出版社，1989：191.

② ［美］耿爱德（E. Kann）著，蔡受百译. 中国货币论 [M]. 上海：商务印书馆，1929：110.

③ ［美］阿瑟·恩·杨格（Arthur N. Young），陈泽宪等译. 一九二七至一九三七年中国财政经济情况 [M]. 北京：中国社会科学出版社，1981：188.

④ 习永凯. 近代中国白银购买力的变动及影响（1800~1935） [D]. 河北：河北师范大学，2012：84.

中外白银在各自国家的购买能力。白银会因中外白银购买力不同而发生流动，或者说，白银购买力的国外与国内对比决定白银流入中国还是流出中国，当国外白银购买力＜国内白银购买力，白银流入中国；当国外白银购买力＞国内白银购买力，白银流出中国。

白银购买力反映的是一定数量的白银所能购买商品的数量，其与白银价格并不是一个概念。国外白银购买力的上涨，是指当地银价高于其他商品的平均价格。具体来说，白银在国外是商品，其价格以当地货币表示且经常涨落，当银价上升比多数商品的平均趸售价格还快时，白银间接可以换到较多的其他商品，即称为银的购买力上涨。如银价上升，趸售物价不变或反而下跌时，又或者银价的跌落比趸售价格平均数要慢时，白银的购买力也同样上涨。

白银购买力在中外的计算方法不同。在金本位国，白银是商品，白银购买力要看白银与物价的对比；在银本位的中国，白银是货币，白银购买力就体现在物价指数上，体现在白银购买力为物价指数的倒数。对此马寅初早有表述为："货币之价值，为一般物价之倒数，货币价值高，则一般物价低，货币价值低，则一般物价高。"[1] 之所以白银购买力在中国是物价指数的倒数是因为：白银在中国是通货的基础，当货物出售时，商人就可以得到白银或者是可以兑换到白银的钞券。物价是以白银计算的货物的价值，如果多数货物的平均价格升高，银的购买力就出现相对跌落，以一定量的白银购买货物时就会变少。反之，如果物价下跌，则银的购买力即相对提高，这时以一定量的白银购买货物时就会增多。所以，在中国银购买力的指数，实际上等于趸售物价指数的倒数。[2] 用公式表示如下：

在金本位国中，银购买力指数＝银价指数/物价指数

在银本位国中，银购买力指数＝1/物价指数

利用上述两个公式，可计算得出英、美、中三国白银购买力指数，如表3-14所示：

① 马寅初. 通货新论 [M]. 北京：商务印书馆，2010：163.
② 实业部银价物价讨论委员会编辑. 中国银价物价问题 [M]. 上海：商务印书馆，1936：1.

表3－14　　　1900～1931年英、美、中三国白银购买力及中国白银净流动　　　单位:%

年份	伦敦白银购买力(1)	纽约白银购买力(2)	中国白银购买力(3)	白银净出口(＋)或净进口(－)值1000关两(4)	年份	伦敦白银购买力(1)	纽约白银购买力(2)	中国白银购买力(3)	白银净出口(＋)或净进口(－)值1000关两(4)
1900	61.5	60.6	64.5	－15442	1916	37.5	43.1	45.0	＋28678
1901	64.1	59.1	64.9	＋6098	1917	38.9	39.2	47.6	＋20989
1902	56.7	49.2	59.3	＋13845	1918	40.8	41.1	43.2	－23495
1903	57.9	49.9	53.4	＋6045	1919	44.9	44.4	43.2	－53125
1904	61.9	53.1	52.7	＋13610	1920	40.1	36.2	39.8	－92639
1905	61.9	55.6	55.2	－244	1921	38.9	35.5	40.0	－32431
1906	65.7	57.9	57.1	＋18678	1922	42.3	38.5	41.4	－39572
1907	60.8	55.8	52.7	＋31208	1923	40.1	35.5	39.3	－67196
1908	53.4	46.6	50.0	＋12267	1924	39.6	37.5	38.5	－26003
1909	52.3	42.2	51.0	－8841	1925	38.6	36.7	37.6	－62524
1910	51.6	42.2	48.8	－21795	1926	37.1	34.2	36.6	－63204
1911	49.7	45.6	48.9	－38306	1927	34.9	32.5	36.0	－65083
1912	53.4	49.2	50.2	－19249	1928	36.4	32.8	35.0	－106396
1913	52.3	48.0	47.4	－35968	1929	34.5	30.2	33.7	－105826
1914	47.8	45.2	44.2	＋19629	1930	30.0	24.2	30.3	－67006
1915	36.0	40.3	48.8	＋18382	1931	28.7	22.6	29.4	－45445

注：1867年—1871年＝100。

资料来源：(1)(2)(3)列来自孔敏主编．南开经济指数资料汇编［M］．北京：中国社会科学出版社，1988：635－638；(4)列来自郑友揆．1840～1948中国的对外贸易和工业发展［M］．上海：上海社会科学院出版社，1984：342－343。

将表3－14数据绘制图3－11。为便于比较，图3－11银购买力指数都扩大1000倍。从该图看，1914年第一次世界大战以前，中国白银的购买力与美国基本一致（因为美国在欧战期间没有实行禁止白银出口的政策），但较英国低，从而中国白银购买力低于国际，进一步表现出中国白银的净流出（＋）

增多；1914 年后，中国白银购买力高于英、美两国，也即白银购买力在中国高于国际，从而表现出中国白银的净进口（-）增多。此时，外国白银购买力低于中国是因为：欧战期间，英国禁止白银出口，使得白银的涨幅低于趸售物价方面，所以英国的白银购买力低于中国的白银购买力，这种情况一直到英国解除禁止白银出口为止才得到消除。

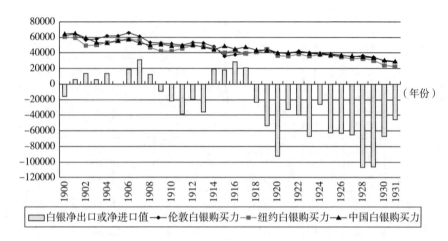

图 3-11　1900~1931 年英、美、中三国白银购买力对比及中国白银净流动

资料来源：数据来自本章表 3-14。

　　以上分析可以 1929 年经济危机时为例进行说明。危机后，主要国家的物价大跌，同期，国际银价的跌势更猛，这使得以金银比价为汇率决定基础的中国白银货币对外汇率出现暴跌，主要国家在经济危机期间的物价、汇价及伦敦与纽约的银价如表 3-15 所示。由于国际银价及中国外汇市价下跌幅度大于主要贸易国物价下跌幅度，进口物价指数呈现上升态势，从 1929 年的 158.1 上升到 1931 年的 192.9[①]，国际银价下跌幅度大于国外物价下跌幅度，又意味着国外白银购买力下降，导致大量白银流入中国市场。1929~1931 年中国白银净进口为 105826 关两、67006 关两、45445 关两（见表 3-14）。

---

　　① 刘克祥，吴太昌. 中国近代经济史（1927~1937）[M]. 上海：人民出版社，2010：1636-1637.

表 3–15　　　　1929 年及 1931 年主要国家物价、世界银价及中国银元合外币变动

		日	英	美
物价指数	1929 年	100%	100%	100%
	1931 年	69.6%	72.1%	76.6%
	下跌	30.4%	27.9%	23.4%
银价（每盎司）	1929 年	—	24.28 便士	0.533 美元
	1931 年	—	14.46 便士	0.290 美元
	下跌	—	40.4%	45.6%
汇价	1929 年	100 银元 = 90.29 日元	1 银元 = 1/8.529 先令	100 银元 = 41.1 美元
	1931 年	100 银元 = 45.54 日元	1 银元 = 1/11.905 先令	100 银元 = 21.8 美元
	下跌	49.6%	42%	47%

　　资料来源：刘克祥，吴太昌. 中国近代经济史（1927～1937）［M］. 上海：人民出版社，2010：
1636–1637。

四、对中国物价的影响

（一）影响近代中国物价的主要因素及物价的总体趋势

在银本位时期的中国，影响中国物价的因素主要有五个，即："1. 物品供给之变动。2. 物品需要之变动。3. 白银需要之变动。4. 白银供给之变动。5. 银元中所含白银数量之变动。"[①] 也即影响物价的因素主要是商品的供求、白银的供求及银货币的含银量，进一步可归结为商品的供求和银的购买力。其中白银的购买力非常重要，彭信威认为："中国国内物价的变动，不是受汇价的影响，而是汇价和物价受一共同因素的影响，即受银价下跌的影响。"[②] 从毕匋兑记录的 1913～1930 年中国物价与世界银价的变动关系中（表 3–16），可以印证彭信威的观点。

---

① 实业部银价物价讨论委员会编辑. 中国银价物价问题［M］. 上海：商务印书馆，1936：17.
② 彭信威. 中国货币史（第三版）［M］. 上海：上海人民出版社，2007：639.

表 3-16　1913 年~1930 年 4 月中国物价与世界银价指数（1926 年=100）

年份	中国北部各种货物趸售价格指数表	伦敦银条价格涨落表	年份	中国北部各种货物趸售价格指数表	伦敦银条价格涨落表
1913	67	96	1922	86	120
1914	67	88	1923	90	112
1915	69	83	1924	93	117
1916	74	109	1925	97	115
1917	80	142	1926	100	100
1918	82	166	1927	103	91
1919	81	200	1928	108	96
1920	89	214	1929	110	83
1921	89	129	1930(4 月)	114	63

资料来源：毕匿克（A. W. Pinnick）著. 褚保时，王栋译. 银与中国 [M]. 上海：商务印书馆，1933：31-32。

1931 年以前中国物价总体呈上涨趋势，1913~1930 年间物价我们可由表 3-16看出。1930 年上海物价指数平均为 104.8（1926 年=100），而 1931 年随着银价的下跌，全年平均物价指数即升至 126.7，[1] 中国的物价上涨以 1931 年后半年达到最高峰。

（二）白银货币对外汇率在中国物价变动中的作用分析

中国近代银价与物价有很强相关性，白银对外汇率在其中的作用借助图 3-12分析。

上图说明，世界银价下跌，主要是通过影响银的购买力而影响到中国的物价。正如史料记载，"惟国外银价较之一般物价呈相对的增涨时，银之购买力因而加增，中国物价，始有跌落之希望，反之当国外银价较之一般物价呈相对的跌势时，中国物价，即有涨高的希望。"[2] 进一步分析这种过程的传导机制

① 榭菊曾. 一九三五年上海白银风潮概述 [J]. 历史研究，1965（2）：79-80.
② 实业部银价物价讨论委员会编辑. 中国银价物价问题 [M]. 上海：商务印书馆，1936：9.

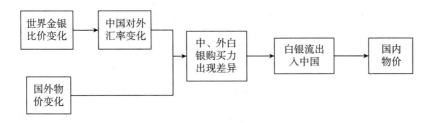

图 3 - 12　近代中国物价的影响因素

资料来源：根据研究需要由作者整理得出。

是：当世界金银比价发生变化，会导致中国近代对外汇率发生变化，伴随国外物价的变化，中外白银购买力就可能不同，此时导致白银流动，进而影响国内物价变动。在这里，白银货币对外汇率变动并没有直接影响中国的物价水平，而是成为国际银价影响中国物价的一个比较指标。例如，当中国白银购买力 > 国外白银购买力，导致白银流入中国，从而国内银价下跌，进而导致物价提高。白银购买力增加，中国物价跌落。

上述原理也有些例外情况出现而没有发挥作用。例如，第一次世界大战期间，当时主要国家的外汇升降，对中国的物价影响较小。一战期间银价上涨，此时只利于进口而不利于出口。理论上讲，中国会因进口增多带来的剩余产品增多，从而带来国内物价下跌，但实际上并没有出现这种情况，因为："尚有其他坚强的原因使物价高涨不止"。[①] 以上海物价为例，上海规元兑伦敦汇价1917 年为 4/4.5 先令，1926 年降低至 2/9.56 先令，下跌了 36.1%，而同期上海的物价并没有直接受到影响。1922 年上海规元兑纽约汇价为 80.5 美元/每百规元，1926 年降低至 67.9 美元，下跌 20%，同期上海物价指数不但没有上涨，反而下跌了 1.4%。[②] 之所以国内物价没有随着银价下跌带来的中国对外汇率下跌而上涨，是国内外因素共同作用的结果，即："……工农业生产的比较正常和币值比较稳定，是这一个时期上海物价比较稳定的主要因素，也是物价内在的因素。另外，北洋政府政权对社会金价控制不严，社会经济还保持着

---

① 毕匿克（A. W. Pinnick）著．褚保时，王栋译．银与中国 ［M］．上海：商务印书馆，1933：43.

② 中国科学院上海经济研究所．上海解放前后物价资料汇编 ［1921～1957］ ［M］．上海：上海人民出版社，1958：8.

一定的自然法则局面。"① 另外，第一次世界大战时期，原来对中国进行资本输出的主要国家无暇顾及中国，从而在外部因素上对中国物价稳定没有带来负面冲击。

国外银价通过汇率机制对中国物价的影响对中国微观领域的居民生活带来影响，表现出物价上涨使普通小民生活成本增加，生活困难。拿具体商品来说，在湖南肉 1 斤 1911 年银最高 0.146 元、最低 0.127 元，到了 1931 年价格为 0.258 元。② 火油为居民日常生活必需品，在南京美孚等公司洋油从每担10.4 元左右，上涨到了 14.4 元，后又涨至 16 元。③ 在近代中国，除少数人外，绝大多数都是农民及工人阶级，中国物价上涨，如食品价格上涨，他们受到的影响最大，使得千万人民生活非常痛苦，只有少数从事某种工业的人得享利益。马寅初记录当时物价对人民的影响情况为："小民生计，日陷困境。尤其劳动经济，艰难万分。"④

五、对中国经济稳定的影响

金银比价变动带来的中国白银对外汇率波动，引发了近代中国的投机行为，进而引发因汇率波动而出现的经济危机。毕匿克描述为："银价剧变对于世界有极大之不利。一切营业类似赌博而继续不绝的汇兑投机亦愈见兴奋。正当企业或逐渐停滞，或不健全的发展，尤以中国为甚。"⑤

在 1900～1931 年间，因中国白银货币对外汇率波动而引发的经济危机尤以 1920～1921 上海爆发的"九先令风潮"影响最大。第一次世界大战前，从1900～1914 年间，以上海为代表的中国对外汇率变动不大，第一次世界大战后，英国暂停金本位制，英镑贬值。在上海，此时进口洋货非常便宜。当时，

① 中国科学院上海经济研究所. 上海解放前后物价资料汇编［1921～1957］［M］. 上海：上海人民出版社，1958：9.

② 黄冕堂. 中国历代物价问题考述［M］. 济南：齐鲁书社，2008：243，245.

③ 戴建兵. 白银与近代中国经济（1890～1935）［D］. 上海：复旦大学，2003：236.

④ 马寅初，通货新论. 北京：商务印书馆，2010：7－8.

⑤ 毕匿克（A. W. Pinnick）著. 褚保时，王栋译. 银与中国［M］. 上海：商务印书馆，1933：60.

上海订购进口货的洋庄商人一般资金并不太多，订购货物主要是布匹呢绒，其次为五金及其他杂货，由于订货时不须要预付保证金，货到后又可以钱庄期票出货，在战时利润刺激下，洋庄商人订购货物节节加码，远远超过本身的支付能力和市场的容纳度。1920年春开始，上海外汇汇率逐步挂缩，二月间上海规元电汇伦敦之价格，每两九先令三便士，六月间落至四先令六便士，八月间又涨至六先令三便士，此后日益跌落，十二月间落至三先令十一便士。① 当时上海的洋庄商人订货多数都是用外币计价，当白银合外币较多时，显然对这些洋庄商人有利，因为其付出的银两较少，但是当白银合外币较少时，这些商人会因付出银两较多而受损。由于幻想根据汇率的变化而获利，不肯及时结清外汇，等到白银对英镑汇率缩至3先令时，这些订货的洋庄商人已经无力结清货款了，而且国外一些已装船上路的订货又不能取消，这使无力结清货款的洋庄大批倒闭，据记载，"上海棉布字号倒闭潜逃的达60%以上。"② 这次因外汇汇率波动，促使投机盛行而受损的风潮被称为上海"九先令风潮"。风潮之后，英国棉布呢绒来华减少，对上海棉布行业影响极达，当时一家经营呢绒洋杂货的列丰洋庄描述其经营上的困境为："好比进入肺病时期，不死不活，奄奄待毙了"③

本章小结

　　中国在1840年鸦片战争后的近四十年里，汇率问题没有受到关注。尽管1865年中国出现第一笔以外币计价的外债（新疆伊犁借款），但真正产生汇率风险，使汇率问题开始受到关注的外币借款应该始于1877年的第四次西征借款。随着甲午战争后中国政府的对外外币借款激增和1888年后中国开始出现

---

① 上海社会科学院经济研究所. 上海对外贸易1840～1949（上册）[M]. 上海：上海社会科学院出版社，1989：184.

② 上海社会科学院经济研究所. 上海对外贸易1840～1949（上册）[M]. 上海：上海社会科学院出版社，1989：241.

③ 上海社会科学院经济研究所. 上海对外贸易1840～1949（上册）[M]. 上海：上海社会科学院出版社，1989：375.

接连入超，使得 1894 年中日甲午战争的开始成为中国进入浮动汇率制的典型开端。表面看，中外货币制度不同是中国浮动汇率制出现的直接原因，根源则在于近代中国"闭关政策"导致的经济落后与被迫开放后导致的政治不独立。

1931 年以前，中国属于浮动汇率制阶段，汇率问题实质上就是金银比价问题。长期以来中国各地的外汇市价要看上海，上海又以 19 世纪 70 年代中期后取得垄断地位的汇丰银行牌价为准，其挂牌以上海规元两表示各种外汇价格，属于间接标价法。清末中国海关用海关两记账，因此又有一个海关两折合的对外汇价，这两种白银货币合外币的走势基本一致。1840～1931 年间，中国白银货币的对外汇率呈现阶段变化特点，但总体呈下跌趋势，尤其是 19 世纪 70 年代以后至 1915 年间，银两对外币的汇价加速下降，1916～1920 年间中国白银对外汇率出现暂时回升，经历 20 世纪 20 年代十年间平稳差距拉大后，从 30 年代初开始白银对外汇率急剧下跌。

中国白银货币对外汇率的决定基础是拥有世界白银定价权的伦敦、纽约的金银比价。导致 1931 年以前中国白银对外汇率波动的原因有：世界金银产量变化的影响；世界货币制度演变的影响；其他原因，包括各国对金银进出口的限制、世界的商业衰落及汇丰银行对近代中国外汇牌价的控制等。可见，中国白银货币对外汇率的决定基础在国外，导致中国白银货币对外汇率波动的原因也基本来自国外。

1931 年以前中国白银货币对外汇率整体下跌的趋势对中国经济带来的主要影响有：（1）冲击了国家财政，使得中日甲午战争后中国的"镑亏"加剧，但也促使国民政府进行改革，于 1930 年改征关金，从而实现了关税自主。（2）对对外贸易产生影响。中国近代对外贸易除各别年份外，总体入超，人均贸易值低，中国成为世界"垂直化"分工下的原料输出国，工业制成品输入国。汇率在对外贸易中的作用表现在：从名义汇率看，中国白银货币对外汇率下跌会促进出口，抑制进口的理论推理没有得到验证；如果从剔除物价影响的银价指数（这是中国对外汇率的决定基础，剔除物价后可代表中国对外实际汇率）与中国进出口数量关系看，银价下跌的确促进了中国的出口，所以可以说中国白银货币对外汇率下跌没有改变中国贸易入超的局面，但的确促进了中国出口。1931 年以前，中国白银货币对外汇率波动对中国对外贸易的影响利弊互现，总体利处较多，尤其表现在改善了中国近代贸易条件（在近代中国价格贸易条件不断恶化压力下，汇率波动使得中国收入贸易条件得到改善）。（3）对白银流动的影响。近代中国政府对白银流动采取放任自流的态度，出现对外贸易入超与银入超同时并存的现象。理论上，白银货币对外汇率成为国际银价影响中国白银流动的一个比较指标；实际中，中外白银购买力的差异引起中国白银的现实流动。（4）对物价的影响。1931年以前中国物价总体呈上涨趋势，白银货币对外汇率成为国际银价影响中国物价的一个传导指标，通过汇率传导的中国物价上涨对微观领域的居民生活带来压力。（5）对经济稳定带来影响，引发了以1920～1921年上海爆发的"九先令风潮"为代表的中国经济危机。

总体来看，1931年以前的浮动汇率为中国提供了较多发展经济的机会，但中国因无力把握汇率走势而丧失。第一次世界大战时，当中国货币对外汇率提高时，本可以进口对中国有利的物品，采购国内建设需要的国外材料来建设基础设施，如铁路，则中国一定能利用这种汇率带来的好处得到大的发展。但无论汇率的决定基础还是影响因素，中国都无力把握，是完全丧失自主调控能力的、最彻底的浮动汇率制，利用汇率调节经济的手段在1931年以前的中国是缺失的，中国自然也就没有独立的汇率政策。从与同期各国的对比看，1931年以前中国呈现的汇率制度与同期世界各国的汇率制度正好相反：中国表现出的是自发的浮动汇率制，其他国家表现出的是金本位制下的固定汇率制。

| 第四章 |

汇率上涨期的近代中国浮动汇率
制及其影响 （1931～1935.11）

1931 年～1935 年 11 月法币改革，中国仍然属于浮动汇率制阶段，但因国际上其他国家货币制度出现重大变化，因此这一阶段中国的浮动汇率制与 1931 年以前又有所不同，中国白银货币对外汇率整体呈现上涨，故单独探讨。

第一节　近代中国浮动汇率制表现的变化

1931 年～1935 年 11 月，无论是中国白银对外汇率的波动趋势，还是汇率波动表现呈现的特点，都有了一些新的变化。

一、1931 年～1935 年 11 月中国白银货币对外汇率的基本变动

为了说明中国浮动汇率制的变化，本节引入与近代中国汇率有重要关系的标金市场，并结合世界银价来说明中国白银货币对外汇率呈现的变化。

（一）中国反映金银比价的市场——上海标金市场

"以金计算之银价，最重要者即为伦敦标准银市价，而以银计算之金价，则为上海标金市价。"[①] 也就是说最有代表性的银价是伦敦标准银市价，最有代表性的金价为上海标金市价。

1. 上海标金市场的出现及交易内容

1935 年 11 月法币改革前，中国属于银本位，银本位下金银比价经常波

---

① 孔敏主编．南开经济指数资料汇编［M］．北京：中国社会科学出版社，1988：634.

动，为规避金银比价的波动风险，上海出现了金业交易所。该交易所从 1921 年 11 月 13 日成立，运行到 1937 年 8 月，交易的主要对象就是标金，这一市场的黄金交易额居世界黄金市场的第三位（前两位是伦敦、纽约），地位非常重要。

"标金"即准金条的简称，这种标金大都由伦敦、纽约输入的金币、金条或砂金改制而成，然后流入市场，在上海交易的标金每条标准单位为纯度 978‰，一条重漕平十两（1934 年 2 月改为市平十两）。标金的计算货币经历了英镑、日元、美元、关金等过程，具体来说：第一次世界大战前，英人在华金融势力最大，所以金价的计算，以伦敦电汇为根据；第一次世界大战后，日本在华金融势力日增，金价的计算，转以日汇为根据；"九一八"事变后，日汇大幅跌落，于是从 1931 年 10 月 16 日起以美元为标准。然而，美国在 1933 年 4 月暂时、1934 年正式放弃了金本位，将美元贬值，并推行购银法案，造成上海金银外汇市场的极大波动、投机盛行。为了稳定上海金融市场，抑制投机，财政部于 1934 年 9 月取缔标金外汇投机活动，并规定此后金价一律改以关金作为结算标准，标金与关金的折算标准为每市平十两标金一条，折合关金 507.79 单位，此项关金单位的定价按伦敦金块价格换算，由中央银行每日清晨挂牌公布。在中国的黄金进出口业务中，外国银行、特别是汇丰银行和日本各银行起着主导作用。

2. 标金与汇兑的关系及反映的世界银价

标金与汇兑关系密切，1936 年张素民把它们之间的关系表述为："凡经营间接汇兑者，见标金市价之涨落而定"。[①] 由于标金市场是黄金市场，国外又以金为货币，因此标金市场必定与外汇市场有很大关系。洪葭管描述近代上海金融市场发展时，认为"标金与汇兑，关系密切，涨落相随。在一般情况下，汇价涨，金价亦涨，汇价跌，金价亦跌"。[②] 上文描述，标金以日汇计价较长，因此日汇与标金关系最为紧密，形成："日汇涨，标金亦涨。日汇跌，标金亦跌。其余如英汇美汇与标金亦不无影响"。[③] 即金价是随日汇汇价涨落而变动

---

① 张素民. 白银问题与中国币制 [M]. 上海：商务印书馆，1936：316.

② 洪葭管，张继凤. 近代上海金融市场 [M]. 上海：上海人民出版社，1989：239.

③ 马寅初. 中国国外汇兑 [M]. 上海：商务印书馆，1925：159.

的。为进一步理解，本书将日汇与标金自 1905～1936 年间的价格整理为表 4-1，并计算了以 1926 年为基期的价格指数。需要说明的是，中国在 1933 年废两改元后，对外汇价及标金价的中国货币标准由原来的规元改为元，根据前文货币背景部分废两改元的规定，本书按照国币 1 元 = 规元 0.715 两的比例，将日汇汇价统一折算为规元合日元价，将标金价统一折算为国币元价，具体计算过程见表下说明。

表 4-1　　　　　　　　1905～1936 年日元及标金价格与指数

年份	日汇汇价 (1)	日汇汇价 (统一为规元100合日元)(2)	日元汇价 (统一为100日元合规元)(3)	日汇指数 (4)	标金(元) (5)	标金指数 (6)
1905	131.82	131.82	75.9	108.4	507.4	108.1
1906	142.61	142.61	70.1	100.1	462.5	98.5
1907	142.03	142.03	70.4	100.6	469.0	99.9
1908	117.70	117.70	85.0	121.4	564.3	120.2
1909	114.00	114.00	87.7	125.3	584.8	124.6
1910	118.46	118.46	84.4	120.6	566.3	120.6
1911	118.72	118.72	84.2	120.3	564.5	120.3
1912	132.91	132.91	75.2	107.4	501.1	106.8
1913	132.61	132.61	75.4	107.7	504.5	107.5
1914	119.59	119.59	83.6	119.4	559.0	119.1
1915	112.20	112.20	89.1	127.3	592.6	126.2
1916	137.38	137.38	72.8	104.0	486.3	103.6
1917	170.88	170.88	58.5	83.6	383.5	81.7
1918	210.48	210.48	47.5	67.9	324.3	69.1
1919	241.08	241.08	41.5	59.3	277.8	59.2
1920	214.50	214.50	46.6	66.6	294.3	62.7
1921	140.85	140.85	71.0	101.4	473.0	100.8
1922	154.23	154.23	64.8	92.6	437.5	93.2
1923	145.65	145.65	68.7	98.1	459.7	97.9
1924	174.34	174.34	57.4	82.0	385.2	82.1
1925	183.59	183.59	54.5	77.9	370.6	79.0

续表

年份	日汇汇价（1）	日汇汇价（统一为规元100合日元）（2）	日元汇价（统一为100日元合规元）（3）	日汇指数（4）	标金(元)（5）	标金指数（6）
1926	142.88	142.88	70.0	100.0	469.4	100.0
1927	129.37	129.37	77.3	110.4	520.1	110.8
1928	137.07	137.07	73.0	104.3	497.3	105.9
1929	126.10	126.10	79.3	113.3	541.3	115.3
1930	83.55	83.55	119.7	171.0	766.9	163.4
1931	83.44	83.44	119.8	171.1	1018.0	216.9
1932	108.07	108.07	92.5	132.1	1008.7	214.9
1933	102.66	143.59	69.6	99.4	901.2	192.0
1934	115.00	160.84	62.2	88.9	978.9	208.5
1935	127.70	178.60	56.0	80.0	920.4	196.1
1936	102.88	143.89	69.5	99.3	1143.8	243.7

资料来源：第（1）列来自孔敏主编. 南开经济指数资料汇编［M］. 北京：中国社会科学出版社，1988：449，原汇率1933年4月前为规银百两合日元价，4月后为国币百元合日元价；第（2）列为规元100合日元汇价，1905～1932年数据同第（1）列；1933年日汇汇率数据计算得来，即：原数据1～3月是规元价，4～12月是国币一元价，将4～12月价格按1元＝0.715两折为规元价，再求12个月的均值；1934～1936年规元合外币价计算得来，即：用原汇价除以0.715,；第（3）列为100日元合规元，依据第（2）列数据计算得来；第（5）列1905～1912年数据来自孔敏主编. 南开经济指数资料汇编［M］. 北京：中国社会科学出版社，1988：482，原数据为两，本书折算为元，即用原数据除以0.715，得出各年的元价格；1913～1936来自同一文献485页；第（4）、第（6）列计算得来，分别按第（3）、第（5）列1926年数据为100计算得到。

　　利用表4－1中第（4）至第（6）列数据绘制日汇与标金的涨落关系图4－1。图中可见，1931年日本脱离金本位前，日汇走势与标金走势几乎完全一样，日汇涨，标金也涨，日汇跌，标金也跌。1931年前日汇即金的代表之一，而标金市场即黄金市场，所以二者走势相同。但1931年后，标金合中国国币元（即金合银价）总体仍在震荡中上行，而日元合规元价（1933年后实际是日元合国币元价，为对比，将图4－1中1933年后的国币元转换为规元价，此比价即纸币日元合银价）总体下跌，当日元换得的中国银两越来越少时，也反映了 1931 年后中国白银货币对日元汇率提高。

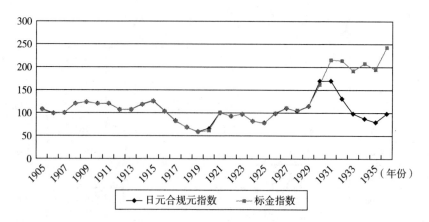

图 4 - 1　1905 ~ 1936 年日元及标金价格与指数（1926 年 = 100）

资料来源：本章表 4 - 1。

（二）世界银价及中国白银货币对外汇率变动情况

1. 世界银价变动情况

1929 年开始的世界经济危机，使得在 1931 年 9 月以后世界各国为摆脱经济危机，相继放弃金本位制，其中英国 1931 年 9 月放弃金本位，日本 1931 年 12 月放弃金本位，美国在 1933 年 4 月暂时、1934 年正式放弃了金本位。放弃金本位的各国实行货币贬值，并以流通纸币为本位货币，从而黄金大量流向国际货币市场，导致黄金价格下跌而白银价格一路上升。美国 1933 年暂时放弃金本位后世界出现通货不稳，此时"国际间货币汇率之不稳定足以影响世界之繁荣而延长其不景气，此为世界经济家所共识之事实。"[1] 为此，1933 年夏天在伦敦召开了世界经济会议，目的是想协议安定通货的办法，会议的成果之一是 7 月 22 日推出了一项《国际白银协定》。该协定的序言中表明它的目的在"缓和银价的波动"和"有效的稳定"，规定了政府出售白银的限度。中国保

---

[1]　无作者. 欧洲各国对于稳定货币汇率之进行. 现代生产杂志. 第 1 卷，第 12 期（1935 年 12 月）：45.

证不将 1934～1937 年四年之间销毁硬币所得的白银出售。美国及其他四国同意，从他们各自国家生产的白银中每年购买 3500 万盎司。美国部分，后来定为约 2440 万盎司。① 在各国放弃金本位的时候，中国仍然是一个不产白银的用银大国，即使在 1933 年废两改元后中国实行的仍是银本位，因此，中国的货币仍然受国际银价左右，而不能够完全自主。

　　1931 年～1935 年 11 月法币改革前的世界银价如表 4－2 所示。在英美未放弃金本位之前，英美白银的价格以金币计算；在英美放弃金本位之后，英美白银的价格，以纸币计算。表中数据可见，无论是英国以便士表示的价格，还是美国以美分表示的价格，银价自 1931 年以后都呈上涨趋势，可以说 1931 年是世界银价的分水岭，即：1931 年前世界银价总体呈下降趋势，1931 年后世界银价总体呈上升趋势。

表 4－2　　　　　　　1931 年～1935 年 10 月伦敦和纽约的白银价格

年月	伦敦市场				纽约市场			
	以英镑表示的价格		以黄金表示的价格		以美元表示的价格		以黄金表示的价格	
	每标准盎司价格（便士）	年度百分比变化（％）	每标准盎司价格（便士）	年度百分比变化（％）	每标准盎司价格（美分）	年度百分比变化（％）	每标准盎司价格（美分）	年度百分比变化（％）
1931 年	14　7/16	—	13　1/4	—	28.700	—	28.700	—
1932 年	17　13/16	23.4	12　13/16	-3.3	27.892	-2.8	27.892	-2.0
1933 年	18　1/16	1.6	12　5/16	-3.9	34.727	24.5	26.396	-5.4
1934 年	21　5/16	17.8	13　1/8	7.1	47.973	38.1	28.445	7.8
1935 年（至 10 月）	29　3/16	37.8	17　7/16	32.9	64.675	34.8	38.195	34.3

　　资料来源：Lin, wei－Ying. The New Monetary system of China：A Personal Interpretation. London，1936：12，转引自李爱. 白银危机与中国币制改革—解析国民政府时期的政治、经济与外交 [D]. 上海：华东师范大学，2005：37－38。

──────────

　　① 中国人民银行总参室编. 中华民国货币史资料（第二辑）（1924～1949）[M]. 上海：上海人民出版社，1991：111.

　　将表 4 - 2 结合英美两国货币制度的演变，我们会发现：以英镑表示的
1932 年银价因英镑贬值而表现出大幅升值（上升 23.4%），但以美元表示的价
格上涨幅度较小（上升 2.8%）；但当美元 1933 年贬值后，表现出 1933 年以
美元表示的银价也出现大幅升值（上升 24.5%），以英镑表示的银价虽然也
在上升，但上涨幅度较小（上升 1.6%）。这说明：（1）世界白银的名义价
格在 1931 ～ 1935 年是上涨的，而上涨很大程度上是主要国家货币贬值的结
果；（2）以纸币形式的英镑或美元代表的银价并不能反映出世界白银的真
实价格，要看白银的真实价格，必须看其相对于黄金的价格变化。1931 ～
1933 年不论是英国还是美国，以黄金表示的世界白银的价格实际上下跌的，
从 1934 年起，世界白银的真实价格开始上涨。因此，世界银价的最低点应
该是出现在 1933 年。

　　世界银价自 1931 年后的变化在图 4 - 2 看得更清晰（以 1926 年 = 100）。
伦敦以英镑表示的银价自 1932 年开始逐年上升，纽约以美元表示的银价自
1933 年开始上升，伦敦以黄金表示的银价自 1934 年开始上升，纽约以黄金表
示的银价也是自 1934 年开始上升。

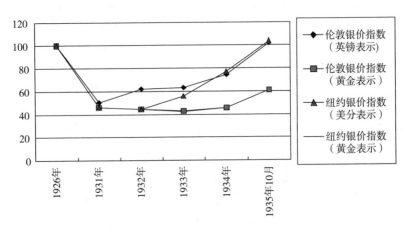

图 4 - 2　1931 年 ~ 1935 年 10 月世界银价走势（1926 年 = 100）

　　资料来源：1926 年数据来自中国科学院上海经济研究所. 上海解放前后物价资料汇编［1921 ~
1957］［M］. 上海：上海人民出版社，1958：114；1931 年 ~ 1935 年 10 月数据来自本章表 4 - 2。

2. 中国白银货币对外汇率变动

1931 年不仅成为银价走势的分水岭，也成为中国白银货币对外汇率走势的分水岭，银价的上升直接导致中国白银货币的对外汇率上升。按照林维英的统计，中国银元的汇率指数从 1931 年的 100 上升到 1935 年的 199.2，几乎增长了 100%。[1] 根据影响中国白银货币对外汇率的因素不同，我们可以将 1931～1935 年间的汇率划分为两个阶段：

（1）1931 年 9 月～1933 年 7 月为第一阶段，即从 1931 年 9 月下旬英国停止金本位开始，到 1933 年 7 月世界经济会议的结果成立白银协定止。这期间有两种相反的力量影响着中国白银的对外汇价：一是各国货币纷纷贬值，各国货币成色和重量的变动十分活跃，促使中国白银货币的汇价有上涨的动力；二是同期世界银价继续跌落（上文分析 1933 年为世界银价最低点），促使中国白银对外汇价有下跌的动力。这两种势力方向相反，所以中国白银货币的对外汇率虽因各国货币贬值的关系而上涨，却因银价下跌把这种上涨的趋势减没了一部分，使得中国白银货币对外汇率上涨程度与各国货币贬值程度不一致。

（2）1933 年 7 月～1935 年 11 月为第二阶段，即从 1933 年 7 月白银协定成立起，到 1935 年 11 月 4 中国推出法币政策为止。本期中，世界银价因美国白银政策的人为影响加速上升，促使中国汇价有上涨的动力，这与各国货币贬值促使中国汇率上涨的影响方向一致，最终使得中国白银货币对外汇率的涨势，时人描述此时中国白银货币对外汇率为："乃如火上加油，一发而不可收拾"。[2] 在美国 1934 年购银程序开始后，《申报》1935 年 11 月 4 日的一篇文章描述当时世界银价的变动及中国对外汇率情况为："……于是以银价表示的标金价格，出现了十九年以来从未有过的新跌风，我国在国际政治上的地位，虽则大有一天不如一天的降落之势；但是我国的货币，竟在国际汇兑市场上，却表现着惊人的威风……"[3] 这种涨势，到 1935 年 5 月达最高峰，那时的汇价，比 1931 年时的最低对英汇价（10 便士）上涨了 208%；比 1932 年时的最低对

① 林维英著，朱羲析译. 中国之新货币制度［M］. 商务印书馆，1939：14，转引自代春霞. 20 世纪 30 年代世界经济萧条影响下的中资银行业研究［D］. 天津：南开大学，2012：24.
② 杨时展. 我国现行汇率平议［J］. 时事月报，第 13 卷，第 1 期（1936 年）：119.
③ 张一凡. 标金暴涨的内幕及其因果［N］. 申报，1935-11-4：第 13 版.

美汇价（$19\frac{1}{8}$元）增涨了 215%；比 1930 年时的最低对日汇价增涨了 287%，几乎达到 3 倍。[①]

1931 年 ~ 1935 年 5 月中国白银货币对英、美、日等国汇率的汇率指数（以 1926 年 =100）见表 4-3。表中可见：1932 年开始中国白银货币对日元与英镑的汇价上涨，1933 年以后，对美元汇价也逐渐攀升。在 1932 年时，中国白银货币的对外汇率稍有上涨，1933 ~ 1935 年间，中国白银货币的对外汇率持续上升。

表 4-3　1931 年 ~ 1935 年 5 月中国白银货币对外币汇率指数（1926 年 =100）

时间	对英汇价	对美汇价	对日汇价
1931 年	46.93	44.14	43.22
1932 年	57.73	42.64	72.73
1933 年	57.96	51.81	96.46
1934 年	62.96	67.05	108.41
1935 年 5 月	78.67	81.31	135.96

资料来源，张一凡. 标金暴涨的内幕及其因果 [N]. 申报，1935-11-4：第 13 版。

二、此期间中国浮动汇率制出现变化的表现

相比 1931 年前，中国白银货币对外汇率完全以金银比价为基础、汇率总体下跌的特点，此期间中国的浮动汇率制出现了一些新的特点。具体如下：

（一）中国白银货币相对于金本位国家的货币汇率还呈下降趋势，但相对于大多数放弃了金本位的国家来说，白银货币对外汇率开始升值

表 4-4 为 1935 年 11 月中国法币改革前，上海对外汇率年均汇率（以间接汇率表示），为纵向比较，将 1933 年以后国币元的价格折算为 1933 年废两改元前所用的规元价，即按照国币 1 元 = 规元 0.715 两的比例折算，具体折算见表下说明。观察表 4-4 中汇率可以发现：1932 年上海规银合便士、日元的价格相对于 1931 年出现上涨（英国 1931 年 9 月放弃金本位，日本 1931 年 12

_____

[①] 杨时展. 我国现行汇率平议 [J]. 时事月报，第 13 卷，第 1 期（1936 年）：119-120.

月放弃金本位），但对保持金本位的美国、法国汇价则没有上涨，规元合美元、法郎的价格甚至出现微降，当美国 1933 年 4 月放弃金本位后，银元合美元数目从 1933 年后开始增多。

表 4 - 4   1930~1935 年上海对外年汇价

年份	英汇汇价(便士)		美汇汇价(美元)		法汇汇价(法郎)		日汇汇价(日元)	
	原汇价	统一折算为规元的汇价	原汇价	统一折算为规元的汇价	原汇价	统一折算为规元的汇价	原汇价	统一折算为规元的汇价
1930	20.65	20.65	41.85	41.85	10.53	10.53	83.55	83.55
1931	16.78	16.78	31.17	31.17	7.81	7.81	83.44	83.44
1932	21.10	21.10	30.77	30.77	7.74	7.74	108.07	108.07
1933	15.01	21.00	26.60	37.20	5.22	7.30	102.66	143.59
1934	16.31	22.81	34.26	47.92	5.13	7.17	115.00	160.84
1935	17.97	25.13	36.70	51.33	5.94	8.30	127.70	178.60

注：原汇率 1933 年 4 月以前为规银一两或百两合外币价，自 4 月以后为国币一元或百元合外币价。本书将 1933~1935 年数据整理为规元价，即用原来汇价除以 0.715。其中 1933 年原数据 1~3 月是规元价，4~12 月是国币一元价，将 4~12 月价格按 1 元 = 0.715 两折为规元价，再求 12 个月的均值。

资料来源：孔敏主编. 南开经济指数资料汇编［M］. 北京：中国社会科学出版社，1988：449。

从表 4 - 5 银元合英镑、美元汇率的年最高、最低汇率同样能看到上述现象。表中可见，1931 年英国放弃金本位后，1932 年的银元对英镑数无论最高、还是最低都出现了上涨，但 1932 年银元合美元的最高、最低价却都比 1931 年低。美国 1933 年暂时放弃金本位后，1934 年银元合美元的最低、最高价都较上年高。也即，1931~1935 年间中国白银货币对外汇率的特点之一就是：相对于金本位国家的货币还是呈下降趋势，但相对于放弃了金本位的国家来说，汇率开始升值。

表 4 -5　　　　　　　1929～1935 年中国银元合英镑、美元最高与最低价

年份	英镑(每一中国银元合便士数目)		美元(每一中国银元合美分数目)	
	高	低	高	低
1929	22.45	18.10	45.43	36.83
1930	17.79	12.14	36.92	24.54
1931	17.17	9.85	36.30	19.88
1932	17.81	13.33	25.00	19.09
1933	16.19	13.98	34.31	19.47
1934	18.50	14.63	37.88	31.19
1935	20.94	14.38	42.13	29.50
1936	14.56	14.25	30.25	29.44
1937	14.75	14.13	30.25	29.44

资料来源：[美] 阿瑟·恩·杨格（Arthur N. Young），陈泽宪等译. 一九二七至一九三七年中国财政经济情况 [M]. 北京：中国社会科学出版社，1981：516-517。

（二）此期间中国货币对日元汇率上涨速度高于对美元与英镑

1931～1935 年间，中国白银货币对英、美、日货币的上涨幅度并不相同，其中对日元汇率上涨幅度高于对英、美货币汇率涨幅（见图 4-3）。因为：一方面，中国政府于 1930 年 5 月曾禁止黄金出口，使得市场投机人士更多地趋向于买卖日汇，使得日汇存在超涨趋势；另一方面，日本没有卷入第一次世界大战，使得日本经济欣欣向荣，支撑了日本货币对外升值。日本曾在 1930 年 1 月正式恢复金本位制，由于日本恢复的是 1913 年前的旧铸币平价，这使日元汇价（以金计）比恢复前夕升值了 14%，对美元汇价比 1929 年平均汇率升值了 8.16%。[①] 因此，当日元 1931 年 12 月脱离金本位后，其贬值幅度应该更多。

---

① 贺水金. 论近代中国银本位制下的汇率变动 [J]. 社会科学，. 2006 (6)：105.

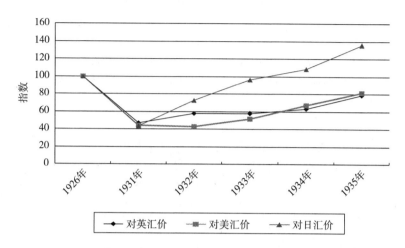

图 4 – 3　1931 年 ~ 1935 年 5 月中国货币对英、美、日汇率指数（1926 年 = 100）

资料来源：本章表 4 – 3。

（三）中国白银货币对外汇率受国外银价的影响越来越小

1931 年前，中国白银货币对外汇率完全以金银比价为基础。1931 年英国放弃金本位，1933 年美国暂时放弃金本位都带来国际银价的上涨。1934 年中国实行了白银平衡税（详细实行过程见第二节汇率波动的原因分析部分），设定税率的浮动随着伦敦银价的涨落伸缩，可以灵活调节，从而一定程度上切断了白银在中国国内和国外的价值关系，使得白银对外汇率与国外银价的关系一刀切断。从而表现出中国白银对外汇率受国外银价的影响越来越小的特点，通过分析表 4 – 6 可以支持这种观点。表 4 – 6 显示，中国 1934 年禁止白银出口以前，中国白银货币对英汇汇率（规元合便士）与白银对美汇汇率（关两合美元）仍跟随伦敦、纽约银价（银价指数表示）变动而变动，但中国 1934 年对白银征收平衡税后，国内的银价与国外偏离，表现出规元合便士的汇率上涨低于伦敦银价指数的上涨、关两合美元的汇率上涨低于纽约银价指数的上涨，表现出中国白银货币的对外汇率受国外银价的影响越来越小的特点。

表4-6　1929~1935年国际银价、中国货币对英美日三国汇率及标金价（1929年=100）

年份	纽约大条银价		美汇		伦敦大条银价		英汇		日汇		上海标金	
	价格(1盎司合美元)(1)	指数(2)	价格(1关两购美元数)(3)	指数(4)	价格(1盎司合便士)(5)	指数(6)	价格(1规元购便士数)(7)	指数(8)	价格(100日元换规元数)(9)	指数(10)	价格(元)(11)	指数(12)
1929	0.533	100.0	0.64	100.0	24.48	100.0	28.91	100.0	79.3	100.0	541.3	100.0
1930	0.385	72.2	0.46	71.9	17.65	72.1	20.65	71.4	119.7	150.9	766.9	141.7
1931	0.290	54.4	0.34	53.1	14.46	59.1	16.78	58.0	119.8	151.1	1018.0	188.1
1932	0.279	52.3	0.34	53.1	17.81	72.8	21.10	73.0	92.5	116.6	1008.7	186.3
1933	0.345	64.7	0.41	64.1	18.09	73.9	21.00	72.6	69.6	87.8	901.2	166.5
1934	0.481	90.2	0.53	82.8	21.31	87.1	22.81	78.9	62.2	78.4	978.9	180.8
1935	0.644	120.8	0.57	89.1	28.94	118.2	25.13	86.9	56.0	70.6	920.4	170.0

　　注：英汇、日元汇率原来是1933年4月前用规元1元或100元为单位；1933年4月后用国币1元或100元为单位，本书统一折算为规元，折算方法同前。

　　资料来源：（1）（5）列来自中国科学院上海经济研究所.上海解放前后物价资料汇编［1921~1957］［M］.上海：上海人民出版社，1958：114；（3）列来自郑友揆.1840~1948中国的对外贸易和工业发展［M］.上海：上海社会科学院出版社，1984：343；（7）（9）列来自孔敏主编.南开经济指数资料汇编［M］.北京：中国社会科学出版社，1988：449；（11）列来自同一文献，第485页；（2）（4）（6）（8）（10）（12）列依据价格数据以1929为100计算得出。

（四）出现名义汇率和实际汇率，且二者不一致

　　随着西方国家放弃金本位制，中国白银货币对外汇率出现名义与实际之分。

　　名义汇率即中国外汇市场上挂牌的白银合外币汇率，如表4-4和表4-6所列汇率皆为中国白银货币对外的名义汇率。在1931年各国放弃金本位前，因各国货币为金，中国白银对各国货币汇率的名义汇率即实际汇率。

　　1931年9月从英国开始各国相继放弃金本位制，以纸币为本位货币。在纸币制度下，各国政府规定了本国货币所代表的（而不是具有的）含金量，即金平价。因此，纸币制度下，两国货币之间的汇率理论上应该由两国纸币的金平价来确定。此时，中国对其他国家的实际汇率就应为银对金的比率，即金

银比价是 1931~1935 年间中国与放弃金本位国家之间的实际汇率。

回顾上文用来说明纽约、伦敦银价（1931 年~1935 年 10 月）的图 4 - 2，从中可以看出，在 1931~1935 年间，中国对外名义汇率与实际汇率的差异。用英镑、美分表示的伦敦、纽约银价即中国白银货币对外名义汇率的决定基础，以黄金表示的伦敦、纽约银价即中国实际汇率的决定基础，从中可以看出，用英镑、美分表示的银价与用黄金表示的银价并不相同，前者价格明显高于后者，这说明，在 1931~1935 年间，中国白银货币对外名义汇率明显高于其实际汇率。

第二节　中国白银货币对外汇率波动的原因

1931~1935 年间中国白银货币对外汇率上涨，在 1931 年 9 月~1933 年 7 月间，主要是各国放弃金本位实行货币贬值导致，在 1933 年 7 月~1935 年 11 月间则是美国购银政策导致，此外，国民政府在此期间实行的外汇管制对遏制中国白银货币对外汇率过度上涨起到了一定作用。

一、国际货币制度演变带来的各国货币贬值促使中国白银货币对外汇率提高

中国与金属本位国间的汇率，受着两种基本势力的影响，这两种势力是：两国的货币成色和重量的变动；金银比价的变动。此处探讨的是第一种势力，即各国货币贬值对中国白银对外汇价有上涨影响，但因该阶段世界银价有下跌趋势，银价下跌促使中国白银货币对外汇率有下降趋势，两种势力对中国白银货币对外汇率的影响方向相反，所以国际货币制度带来各国贬值，但受世界银价下跌的冲击，并没有促使中国白银货币对外汇率大幅提高，这种作用过程主要发生在 1931 年 9 月~1933 年 7 月间。

（一）国际金本位制崩溃的过程

自英国 1816 年采用金本位制，到 1880 年左右欧洲主要国家都采用了金本位制，该制度到第一次世界大战爆发时曾暂时宣告解体。第一次世界大战以

后，在 1924～1928 年，国际上曾出现了一个相对稳定的时期，各国试图恢复金本位制。至 1929 年止，各国多已恢复至金本位，但恢复的主要是金块本位制和金汇兑本位，这与金币本位制不同，明显表现在："盖战前金本位钞票之自由兑换悉无限制，战后钞票之兑现，则多有最少之限制。"[①] 在金块本位制下，非到一定数量，不得兑现，即在兑现数量上加以限制，并且 5 元、10 元、百元之零星兑现都已经停止。尽管如此，货币的发行仍受黄金准备的制约。

金本位制下，金币仅为其中的一小部分，大部分则是以信用工具代之，信用工具最重要的是钞票与支票。德法等国盛行钞票，英美二国则盛行支票。有钞票者，无条件可以使用；用支票则必须先在银行有往来存款。金本位制度下，无论对钞票还是存款，都需要有足够的准备金，以应付钞票与存款兑现黄金或提现。各国对准备金率都有明文规定，多数国家均在 40% 左右。[②] 因此，金本位制下价格就不会过度膨胀或紧缩，总结原因就在于："今有金本位焉，出而为之保障。其道维何？曰对内兑现。凡因钞票皆可无限制兑现。对外则现金可以自由输出。"[③] 在金本位制下，信用的扩张必须与现金保持相当的比例，当信用扩张时，最低不能少于某种限度，即不能低于准备率。例如当有现金 3 亿元，信用 12 亿元，其准备率为 25%。若经济繁荣，出现信用扩大到 36 亿元的情况，这时准备率已经降到 10% 以下，非常危险。但在金本位制下，实际上在信用膨胀到这种程度之前，国家就已经设法加以限制了，如提高再贴现率、限制放款、维持兑现等。

伴随 1929～1933 年的世界性经济大危机的冲击，银行损失增多导致准备不足，引发挤兑，迫使各国放弃金本位制。最早出现挤兑危机的始于 1931 年 5 月的奥地利信用银行，据记载：1931 年 5 月 11 日奥地利信用银行损失一半以上的资本消息被公布。根据奥地利法律，这是银行宣布破产的标准。该行的损失总计达 1.4 亿先令，其资本为 1.25 亿先令，而公布的盈余为 4000 万先令。消息被发布后，马上引发一场挤兑危机，国外的客户都来奥地利提取存款。奥地利的挤提引起了匈牙利、捷克斯洛伐克、罗马尼亚、波兰和德国的挤

① 马寅初. 通货新论 [M]. 北京：商务印书馆，2010：97.
② 马寅初. 通货新论 [M]. 北京：商务印书馆，2010：19.
③ 马寅初. 通货新论 [M]. 北京：商务印书馆，2010：34-35.

提。5月，德国要求偿还的外国贷款有 2.88 亿帝国马克。[①] 货币信用危机、挤兑风潮和黄金急剧外流带动德国大批银行倒闭，迫使德国宣布禁止黄金外出，放弃原来实行的金汇兑本位制。受到金融危机影响的英国在 1931 年 9 月 21 日宣布，政府停付黄金，放弃金本位。[②]

1931 年当主要国家放弃金本位时，美国仍然维持金本位制。直到 1933 年 3 月 6 日这一天，纽约的黄金储备量告急，罗斯福总统不得不发布声明给银行放假，美国所有的银行停止营业，一直到 3 月 13 日。随后，罗斯福总统命令所有的商业银行用其存有的黄金交换美联储票据，并禁止黄金出口。最终，在关于银行重新开业的第 6073 号文声明中，罗斯福命令："所有银行，除非经财政部特许，不得向任何个人或机构支付金币、金块或者金券；除了合法正常的商业往来、旅游用途、其他个人用途，或者是在 1933 年 3 月 6 号之前签订的合约，所有人不得囤积外汇，不得从事外汇买卖活动。"[③] 从而金本位制度在美国暂停。随后，罗斯福要求美国公民在 5 月 1 日之前需要把个人持有的金币、金块和金券，按照 1 金衡制盎司等于 20.67 美元的价格必须兑换成美联储票据。最终，美国在 1934 年 1 月 30 日出台的《黄金储备法案》中将黄金的价格定为 1 金衡制盎司等于 35 美元，同时联邦储备持有的黄金及金券都需要交付给财政部，从而金本位制在美国彻底被废除。从此，美国将黄金集中于国库，以美元纸币进行流通。

1936 年秋，法国和瑞士根据美国、法国和英国所达成的三方协定实行了本币贬值，其他黄金集团成员国或是遵循了这一套路，或是放弃了金本位。至此，金本位制彻底被废除。

此时中国对外仍然表现为浮动汇率制，但汇率不再表现为金银比价，而是白银与各国纸币的兑换率。

---

① ［美］查尔斯·金德尔伯格（Charles P. Kindleberger）著. 徐子健，何建雄，朱忠译. 西欧金融史（第二版）［M］. 北京：中国金融出版社，2010：392 - 393.

② ［英］埃因催格（P. Einzig）著，彭子明编译. 战后世界金融［M］. 上海：商务印书馆，1937：150.

③ ［美］乔治·塞尔金（George Selgin），胡修修编译. 美国金本位制兴衰史（下）［J］. 金融市场研究，2013（12）：139.

（二）典型国家放弃金本位制后的货币贬值情况

与近代中国对外汇率联系最多的是英镑、美元及日元，因此下文主要探讨这三个国家的货币贬值情况。

1. 1931 年英镑与日元的货币贬值

受挤兑行为影响的英国在 1931 年 9 月 21 日不得已停止了金本位。英国放弃金本位后，英镑的汇价从 4.86 美元降到 3.75 美元，然后回升到 3.90 美元，12 月再度下降到 3.25 美元的低点；12 月的平均汇价为 3.47 美元。25 个国家，主要是英帝国内的以及斯堪的纳维亚和东欧的国家，还有英国的亲密贸易伙伴如阿根廷、埃及和葡萄牙等，都跟着英镑贬值。[①] 英国的财政部官员詹姆士·格里格勋爵指出，英镑贬值"不是平平稳稳的，而是灾难性地贬值 30% 以上，把当时世界上可能有的任何一致性的基础摧毁了。"[②]英镑贬值促使市场以英镑为对象的投机行为增多，时人对英镑的描述为："一九三一年九月以后的几个月间，英镑是投机者的赌具，他的威信降得很低……"[③]

在英国放弃金本位后，国际市场接着出现了对日元的挤提。日元兑黄金原本在 1929 年 7 月就已经稳定下来了。日本在 1931 年 12 月 14 日禁止出口黄金，于 12 月 17 日放弃金本位制。日本于 1931 年 12 月脱离金本位后，时人对日元的汇率的描述为："日圆的跌价，以及陆海军费的激增，使商品价格飞涨。而且当圆价跌到对英镑的旧平价的时候，还是继续跌。因为预算上，不足额很大，所以回涨的力量特别强，日圆对英镑，要贴很大的水。自一九三三年初以来，圆价便安定在一先令二便士上，原来的平价是二先令半便士。"[④] 从而，日元也出现了货币贬值。

---

①② ［美］查尔思·金德尔伯格（Charles P. Kindleberger）著. 徐子健，何建雄，朱忠译. 西欧金融史（第二版）［M］. 北京：中国金融出版社，2010：402.

③ ［英］埃因催格（P. Einzig）著，彭子明编译. 战后世界金融［M］. 上海：商务印书馆，1937：163.

④ ［英］埃因催格（P. Einzig）著，彭子明编译. 战后世界金融［M］. 上海：商务印书馆，1937：259.

2. 1933 年美元的货币贬值

1931 年英镑贬值时就曾给美元带来了重大打击。这是因为："外国的存款全部由纽约撤回本国去的缘故。因为有英镑存款的人，都受了损失，所以持有美元的人，多赶紧把存款提回去。结果美元往往跌到金输出点以下。"① 当 1931 年 12 月在日本放弃金本位后，投机者转向正在迅速且越来越深地陷入萧条的美国，美国的银行也面临挤兑的危机。按照美国联邦储备法案要求美联储的黄金储备量不低于其存款的 35%，同时不低于其未兑付票据的 40%。当美国的银行面对挤兑出现危机时，美联储拒绝为成员银行提供救助，而美联储的黄金储备量已经很高，在 1931 年 8 月，储备量达 35 亿美元（1929 年为 31 亿美元），这几乎是其未兑付票据的 81%，同时超过了储备法案黄金储备要求的两倍。② 因此，可以说美国与英国脱离金本位的情况不同，英国是因储备不足而被动脱离，美国则是在储备充足的情况下选择了主动脱离金本位制。

美国脱离金本位始于 1933 年《托马斯修正案》的颁布。1933 年 4 月 12 日，美国罗斯福总统接受了对农产品法的《托马斯修正案》。5 月 12 日，该法案被定为法律，据说该法案"是由一位主张通货膨胀的参议员提出来的。"③《托马斯修正案》赋予了总统拥有将美元含金量降到其以前比重的 50% 的权利，政府很快就停止发放黄金出口许可证，这导致"美元对英镑的汇价于 4 月上半月由 3.24 跌到 3.86，又于 5 月 31 日跌到 4.00。"④1933 年，"美政府同时更于国外伦敦、巴黎等处，卖出美元，购进金块，十二月二十一日，计购进合值美金五千万元之金块，于是美元继续被压，币值随落。"⑤ 最终，金价可变的时代于 1934 年 1 月 31 日结束，当时总统在前一天通过的《黄金储备法案》所赋予的权利下，规定了买卖黄金的固定价格——每盎司 35 美元，此前黄金

① ［英］埃因催格（P. Einzig）著，彭子明编译. 战后世界金融［M］. 上海：商务印书馆，1937：159.

② ［美］乔治·塞尔金（George Selgin），胡修修编译. 美国金本位制兴衰史（下）［J］. 金融市场研究，2013（12）：140.

③④ ［美］查尔思·金德尔伯格（Charles P. Kindleberger）著. 徐子健，何建雄，朱忠译. 西欧金融史（第二版）［M］. 北京：中国金融出版社，2010：406.

⑤ 杨荫溥. 中国金融研究［M］. 上海：商务印书馆，1936：253.

估值为每盎司 20.67 美元。每盎司 35 美元的得来基于这样一种算法，即：
1934 年 1 月 31 日总统公告规定的美元的含金量为 15.238 + 格令的 0.9 纯度标准黄金（或 13.714 + 格令纯金），这是以前所规定的 25.8 格令 0.9 纯度标准黄金（或 23.22 格令纯金）的美元含金量的 59.06%。一盎司等于 480 格令，黄金的新价（每盎司 35 美元）由 480 除以 13.714 + 得到，正如每盎司黄金 20.67 美元的旧价是由 480 除以 23.33 得到一样。[①] 这样，在 1934 年 1 月，美元的含金量降到了其原来重量的 59.06%，较前贬值 40.94%，从而美元正式贬值，美元与黄金的这一比价一直维持到布雷顿森林体系解体。

美国放弃金本位后，此时世界已有 35 种货币先后进行贬值，而且多数比 1929 年的黄金平价贬低 40% ~ 60%。到了 1936 年秋，法国和瑞士根据美国、法国和英国所达成的三方协定也实行了本币贬值。

（三）信用货币制度与金本位制对价格约束的不同

信用货币制度与金本位制对货币发行约束不同，从而对物价的控制能力不同。金本位制下，信用工具的发行受黄金储备的约束，即纸币的发行量必须对应相应数量的黄金准备，"用黄金的商品货币本位制为价格水平提供了可信的'锚'"。[②] 在不兑现的信用货币制度即纸币制度下，纸币不能兑换黄金，纸币的发行也不受黄金的限制，因此，当一国停止金付现即采用信用货币制度时，即能随心所欲控制物价水准。信用货币制度下，各国物价之所以有重大差别，其主要原因系由各国所采取的货币政策不同导致。

在 20 世纪 30 年代，停止金本位的各国，在未停止以前，其物价均有一致跌落之现象。停止之后，有不少国家均已提高其物价水准，"此类国家，除英格兰及坎拿大（即现在的加拿大）外，其物价均显然高于战前。澳大利亚之物价高于战前者及百分之四十焉。"[③] 白银是各国的商品，停止金本位国的物价上涨自然也包括白银价格的上涨。继续维持金本位诸国——法、瑞士、荷、

---

① ［美］米尔顿·弗里德曼（Milton Friedman），安娜·J. 施瓦茨（Anna J. Schwartz）著. 巴曙松、王劲松等译. 美国货币史（1867~1910）［M］. 北京：北京大学出版社，2009：33.

② ［美］劳伦斯·H·怀特（Lawrence H. White），李扬等译. 货币制度理论［M］. 北京：中国人民大学出版社，2004：36.

③ 实业部银价物价讨论委员会编辑. 中国银价物价问题. 上海：商务印书馆，1936：166.

意及美——其商品价格，即均随世界金贵风潮而继续跌落。美国经济史大师金德尔伯格对此的评论是："1933年4月之后的起初一段时期，美元对英镑的汇价从3.24降低到5.00. 这时试验是成功的：没有降低货币升值国家的物价，却提高了货币贬值的美国的物价。"①

（四）各国货币贬值对中国白银货币对外汇率的影响

如前所述，1931～1935年间中国白银货币对外汇率开始上升，并且出现了相对于金本位国家的货币呈下降趋势，但相对于大多数放弃了金本位国家的货币，汇率开始升值的特点，这一变动特点完全由各国实行货币贬值导致。这些国家的货币大幅度贬值，使银价随物价提高而提高，从而中国白银货币对这些国家的货币出现相应升值。杨格回忆，伦敦大条银价开始上扬后，结果是"影响中国达半数以上的贸易额的汇率急剧上升。"②

表4-7是1929～1935年部分月份的世界银价与中国银币对英、美汇价，表4-7中中国银币对英、美的汇率变动方向各期并不完全相同。

表4-7　1929～1935年部分月份伦敦、纽约银价及中国银币对英、美汇价

时间	伦敦银价 （每盎司合便士）	银币对英汇价 （银币一元合先令）	纽约银价 （每盎司合美金分）	银币对美汇价 （每百元合美金元）
1929年1月	26.26	1/10.26	57.00	44.97
1931年9月	13.00	0/10.78	27.88	21.57
1933年3月	17.56	1/2.48	27.50	20.56
1934年2月	20.19	1/4.25	45.25	34.13
1934年6月	19.81	1/3.50	45.13	32.63
1935年5月	33.75	1/8.13	74.69	41.00

资料来源：中国科学院上海经济研究所. 上海解放前后物价资料汇编［1921～1957］［M］. 上海：上海人民出版社，1958：12。

---

① ［美］查尔思·金德尔伯格（Charles P. Kindleberger）著. 徐子健，何建雄，朱忠译. 西欧金融史（第二版）［M］. 北京：中国金融出版社，2010：410.

② ［美］阿瑟·恩·杨格（Arthur N. Young），陈曾年译. 美国三十年代的白银政策和对中国的冲击［J］. 上海经济研究，1981（10）：52.

表4-8能够充分反映各国货币贬值对中国白银货币对外汇率的影响效果。表4-8中，1931年9月英国放弃金本位，带来银价上涨，银币对英汇价提高，此时中国银币对英汇价仍由伦敦银价决定，1931年9月~1933年3月二者上涨幅度相同（均为34.3%）。1933年3月6日美国禁止金出口，美元开始贬值，带来以美元标价的纽约银价上涨，银币对美汇价提高，1933年3月~1934年2月二者上涨幅度基本一致（纽约银价上涨64.5%，银币对美汇上涨66%）。从1934年2月后，伦敦银价、纽约银价及银币对英、美汇价开始沿同一方向变动。这说明：1931年9月至1934年美国实行购银政策前，中国银币的对外汇率波动完全是由各国货币贬值导致，但受银价下跌影响，中国汇率没有出现大幅度的提高。

表4-8　1929~1935年部分月份英、美银价与中国对英、美汇率涨落百分率　单位:%

时间	伦敦银价每盎司合便士	银币对英汇价银币一元合先令	纽约银价每盎司合美金分	银币对美汇价银币百元合美金元
1929年1月~1931年9月	-50.50	-51.60	-51.10	-52.00
1931年9月~1933年3月	34.30	34.30	-1.40	-4.70
1933年3月~1934年2月	15.00	12.20	64.50	66.00
1934年2月~1934年6月	-1.90	-4.60	-0.30	-4.40
1934年6月~1935年5月	70.40	29.90	65.50	25.70

资料来源：中国科学院上海经济研究所.上海解放前后物价资料汇编［1921~1957］［M］.上海：上海人民出版社，1958：13。

二、美国白银政策导致的银价提高促使中国白银货币对外汇率急涨

1933年7月~1935年11月间，美国白银政策的推出是促使中国货币对外汇率上涨的主因，伴随银价提高，中国白银货币对外汇率出现飞涨。

（一）美国白银政策的推行及其目的

1. 美国白银政策的推行

美国白银政策主要是指美国在一系列法案推出的指导下，向世界购买白银的行为。其中《托马斯修正案》和《1934年购银法》对世界白银价格影响

最大。

1933年4月美国宣布放弃金本位制后，同年5月12日通过了《托马斯修正案》，该法案赋予总统与白银相关的广泛的权利。罗斯福运用《托马斯修正案》赋予的权利，命令美国造币厂在1937年12月31日之前以每盎司6464/99美分（即0.6464美元/盎司）①的价格收购向其供给的所有国内新产白银。在此以前，美国白银的名义价值自1792年始终是每盎司122/99美元（1.2929美元），当时将1银元定义为包含371.25格令纯银。②但实际上除了第一次世界大战外，美国白银的市场价格从20世纪初开始一直处于略低于名义铸币价值一半的水平。《托马斯修正案》赋予罗斯福总统的这种购银权力必定促使白银价格因美国实施购银而上涨。

1934年6月19日美国总统罗斯福签署了《1934年购银法》，这一法案的推出及实施对世界银价产生更大影响。它规定美国政府要通过购买的方式，"设法使每盎司的白银价格提高到1.29美元；或财政部持有的白银存量的货币价值达到黄金存量货币价值的1/3。"③美国购银必将对世界银价带来重要影响。当时美国国库的黄金准备有86亿美元，如按白银占黄金准备1/3的比例，则应有相当于28亿美元的白银做准备。但美国政府所有的银条、银币以及加上流通市场上所有银币的总额，"仍不过相当于14.5亿美元，还差大约14.17亿美元的白银作准备。这个差额大约是1933年世界白银总产量的六倍以上。"④

按照《1934年购银法》的要求，美国开始对外购买白银。据美国财政部发表的资料，至1935年12月6日止，美国"已购进白银761774000盎司，计费美金438698442元，平均每盎司购价为5角7分"⑤，美国收购白银造成世界银价的剧烈上涨。

---

2. 美国购银的目的

（1）为了摆脱世界经济危机的影响

美国是 1929 开始的经济危机中最重要的受损国家，其迫切想要寻求各种能摆脱危机的出路。20 世纪 30 年代初的白银价格因这次危机而猛烈下跌，购银自然能够提高物价，其目的是要"以人为的动力抬高银价，借以刺激东方用银国家既以枯竭了的购买力，使其过剩商品得与英日竞销于远东市场，而解脱其国内不景气的厄运；同时使美国银行资本家可获厚利。"[①]

（2）迫于美国白银集团的压力

银价下跌与美国银矿商有密切的利害关系，这些银矿商形成的白银集团在美国有特殊的地位。由地区划分，世界上仅 1/4 至 1/3 的银矿生产和一半的白银冶炼在美国境内。但美国的白银集团控制了世界银矿资本的 66% 和世界炼银厂生产白银数量的 73%。[②] 19 世纪 20 年代起，美国白银集团逐渐掌控了参议院，美国七个产银州占据了参议院十四个席位。20 世纪 30 年代起，美国在国际银价剧烈下跌和世界经济危机的双重打击下处于崩溃的边缘，其中银矿主的损失更为严重。为了维护白银所有者的经济利益和政治影响力，国会中的"白银集团"不断向胡佛政府和新上台的罗斯福政府施加压力，要求提高白银价格。罗斯福参与总统选举，离不开白银集团的支持，当选总统后，也进一步服务于白银集团利益，不断出台有利于白银集团的经济政策。

（3）借恢复金银复本位制来垄断世界金融

美国存在一股倡导恢复复本位制的力量，这种力量推动美国向世界收购黄金和白银。他们认为，世界经济恐慌的原因在于黄金的生产满足不了需求，而白银有余，因此提倡恢复复本位制。同时他们认为，复本位制必须是世界性的、或至少重要国家都能参与才能长久。这推动美国同时开始了收购黄金和白银，希望"世界黄金四分之三，白银之大部分，皆入美国掌握中。一旦时机成熟，美国可以提议创行世界金银复本位制。"[③] 从美国对黄金的收买情况看，

① 朱心湛. 白银政策的检讨. 中国经济论文集（第一集）. 上海生活书店, 1935: 166, 转引自石柏林. 凄风苦雨中的民国经济 [M]. 郑州: 河南人民出版社, 1993: 88.
② 郑友揆. 1840～1948 中国的对外贸易和工业发展 [M]. 上海: 上海社会科学院出版社, 1984: 97.
③ 马寅初. 通货新论 [M]. 北京: 商务印书馆, 2010: 11.

第一次世界大战后，世界黄金已源源向美国输送，据 1931 年国际联盟财政委员会金代表的报告称：截至 1930 年底，世界金准备及货币金存量总值 11715 百万美元，美国占 4593 百万金元，超过全额百分之四十。[①]

收购白银是倡导复本位力量的行动之一，倡导复本位制的力量对收购白银提出了动人的借口。他们认为，从中国人本身看来，应当提高白银的价格，因为在亚洲和非洲等地，还有无数的人在用银本位，为公平起见，当然应当恢复金银的旧关系。但实际上，美国的理由并不成立，因为由于中国是银本位制，白银的输入多于输出，中国输入白银就意味着货物输出中国，如果银价贵，即中国须以更多的货物，方可取得同量白银，因此，银价上涨对整个中国来讲是不利的。英国学者埃因催格认为，这种所谓救济中国人的运动和战前十年间由土耳其手中救济阿尔米尼亚人的行为类似，结果会是："我们要知道，那种救济阿尔米尼亚人，结果几乎使那一民族完全消灭，白银运动，即使不会产生那种悲剧的结果，但在美国的部分的成功（指购银），已给了中国以极大的打击。"[②] 这种打击在中国的表现就是后文将会论述的白银政策推动中国白银外流。

（二）美国白银政策对中国白银货币对外汇率的影响

美国的购银政策最终并没有使国际市场白银价格涨到 1.29 美元一盎司，但却使国际银价飞涨。据杨荫溥的记载，1935 年 4 月，伦敦银价最高行市，每标准银（成色 0.925）1 盎司，曾达英币 36.25 便士的高价，与 1931 年最低行市每盎司 12 便士比较，上涨竟达三倍。[③] 世界银价出现飞涨的主要原因就是美国白银政策导致，而与各国货币贬值基本无关。因为，在美国停止金本位后，对世界银价有重要影响的英国，当时采用一种观望的政策，并没有出现持续的通货跌值战，当时的情形是："美元的涨价，英国当局毫不加以阻止。直到镑元间的比率和旧平价差不多，英国当局继开始想让英镑跟着美元移动。就是那时候，有很久并没有什么实际行动来防止美元的再跌，在一九三三年秋

---

① 马寅初. 通货新论 [M]. 北京：商务印书馆，2010：11.

② [英] 埃因催格（P. Einzig）著，彭子明编译. 战后世界金融 [M]. 上海：商务印书馆，1937：199.

③ 杨荫溥. 中国金融研究 [M]. 上海：商务印书馆，1936：287.

天，一镑竟等于五元五角五分美金。由此可以知道并没有通货跌值战。"①　因此中国白银货币的对外汇率提高主要是美国白银政策导致的，是美国人为抬高白银价格导致 1934 年起中国白银货币对外汇率上升。

1931 年末开始，中国白银货币的对外汇率就开始持续上升，但从 1934 年美国政府开始购银程序以来，中国货币的对外汇率出现加速上涨。此时，中国货币的汇率情况为："民国二十年份，我国银币一元，平均仅合英金一先令，在本年五月，却可以换到一先令八便士一二五，在司七的时间，银币百元合美金数，也自二十二元二角四分三，激涨到四十元九角七分二。银币百元合日金数，更自四十五元二角一分五激涨到一百三十五元九角六。对于其他各国的汇率，亦莫不皆然，……"②　表 4 – 9 显示了中国货币对外汇率上涨情况。

表 4 – 9　　　　　　　　　　　1935 年 1 ~ 10 月上海对外汇价

月份	英汇(银币 1 元合便士)		美汇(银币百元合美元)		日汇(银币百元合日元)	
	最高	最低	最高	最低	最高	最低
1 月	17.63	16.63	36.75	34.00	125.8	119.0
2 月	18.63	17.13	37.75	34.75	132.8	122.3
3 月	19.88	18.50	39.50	37.00	140.8	131.3
4 月	30.25	18.25	40.88	36.56	143.3	130.5
5 月	20.38	19.88	41.50	40.31	143.8	130.5
6 月	20.00	19.13	41.13	39.38	141.5	135.0
7 月	19.75	18.00	40.56	37.19	139.8	127.0
8 月	18.00	17.25	37.19	35.75	127.0	121.3
9 月	18.25	17.63	37.31	36.44	—	—
10 月	18.25	15.75	37.31	32.15	130.0	112.0

资料来源，张一凡. 标金暴涨的内幕及其因果 [N]. 申报，1935 – 11 – 4：第 13 版。

①　[英] 埃因催格（P. Einzig）著，彭子明编译. 战后世界金融 [M]. 上海：商务印书馆，1937：181.

②　张一凡. 标金暴涨的内幕及其因果 [N]. 申报，1935 – 11 – 4：第 13 版.

从表 4 - 9 来看，中国货币对外汇率的最高点应该出现在 1935 年 5 月，这时上海白银货币对英、美、日汇价同时达到最高。根据杨格的回顾，到了 1935 年 7 月 13 日结束的这一周，市场气氛越发紧张，"汇兑剧烈上升，超过了美金 0.37 元和 18 便士。伦敦的白银贴水甚至比汇兑的上升还要高，在 10 月 12 日和 13 日这两天达到了 9%至 10%。这些情况已接近于金融大恐慌。"① 可想而知，在当时的上海，这种白银货币对外汇率的急剧上升已经使外汇市场处于严重恐慌之中。

三、中国开始的外汇管制减缓了中国白银货币对外汇率的猛涨

银价上涨引起了中国白银外流，为此，国民政府曾实施了征收白银出口税和平衡税、成立外汇平市委员会、为禁止白银走私出口规定种种办法、奖励白银输入、与外商银行订立"君子协定"等措施。这些措施尽管是为了限制国内白银外流所采取的行政干预手段，但对中国的白银对外汇率也产生了一定影响，尤其是取消标金与外汇投机、征收白银平衡税、成立外汇平市委员会等措施的实行，在一定程度上人为干预了国内白银货币对外汇率的上涨，使得白银货币对外汇率的上涨速度慢于国外银价的上涨速度。据统计，1934 年 6 月～1935 年 5 月，伦敦银价上涨 70.40%，银币对英汇价上涨为 29.90%，同期纽约银价上涨 65.50%，银币对美汇价上涨为 25.70%，② 之所以国币银币兑英、美的汇价都远低于伦敦、纽约的银价，原因即在于此。

国民政府采取的干预措施具体有：

（一）取消标金、外汇投机

面对美国白银政策导致的银价及中国白银货币对外汇率大涨，使得外汇的理论平价和实际汇率相去甚远，导致各类投机盛行。为此，1934 年 9 月 9 日，国民政府宣布取缔标金投机，规定所有新做交易，应用现金交割，不得再用外

---

① ［美］阿瑟·恩·杨格（Arthur N. Young），陈曾年译. 美国三十年代的白银政策和对中国的冲击［J］. 上海经济研究，1981（10）：58.

② 中国科学院上海经济研究所. 上海解放前后物价资料汇编［1921～1957］［M］. 上海：上海人民出版社，1958：13.

汇结价。几经讨论后，决定于 10 月 15 日起，将标金买卖结价，由美元汇价，改以中央银行海关金单位挂牌为标准。同时，1934 年 9 月 9 日，财政部明令取缔外汇投机，规定所有外汇交易，除"（1）合法及通常所必需者，（2）本年九月八日以前订有契约者，（3）旅行费用，或其他私人需要者"外，自即日起，一律暂行停止。① 但是后来，由于实施困难，并未按令执行。这种对标金、外汇买卖干预是近代中国对白银对外汇率最早的行政干预，尽管这是被动行为，但也反映了近代中国政府在外汇管理能力方面的壮大。

（二）征收白银出口税和平衡税

据杨格回顾："1934 年 10 月 13 日以前的一周内，中国局势更加紧张。汇价猛涨到每一枚中国银元合 0.37 美元或英金 18 便士以上，同期伦敦银价比上海的银元汇价还快，10 月 12 日伦敦电汇贴水 9%，13 日贴水 10%。"② 据 1935 年的国民政府财政部档案记载，此前国民政府已多次向美国寻求帮助，"至本月十二日开始接到美政府最后复文，对于我政府意见虽表示容纳，但毫无具体办法，挽救危机仍在我国之自定办法。"③ 最终，促使中国 10 月 14 日宣布自 15 日起开征白银出口税和平衡税，具体办法是："（1）银本位币和中央造币厂的厂条征出口税 10%，减去铸费 2.25%，净征 7.75%，银元宝、大条和其他银类征收出口税 7.75%，加上原定的 2.25%，共为 10%；（2）如果伦敦银价折合上海汇兑之比价，与中央银行当日照市核定之汇价相差之数，除缴纳上述出口税，而仍有不足时，应按其不足之数并行加征平衡税。"④

理论上，平衡税的征收能够完全避免国际银价变动对中国的不利影响，从而对中国白银货币对外汇率的变动影响也将最大。它设定了税率的浮动随着伦敦银价的涨落伸缩，可以灵活调节，这意味着如果及时调整平衡税，国内与国外银价即使有差异，对投机者也不会产生收益，理论上国外银价的上

---

① 杨荫溥. 中国金融研究 [M]. 上海：商务印书馆，1936：255 – 256.

② ［美］阿瑟·恩·杨格（Arthur N. Young），陈泽宪等译. 一九二七至一九三七年中国财政经济情况 [M]. 北京：中国社会科学出版社，1981：236.

③④ 中国人民银行总参室编. 中华民国货币史资料（第二辑）（1924 ~ 1949）[M]. 上海：上海人民出版社，1991：142.

涨不会带动国内白银对外汇率的上涨。例如，如果此后国内银价低于国外银价的差额愈大，平衡税即可随之提高，当提高至十足轧平国内外银价差额的时候，运银出口，非但无利可图，还会额外付出运费、保险费、装箱费等，因此，就不会再有现银运出。而且征收平衡税后，国内外银价的差额，就可以完全靠此项税收填平，此后世界银价虽可能继续上涨，但中国国内的银价，因可提高平衡税，就不会随之而等比上涨。反之，如果世界银价转趋下跌，而我国国内银价，因可压低平衡税来进行调剂，就不会随之而等比下落，即："在具有伸缩性之平衡税保障下，吾国银价，亦即吾国币值，至少一部分可以脱离世界银市之控制，从而减少美国白银政策下提高银价对我国之不良影响。"①

平衡税征收之后，世界银价仍在上涨，随之中国白银货币的对外汇价也在攀升，但汇率上涨速度的确慢于国际银价的上涨，证明平衡税在这一阶段对遏制中国白银货币对外汇率的过快上涨做出了一定贡献。杨荫溥对银价和汇率的记录能够说明这一结论，即：在1934年10月，伦敦银价平均为23.5180便士，而到了1935年5月，均价已达33.8654便士，上涨几达44%。因此我国对外汇价，也因此放长。1934年10月，全月英汇平均仅16.697便士，到了1935年5月，已涨为20.125便士，放长达20%。②

然而，从实际情况，平衡税显然没有达到理论上的效果，究其原因：一方面在于国民政府的出口税和平衡税自1935年4月至11月法币改革前一直保持14.5%的水平，没有随银价变动及时调整；另一方面，此时中国还是浮动汇率制，白银货币对外汇率的决定基础是伦敦、纽约市场决定的银价，汇率的决定基础不在中国，当美国推动的银价剧烈波动时，中国调整白银平衡税率的被动防御措施效果也就有限。尽管如此，本书认为对国民政府推出的平衡税对遏制中国白银货币对外汇率过快上涨做出的贡献还是应给予肯定。

（三）成立外汇平市委员会

国民政府成立的外汇平市委员会对这段时间遏制白银货币对外汇率过快上

---

① 杨荫溥. 中国金融研究 [M]. 上海：商务印书馆，1936：285.
② 杨荫溥. 中国金融研究 [M]. 上海：商务印书馆，1936：286.

涨也做出了一定的贡献。据1935年财政部档记载："本部为安定汇市起见，于十月十六日密函中央、中国、交通三银行，组织外汇平市委员会…… 委员会为适应市面之需要，得委托中央银行买卖外汇与生金银，以平定市面。"① 这说明外汇平市委员会的组织目的就是稳定当时剧烈波动的汇率，中央银行主要通过买卖外汇和金银的方式来稳定市场过度波动的汇率。最终，该委员会在1934年10月17日正式成立。

（四） 与外商银行订立"君子协定"

国民政府稳定市场汇率的又一干预措施是与上海外商银行达成的"君子协定"，协定的主要内容就是请外商银行配合国民政府遏制白银外流及稳定汇价。1935年4月10日起美国又一次提高国内银价，从美元64.5分提高到71.1分，② 这导致银价的国内外差距增大，即使扣除出口税、平衡税，以及其他运现费用之后，现货出口仍然有利可图，白银外流又有所增加。这种情况下，国民政府派宋子文去上海与外商银行代表商谈，结果缔结了君子协定。协定中需要外商配合的条款是，"外商银行协助中国政府的健全通货政策，遇到银行顾客有运出白银时，加以劝阻；外商银行及中国籍银行在出售外汇方面实行合作，使中国的银行能跟随国外的银价。"③

从这一协定的实际运行结果看，外商银行确实对国民政府进行了一定的配合，从而对遏制白银外流和稳定汇率做出了贡献。资料显示，外商银行的白银保有额在1934年中减少了二亿二千万元，而从"君子协定"缔结直到1935年10月底法币改革实施前，半年时间仅减少了一千四百万元。④

第三节 浮动汇率制对中国经济的影响

与1931年以前浮动汇率制对中国经济的影响利弊互现不同，1931年～

---

① 中国人民银行总参室编. 中华民国货币史资料（第二辑）（1924～1949）［M］. 上海：上海人民出版社，1991：145.

②③④ 中国人民银行总参室编. 中华民国货币史资料（第二辑）（1924～1949）［M］. 上海：上海人民出版社，1991：154.

1935 年 11 月的汇率波动对中国经济的弊端影响远大于利处。汇率波动对中国经济产生的影响尤其表现在美国实行白银政策之后，正如经济学大师弗里德曼所说："白银计划形象地说明了下列过程：一国出于本国考虑采取了一项措施，该措施对本国相对无效；但是，如果它影响到其他国家的货币媒介，将会对那些国家产生深远的影响"。[①] 对中国造成的影响主要如下：

一、对国家财政上的影响

此期间中国白银货币对外汇率提高，使得在以外币计价的外债偿还方面有一定好处，因为这意味着同等金额的外币债务需要偿还的白银本金减少。表 4－10 是 1932～1935 年间中国白银货币对外汇率上涨阶段，财政部需偿还以外币计价的以往借款。需要注意的是，其中有相当一部分是以关税担保，这部分以关税为担保的外债在 1930 年 2 月 1 日起中国关税改征关金后，不能享受中国白银对外汇率提高带来的还本付息减少的好处，但以盐税和铁路收入为担保的那部分外债的还本付息因为银贵，无形中可减轻。

表 4－10　　　　　　1932～1935 年中国财政部尚待偿还的外债本金

借款年份	名称	最后还款年份	币种	尚待偿还的本金（千元）		付款担保
				1928.7.1	1937.7.1	
1896	英德借款	1932	英镑	3429	—	关税
1898	英德借款	1943	英镑	8970	4308	关税
1908	英法借款	1938	英镑	2750	500	盐税
1911	湖广铁路借款	1975	英镑	5656	5656	盐税
1911	湖广铁路借款,小票	1961	英镑	—	442	盐税
1912	克利斯浦借款	1932	英镑	4384	3931	盐税
1913	善后借款	1960	英镑	23641	20179	关税
1918	马可尼债券	1975	英镑	600	600	盐税
1919	费克斯债券	1975	英镑	1803	1803	盐税

---

① ［美］米尔顿·弗里德曼（Milton Friedman），安娜·J. 施瓦茨（Anna J. Schwartz）著．巴曙松，王劲松等译．美国货币史（1867～1960）［M］．北京：北京大学出版社，2009：347.

借款年份	名称	最后还款年份	币种	尚待偿还的本金（千元）		付款担保
				1928. 7. 1	1937. 7. 1	
1919	芝加哥银行借款	1954	美元	5500	5500	盐税
1919	芝加哥银行借款，小票	1954	—	—	1006	盐税
1919	太平洋拓业公司借款	1954	美元	5500	4900	盐税
1925	金借款	1948	美元	42016	27570	关税
1928	金借款	1941	美元	4987	1420	关税
1930	中法教育垫款	1948	美元	—	265	关税

资料来源：［美］阿瑟．恩．杨格（Arthur N. Young），陈泽宪等译．一九二七至一九三七年中国财政经济情况［M］．北京：中国社会科学出版社，1981：根据第490～491页附录二改编。

　　1931～1935年间国民政府对外借款较少。从甲午战争到辛亥革命时期的18年间，中国共借外债约库平银74622万两，实收库平银66053万（不含庚子赔款借款），平均每年实收库平银4128万两。从辛亥革命的1911年到1937年间共借外债133700万元，实收97641万元，平均每年实收6103万元。[①] 相比之下，1931～1935年间借的合4073万美元的借款是很少的（如表4-11所列），这其中1934年的中德玉山南昌铁路材料借款还是用本币计价。

表4-11　　　　　　　　　　1931～1935年国民政府所借外债

年份	借款名称	借款额	折美元（万）	担保品
1931	中美美麦借款	921万美元	921.0	关税五厘 水灾附加税
1932	中英中央机器厂开办经费庚款借款	123,200英镑	60.4	矿产税
1933	中美美棉麦借款	2000万美元	2000.0	统税
1934	中德玉山南昌铁路材料借款	800万银元	240.0	国有铁路盈余等
1934	中英粤汉铁路庚款借款	150万英镑	735.0	粤汉铁路营业收入等
1935	沙逊洋行导准借款	238000英镑	116.6	中英庚款
共计			4073	

资料来源：王方中．抗战前十年国民政府借过多少外债［J］．近代史研究，1988（3）：302。

---

　　① 王方中．抗战前十年国民政府借过多少外债［J］．近代史研究，1988（3）：303.

总体看，这一时期中国白银货币对外汇率属于上涨阶段，中国以往借款、尚需 1932～1935 年间偿还的以外币计价的外债，有一部分因为用关税担保而享受不到本息减少的好处；1931～1935 年间新产生的外债，与 1931 年以前借款相比数额较少，享受的本息减少的好处有限。所以这一时期中国享受的白银货币对外汇率提高带来的外债本息减少的额度，应该远低于第三章分析的、在白银货币对外汇率下跌中中国因镑亏受到的损失额度。

二、对中国对外贸易的影响

这一时期，中国的对贸易相比 1931 年以前出现了恶化。

（一）中国 1931～1935 年 11 月间对外贸易的总体特点

1. 对外贸易缩减，逆差有所减少，人均贸易值进一步下降

查阅近代史料会发现，中国对外贸易在 1927～1931 是平稳增长时期，1931～1936 年是艰难发展时期。1931 年后中国对外贸易开始大幅度下降。

1931 年后，伴随中国白银货币对外汇率上涨，中国并没有出现理论上所说的促进进口增加的情况，而是受中国经济萎缩及进口税则上调的影响，进口量和进口值都出现下降，从而缩小了贸易逆差。中国的出口在银价于 1932 年下跌之前，维持得比较稳定，此后伴随中国货币汇价在英、日两国相继脱离金本位之后猛烈上涨，中国的出口也同时锐减。1932 年出口减少后，一直到法币改革前都没有出现缓解（见表 4 - 12）。

表 4 - 12　　　　　　　　1929～1935 年中国除满洲外的贸易值

年份	以国币计值的贸易额（百万元）			以美元计值的贸易额（百万元）		
	进口	出口	共计	进口	出口	共计
1929	1620	1070	2690	679	448	1127
1930	1723	944	2667	515	282	797
1931	2002	915	2917	448	205	653
1932	1524	569	2093	331	123	454
1933	1345	612	1957	385	175	560

年份	以国币计值的贸易额（百万元）			以美元计值的贸易额（百万元）		
	进口	出口	共计	进口	出口	共计
1934	1030	535	1565	351	182	534
1935	919	576	1495	336	211	547

资料来源：[美]阿瑟·恩·杨格（Arthur N. Young），陈泽宪等译. 一九二七至一九三七年中国财政经济情况 [M]. 北京：中国社会科学出版社，1981：544 -545。

表4 -12 显示，1932 ~1935 年间，中国总的对外贸易值下降；中国出口值在1929 年世界经济危机后就开始下降，1932 年起出口增长基本停滞；中国进口值在1931 年达到高峰后，从1932 年开始一直处于下降趋势，尤其是在1934 年和1935 年两年，进口值达到最低值。据中国人民银行资料显示，在美国实行白银政策后中国进口值出现快速下降，"1934 年下半期的对外贸易额，比上半期下降了百分之十六。"[①] 此时白银对外汇率的上涨使得进口货的价格下跌，这利于国内少数富人消费国外的奢侈品，史料记载了这种情况，即："入口货的价值，随着外汇的上涨跌落了百分之四十、百分之五十，甚至百分之六十，平常是国人无能力购买的东西，现在有了购买能力了。外国货物一船船的从大洋外装进口来，英国日本美国感到满意，咱们国内知道享受外国文明的人也感到了满意。"[②] 但由于我国80% 的人都是农民，此时农民因为随后出现的农业萧条而消费能力大减，因此，我国的进口值不仅没有随着白银货币对外汇率提高而增加，反倒减少。在表4 -12 中同时能够发现，在进出口总值下降的同时，出口值与进口值的差额得到缩减，即随着总贸易值减少的同时出现逆差减少的现象。

中国的对外贸易额，"按人口平均计算，1932 ~1936 年大萧条时期只有1.00 美元每人。"[③] 此前杨端六统计从同治三年到民国十七年的中国六十五年的贸易额时认为，中国人均贸易额不足三美金，[④] 1932 ~1936 大萧条时的人

---

① 中国人民银行总参室编. 中华民国货币史资料（第二辑）（1924 ~1949）[M]. 上海：上海人民出版社，1991：118.

② 杨时展. 我国现行汇率平议 [J]. 时事月报，第13 卷，第1 期（1936 年）：122.

③ [美]阿瑟·恩·杨格（Arthur N. Young），陈泽宪等译. 一九二七至一九三七年中国财政经济情况 [M]. 北京：中国社会科学出版社，1981：364.

④ 杨端六，侯厚培. 六十五年来中国国际贸易统计 [M]. 国立中央研究院社会科学研究所专刊（第四号），1931：xv.

均贸易额显然又降低了。

2. 进口主要是以制成品和半制成品为主，出口仍以原料为主

在国际"垂直化"分工格局影响下，中国进出口商品结构没有出现大的变化，具体如表4-13所示：

表4-13　　　　　　　**1931 年及 1936 年中国进出口商品分类结构**　　　　单位:%

品种	进口商品		出口商品	
	1931 年	1936 年	1931 年	1936 年
牲畜	*	*	0.7	#
饮料和食物	22.6	11.0	15.0	24.7
未制成	10.8	4.8	4.3	##
已制成	11.8	6.2	10.7	##
原料	21.7	18.4	37.7	35.8
半制成品	19.7	22.3	32.5	23.2
制成品	34.4	44.2	13.6	16.3
其他**	1.6	9.1	0.5	—
合计	100.0	100.0	100.0	100.0

注：*不足0.05%；**主要是军火；#已经包括在其他类别中；##未分类。

资料来源：根据郑友揆.1840～1948 中国的对外贸易和工业发展［M］.上海：上海社会科学院出版社，1984：45 表13A、表13B 整理得出。

由表4-13 可见，中国进口商品以制成品和半制成品为主，出口以原料为主。进口尤其以制成品占突出比例，至1936 年，制成品已占中国进口比例的44.2%。拿具体商品为例，1932 年后，钢铁及其他金属制品、化学燃料及原料进口量上升，至1936 年，其进口占比分别为13.2%、10.8%。中国的出口仍以原料为主，从具体商品看，1932 年后，籽仁和植物油（包括桐油、豆油），在中国出口贸易中的比重逐渐上升至首位，1936 年，它们占出口总额的18.7%。[1] 桐油在1931～1935 年间逐渐成为中国最重要出口商品，出口以输出美国为主，1931～1935 年间对美输出占输出总额的百分之六七十。[2] 这种进出口商品结构

---

[1]　郑友揆.1840～1948 中国的对外贸易和工业发展［M］.上海：上海社会科学院出版社，1984：40-41.

[2]　可良.改进中国桐油事业现实应有之处理［J］.贸易半月刊.第1 卷，第1 期（1939 年）：28.

基本是国际"垂直化"分工在中国的具体体现。

3. 出口国别特点

此期间，中国主要的贸易伙伴仍然是美国、日本、英国、德国等，但与各国的贸易关系有差异。在 1932～1935 年，中国对日本、英国各年贸易额始终逆差，同期中国对美国表现出顺差，1932～1935 间中国对美顺差额以百万国币元为单位，分别为 21；17.9；38.7；17 百万国币元。①

图 4-4 显示了中国对外贸易进口主要国别比较情况。图中可见，1932～1935 年，中国进口最大来源国一直都是美国，其次是日本，但在美国 1934 年白银政策后，中国从美国的进口相对减少。

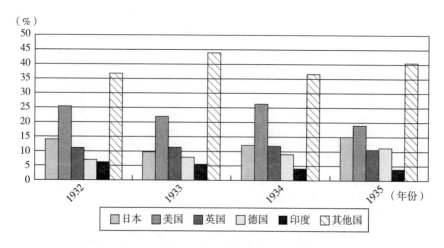

图 4-4 1932～1935 年中国对外贸易进口主要国别百分比较

资料来源：根据中国联合准备银行总行调查室编. 中外经济统计汇报. 第 1 卷，第 4 期（1940年）：第 56 页第六表数据制作。

图 4-5 显示了 1932～1935 年间中国出口国别比较情况，这期间日本在中国的占比出现下降。1931 年"九·一八"事变后，日本在中国进出口总额中的比重降至不足 20％。② 1932 年时，中国出口最多的国家还是日本，随着美元贬值及中国抵制日货，1933～1935 年间美国都是中国最大的出口国家。

---

① 中国联合准备银行总行调查室编. 中外经济统计汇报. 第 1 卷，第 4 期（1940 年）：133 第一表（甲）.

② 郑友揆. 1840～1948 中国的对外贸易和工业发展［M］. 上海：上海社会科学院出版社，1984：55.

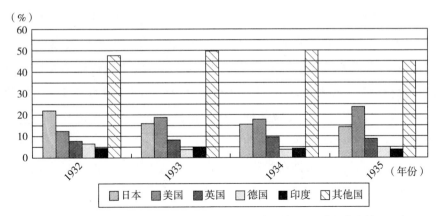

图 4 - 5　　1932～1935 年中国对外贸易出口主要国别百分比较

资料来源：同图 4 - 5。

4. 中国的贸易条件进一步恶化

依据第三章价格贸易条件、收入贸易条件的计算方法，利用孔敏主编的《南开经济指数资料汇编》，本书以 1913 年为基期（因为该年为第一次世界大战前的最后一年，政治经济比较稳定，便于长期比较），计算了 1931～1935 年间的价格、收入贸易条件，为便于比较，将 1929 年和 1930 年数据一并列出，结果见表 4 - 14。从结果来看，与 1931 年以前不同的是，在 1931～1935 年间，不仅价格贸易条件恶化，收入贸易条件也出现恶化。

表 4 - 14　　　　1929～1935 年中国价格贸易条件及收入贸易条件（1913 年 = 100）

年份	进口价格指数（1）	出口价格指数（2）	价格贸易条件（3）=（2）/（1）	出口物量指数（4）	收入贸易条件（5）=（3）×（4）
1929	158.1	169.8	1.074	149.2	160.24
1930	174.7	170.4	0.975	131.1	127.82
1931	192.9	166.3	0.862	136.5	117.66
1932	180.1	140.0	0.777	100.8	78.32
1933	173.2	121.4	0.701	124.7	87.41
1934	151.9	111.6	0.735	118.6	87.17
1935	138.1	122.4	0.886	126.7	112.26

资料来源：（1）（2）（4）列来自孔敏主编. 南开经济指数资料汇编 [M]. 北京：中国社会科学出版社，1988：375 - 376；（3）（5）列本书计算得来。

一是，考察价格贸易条件的情况。回顾第三章，中国价格贸易条件在1900～1931年间绝大多数年份都低于1，但第一次世界大战结束后整个20年代都得到了缓解。从图4-6可见，1929年后，由于进口价格指数一直超过出口价格指数，价格贸易条件从1931～1935年间一直低于1，中国价格贸易条件再次出现恶化，反映此期间中国出口每单位商品所能换回的进口商品的数量较少，也意味着中国此期间贸易利益或经济福利减少，就像杨格所说："中国的对外贸易条件在整整一个世纪内一直是劣势的"，[①] 尤其是价格贸易条件。

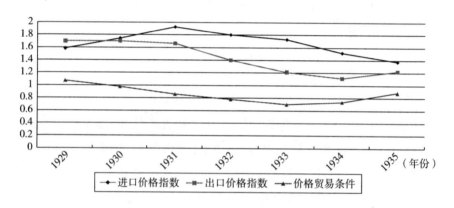

图4-6　1929～1935年中国价格贸易条件

资料来源：本章表4-14。

其次，考察收入贸易条件的情况（见图4-7）。总体来看，中国收入贸易条件在20世纪20年代得到明显改善后，30年代中期前又出现恶化，并出现缓慢缓解。中国收入贸易条件恶化的主要原因：出口数量的减少导致。由图4-7中可见，中国出口数量受1929年开始的经济危机影响，在1932年达到最低，此后虽然有所缓解，但由于西方实行贸易保护和关税政策，出口没有出现大幅增加，从而收入贸易条件在1932年最恶化后，没有明显缓解。

---

① ［美］阿瑟·恩·杨格（Arthur N. Young），陈泽宪等译. 一九二七至一九三七年中国财政经济情况［M］. 北京：中国社会科学出版社，1981：368.

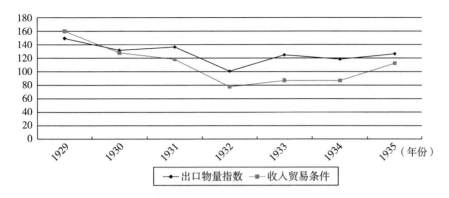

图 4 - 7　1929～1935 年中国收入贸易条件

资料来源：本章表 4 - 14。

（二）白银货币对外汇率在中国 1931～1935 年 11 月间对外贸易中的作用分析

1. 中国白银货币对外汇率与中国进出口物量的数据分析

将 1929～1935 年中国白银货币对英、美汇率指数与进出口物量指数（1913 年 = 100）整理为图 4 - 8。图中可见，中国 1931～1935 年的白银货币对外汇率与进出口物量没有表现出中国货币对外汇率提高，促进进口、减少出口的理论效果。具体来看，从 1931 年后，一直到 1935 年间，中国白银货币对外汇率处于上升趋势。同期，进口商品数量自 1932 年后一直减少，出口数量在 1932 年达到最低点后，此后几年一直持平，没有随着 1933 年后中国白银货币对外汇率的上涨加速而大幅度减少。从而没有表现出中国本币对外汇率提高，促进进口、减少出口的效果。

2. 此期间中国白银货币对外汇率在中国出口贸易中的作用分析

1931 年后，1932～1935 年影响中国出口的因素主要有：中国白银货币的对外汇率、外需、各国贸易管制及中国的物价，各因素的综合作用使中国的出口贸易增速处于停滞状态。

中国白银货币的对外汇率上涨、外需减少、各国采取贸易保护共同抑制了中国出口的增加。中国白银货币对外汇率提高，以白银标注的中国物价相对于货币贬值的外国商品价格上升，中国产品在国际市场上的竞争力更弱，伴随 1929 年大萧条带来的海外需求降低，使得外汇价格的上涨和海外对中国货物

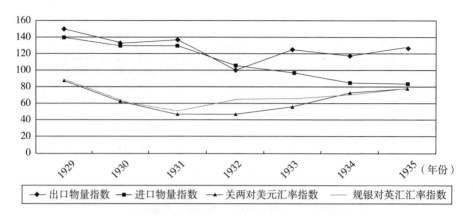

图 4 - 8　1929 ~ 1935 中国对英、美汇率指数及中国进出口物量指数（1913 年 = 100）

资料来源：进出口物量指数来自孔敏主编. 南开经济指数资料汇编［M］. 北京：中国社会科学出版社，1988：375 - 376；关两对美元汇率指数依据郑友揆. 1840 ~ 1948 中国的对外贸易和工业发展［M］. 上海：上海社会科学院出版社，1984：342 - 343 汇率数据计算得来；规银对英汇率指数依据孔敏主编. 南开经济指数资料汇编［M］. 北京：中国社会科学出版社，1988：449 汇率数据计算得来，原数据单位 1933 年 4 月以前为规银一两或百两合外币价，自 4 月以后为国币一元或百元合外币价，本书将 1933 ~ 1935 年汇价统一折算为规元合便士价格。

的需求在大萧条中步步削减，这都成为中国出口衰减的原因。国民政府财政部设计委员会主席美国人甘末尔也承认："由于美国政府的现在银价高涨、已使中国的银价激涨；这就是减低中国物价，增加中国人民的一切债务负担，并有大害于中国的出口贸易。"① 同时在 1929 年经济危机开始后，西方国家在贸易上采取了加强关税壁垒、贸易限制、外汇管制等办法试图挽救危机对自己带来的冲击，"据伦敦经济周刊所载，自民国二十年（1931 年）九月至本年（1932 年）七月，数月之间已有 21 国增高关税，以限制进口。38 国对特种货物，课以重税，22 国或实行定分制度，或采取准许方法……引起世界金融空前之紊乱，汇市动摇，涨落靡定，贸易倍增困难。"② 可见，1931 ~ 1935 年间中国出口贸易的减少，中国白银货币对外汇率上涨是重要的影响因素，但不是唯一因素。

---

① 张素民. 白银问题与中国币制［M］. 上海：商务印书馆，1936：30.
② 上海社会科学院经济研究所. 上海对外贸易 1840 ~ 1949（上册）［M］. 上海：上海社会科学院出版社，1989：183.

此期间中国国内物价下跌利于出口增加。物价下跌增强了国内出口商品的竞争力，从而与上述因素反向作用于中国出口贸易。例如1933年后中国货币对外汇率提高后，以外国货币计算的白银价值虽然提高，却并未使1933年的中国出口贸易减少，正是来源于价格下跌对出口的促进作用，即："以中国所输出之商品，多属于原料或半制造品，其价格早已因银贵而有所跌落也。出口商品价格已经跌至足以抵偿以外国货币计算之银价之增涨程度，而外国市场对于该项商品亦能销纳而不致有所损失。"①

3. 此期间中国白银货币对外汇率在中国进口贸易中的作用分析

1931～1935年间影响中国进口的因素主要有：进口税率提高和内需下降抑制中国的进口增加，中国白银货币对外汇率上涨有利进口增加，但前两因素的作用大于中国白银货币对外汇率上涨的作用，因此没有出现进口增加的现象，反而是进口量减少。从中国进口减少这一事实说明，前文美国倡导恢复复本位制的力量集团所谓的、银价上涨对中国有利的论调不能成立。因为"或谓银价高涨，能使输入之数量或价值增加，此种论调，实无根据。因在事实方面银购买力之高涨恒与输入量值之低落相附而行，正与此论相反也。"②实际上，美国推动的银价上涨带来的中国白银货币对外汇率提高，也并没有对美国的出口贸易起到多大的有利影响。据史料记载，美国对中国的出口，1935年的前7个月下降了44%。③

中国白银货币对外汇率上涨有利进口，但进口值并没有增加。中国白银货币对外上涨的汇率使进口货物价格趋低，减轻进口成本，因而鼓励货物进口，尤其是发展国民经济所需的设备和工业生产所需的原料和半制成品，正如杨格所说："中国人民大众所用进口货物以煤油为大宗，其他品种则多数供各通商口岸消费。但是更低廉的原料和其他生产用品的好处则更广泛地为更多的人所得。汇价上涨扶助了那些其成本主要为生产过程中所用的进口货物和工厂设

①② 实业部银价物价讨论委员会编辑. 中国银价物价问题［M］. 上海：商务印书馆，1936：136.

③ 中国人民银行总参室编. 中华民国货币史资料（第二辑）（1924～1949）［M］. 上海：上海人民出版社，1991：240.

备。"① 但是，中国白银货币对外汇率的提高在对中国进口量有刺激作用的同时，并没有使进口值增加。如以日货胶鞋为例（包括鞋底和鞋跟），从进口量来看，自 1933～1935 年有逐年上升的趋势；但从进口值来看，则三年中逐年有所下降，尤以 1935 年为甚。1933 年输入我国高达 5458908 双（876020 金单位，金单位折合法币 1.952 元），1934 年又上升为 6717467 双（831616 金单位，金单位折合法币 1.867 元），增加 23% 以上，1935 年更上升为 8542247 双（676455 金单位，金单位折合法币 1.866 元），又比 1934 年增加了 27% 以上。②

中国的进口税率提高和内需下降抑制了进口增加。1932 年后，国内经济已开始陷入衰退，内需下降，同时因为白银风潮造成中国通货紧缩，民众购买力下降，对价格再低的外国商品也是没有偿付能力的。同时，进口税率提高是抑制中国进口的重要原因之一。在 20 世纪 30 年代上半期，经几次调整，进口关税平均税率从 4.1% 提高到 35.3%，③ 对进口形成强大抑制。这些因素冲抵了白银对外汇率提高对进口的促进作用，导致最终中国进口量不增反降。

三、对中国白银流动的影响

这一期间中国仍然属于银本位制，白银的流动在当时异常重要，因为它的流动随后就会影响中国的物价。

（一）1931～1935 年 11 月间中国白银流动的总体描述

这一时期，中国有公开的白银流动，也出现了走私的白银流动。

1. 公开的白银流动

自 1932 年开始，到 1935 年底法币改革前，中国白银流动总体呈出超，与1931 年以前的白银流动方向相反。实际上，白银在 1932 年以后的十年，每年

---

① ［美］阿瑟·恩·杨格（Arthur N. Young），陈泽宪等译. 一九二七至一九三七年中国财政经济情况［M］. 北京：中国社会科学出版社，1981：229.

② 上海社会科学院经济研究所. 上海对外贸易 1840～1949（上册）［M］. 上海：上海社会科学院出版社，1989：602.

③ 王信. 中国清末民初银本位下的汇率浮动：影响和启示［J］. 国际金融研究，2011（2）：38.

都是净出口。据中国人民银行的货币资料显示：截至 1931 年 12 月止的前十年期间，中国平均每年进口白银约为一万万元；自 1932 年起，情况开始逆转。1932 年和 1933 年的净出口量各为 10395000 元和 14423000 元，1934 年 1～8 月出口量为 132167000 元，加上海关在 9 月向中央银行提交的出口申请 35586000 元，1934 年 1～9 月净出口量总数约为 168000000 元，即比以往任何一年超过三倍还多，以往最高的一年是 1907 年的 49000000 元。[①] 据中国驻美公使馆致美国国务院的一份非正式备忘录记载："1934 年白银净出口量，不包括走私，为二亿五千七百万元。其中六分之五是从收购白银法案通过后至 10 月 15 日止不到四个月的时间运出的。1934 年的白银出口量为以往最高纪录 1907 年的五倍。"[②] 从上海方面来看，上海的白银存货自 1927 年南京国民政府建立后一直是持续增加的，白银库存的快速减少是在 1934 年后。当 1934 年 6 月美国实施购银政策后，当年上海白银存货即从 6 月的 583 万两，陆续降至 9 月的 451 万两，12 月降至 335 万两。[③] 可见，1934 年成为这段时间中国公开出口白银量中最多的一个年份，这由表 4－15 清晰可见。

表 4－15　　　　　　　1931～1935 年中国白银进出口价值

年份	进口	出口	入超	出超	单位
1931	75887687	30442671	45445016		关平两
1932	62225268	69600852		7345584	关平两
1933	80432474	94854914		14422440	国币元
1934	10830330	267558531		256728151	国币元
1935	10996768	70394397		59397629	国币元

资料来源：中国人民银行总参室编．中华民国货币史资料（第二辑）（1924～1949）[M]．上海：上海人民出版社，1991：155。

---

① 中国人民银行总参室编．中华民国货币史资料（第二辑）（1924～1949）[M]．上海：上海人民出版社，1991：147.

② 中国人民银行总参室编．中华民国货币史资料（第二辑）（1924～1949）[M]．上海：上海人民出版社，1991：117.

③ [美] 阿瑟·恩·杨格（Arthur N. Young），陈泽宪等译．一九二七至一九三七年中国财政经济情况 [M]．北京：中国社会科学出版社，1981：217.

2. 走私的白银流动

国民政府为限制白银外流于 1934 年 10 月对白银出口开征关税，白银出口税的施行，割断了中国银价与世界银价之间的联系，但不能禁绝偷运白银出口的走私行为，此后中国出现大规模的白银猖狂走私。美国经济学大师弗里德曼认为，当时中国的"走私出口带来的白银外流速度并不逊色于之前听过合法出口引起的白银外流速度"。[1]

白银走私出口的增加源于国内外银价的差异。世界银价越高，与中国银价的差额就越大，偷运白银出口就会获利更多。可以说，美国提高世界白银价格的政策刺激了中国白银的外流，而中国对白银出口征税则刺激了大量的白银走私行为。杨荫溥利用 1935 年 5 月 17 日的国外银价与国内汇率的差异，计算了偷运白银出口可以获得的巨大利益，即："今设以二十四年五月十七日伦敦银市为计算根据。当日伦敦银价，为 35.375 便士；而上海英汇市价，仅为 20.5 便士。照此推算，当日国内银价低于国外银价，实达百分之四十。换言之，按当日情形，运国币百万元出口，可以获差益四十万元之巨；即除去运费等等，纯利亦可在三十万元以上。"[2] 关于中国白银走私出口的数量，据杨格估计："仅在 1934 年的最末几个星期中，即有价值二千万元的白银走私出口；1935 年一年以内，白银走私出口估计约在一亿五千万元至二亿三千万元之间；1936 年约在二千万至四千万之间。"[3] 仅 1935 年 8 月 21 日这一天，汇丰就从上海交由英国邮船一次运走白银合 1150 万元。[4]

这段时期，白银走私最大的漏洞在华北和香港，在华北的日本当局又是走私的主导。各种资料显示，在华北以日本走私白银明显增多。日本人开始通过吸收市面上的银币输出，后来通过中交各银行的钞票，兑现后输往美国出售，再后来日本人甚至通过加价购买市面上的银币来攫取中国白银进行输出获利。从马寅初描述的当时情况看，国民政府显然也是努力阻止了的，无奈当时走私

① ［美］米尔顿·弗里德曼（Milton Friedman），安娜·J. 施瓦茨（Anna J. Schwartz）著. 巴曙松，王劲松等译. 美国货币史（1867~1910）［M］. 北京：北京大学出版社，2009：348.

② 杨荫溥. 中国金融研究［M］. 上海：商务印书馆，1936：285.

③ ［美］阿瑟·恩·杨格（Arthur N. Young），陈泽宪等译. 一九二七至一九三七年中国财政经济情况［M］. 北京：中国社会科学出版社，1981：238.

④ 石毓符. 中国货币金融史略［M］. 天津：天津人民出版社，1984：172.

猖獗，效果不利，即：面对日本的走私"虽经我政府严申禁令，彼乃以武力为后盾，悍然不顾。上海海关在日本码头之前，无如之何。其在苏州输出者，由日本领事馆贴一封条，我国宪兵虽经目睹，束手无策，致使当时市面银币之钞票价格，自 1 元而 1 元 1 角，1 元 2 角，以至 1 元三四角，向上飞腾。"[①] 对此，美国商部披露了日本在 1935 年的运银数据，即"二十四年最初九个月中，日本运出白银总数共值日金 144000000 元，以与二十三年同期之 7000000 元较，增加逾二十倍。而二十四年十月及十一月两个月中，伦敦由日本所运到之白银，更达日金 1000000 元之巨数。"[②] 而据美国的调查称，"就所知日本存银及日本登记的白银输入比较之，不应若是之多。"[③] 显然，日本成为中国偷运白银出口的主角。

中国公开和走私的白银外流主要去向就是美国，这从 1933～1938 年美国货币构成中可以推断出来。根据弗里德曼记录的美国货币构成：1932 年、1933 年、1938 年三年白银货币（单位为百万美元）在美国财政部及联储银行以外流通额分别为 640、647、1612；占比分别为 11.8%、11.9%、24.9%，[④] 即白银从占总通货量的 1/8 上升到 1/4，分析可知这些白银货币的增加显然有很大一部分来自当时世界唯一的银本位国——中国。

（二）中国白银外流的影响因素

1931～1935 年间，导致中国白银外流的主要原因是人为推动的银价变动带来的中外白银购买力的差异，汇率成为中外白银购买力的比较标准。此外，外资银行对中国白银外流起了推波助澜的作用。

中外白银购买力出现差异仍是引起 1931～1935 年中国白银流动的主要原因。正如第三章所分析：白银购买力的国外与国内对比决定白银流入中国还是流出中国，当国外白银购买力＜国内白银购买力，白银流入中国；国外白银购买力＞国内白银购买力，白银流出中国。史料把这种情况描述为，"最直接的

① 马寅初. 通货新论［M］. 北京：商务印书馆，2010：14.
② 杨荫溥. 中国金融研究［M］. 上海：商务印书馆，1936：288.
③ 1935 年 12 月 20 日路透社华盛顿电，转引自陈仪平. 1935 年中国币制改革与中英美日国家利益的选择［D］. 江西师范大学，2004：9.
④ ［美］米尔顿·弗里德曼（Milton Friedman），安娜·J. 施瓦茨（Anna J. Schwartz）著. 巴曙松，王劲松等译. 美国货币史（1867～1910）［M］. 北京：北京大学出版社，2009：349.

说明，即白银对美元和英镑来说，在国外比上海更为值钱，以致装运出口可以获利。但是这个价差一定要超过国外价的 6%，否则就不够抵消各项费用。而这个价差在最近几周竟高达 10%，十月五日约为 $6^2/_3$%。"[①]

中国白银购买力的数据见表 4 - 16。由于国际市场上白银价格大幅上涨，由表 4 - 16 中可见，1933 年时白银在国外的价格已超过国内。同年，综合物价因素后的国外的白银购买力也高于国内，1934 年、1935 年两年白银购买力在国外已远高于国内，1935 年时，白银在国外的购买力已高出国内购买力 2/3 弱。这种中外白银购买力的差异正是上文描述的 1934 年是中国白银外流最多的一年，1935 年中国仍然白银大量外流的原因。

表 4 - 16　　　　　　1930~1935 年中国银元价格和中外白银购买力变动（1926 年 = 100）

年份	1 银元价格（美分）		白银购买力指数	
	国外价格	国内价格	国外指数	国内指数
1930	29.1	29.5	71.4	78.9
1931	21.9	21.8	63.7	66.6
1932	21.3	21.8	69.8	71.3
1933	26.4	26.3	85.1	75.6
1934	36.5	33.8	103.3	75.7
1935	48.8	36.3	129.4	77.9

资料来源：刘克祥，吴太昌. 中国近代经济史（1927~1937）[M]. 上海：人民出版社，2012：1878。

汇率在中国白银流动中的作用表现在：白银货币对外汇率成为中外白银购买力的比较标准。当国内以汇率形式表现的银价上涨低于纽约伦敦的银价上涨时，推动白银外流。如在中国 1934 年实施平衡税以后，世界银价仍不断上涨，1934 年 10 月伦敦银价月平均为每盎司 33.581 便士，同月上海英汇的汇率为月平均银元 1 元兑换英金 16.697 便士，到 1935 年 5 月，伦敦银价月平均升至每

[①] 中国人民银行总参室编. 中华民国货币史资料（第二辑）（1924~1949）[M]. 上海：上海人民出版社，1991：148.

盎司 33. 865 便士，总计在八个月中上涨了 44%，而上海英汇汇率 5 月份月平均为银元 1 元兑换英金 20. 125 便士，只上涨了 20%，[①] 显然国内外白银价格差距扩大，利于白银出口，从上述白银流动数据也发现，此期间中国的白银外流加剧。宋子文的描述表述了国民政府当时对汇率把控的无奈，即："外汇汇率高涨，难免阻挠出口贸易，而致国内通货紧缩，有增无已；反之，如外汇汇率下降，则汇率与国外银价相差悬殊，大量偷运，势必随之而起；况当时纸币尚在兑现制度之下，设因偷运，减少存根，动摇信用，势必酿成提存挤兑，影响全国企融，为害匪浅。"[②]

此外，在 1932~1935 年中国的白银出超中，外国银行起了推波助澜的作用，这在美国开始白银政策后，更为明显。在上海的外国银行利用自身的有利条件，把上海汇聚的中国内地的白银装运出境，获取投机差价。从 1934 年 6 月底开始，各外资行随后各月月底的白银库存日渐减少，至 1935 年 1 月底共 8 个月，外资行白银库存合计减少 21766 万元。[③] 在 1935 年 4 月宋子文与上海外商银行达成"君子协定"前，外商银行一直是运送白银出境获取价差的主要推手。

四、对中国经济稳定的影响

这一时期的浮动汇率制对中国经济稳定性的最大冲击就是引发了中国 1933~1935 年的经济危机。世界 1929 年开始的大萧条至 1931~1932 年的冬春之交影响到中国，中国当时出现的经济危机与中国的白银货币对外汇率有很大关系，正如当时的刊物评论："1931 年后各国的货币贬值，不过使其他位贬值国感到点儿棘手。可是，对以中国，说也可怜，她们这番英雄举动，岂止仅使她感到些尔棘手，简直就使她几乎连命也没了。"[④]

---

① 榭菊曾. 一九三五年上海白银风潮概述 [J]. 历史研究，1965（2）：88－89.

② 中国银行总行中国第二历史档案馆合编. 中国银行史资料汇编上编（3）[M]. 北京：中国档案出版，1991：2178－2179.

③ 榭菊曾. 一九三五年上海白银风潮概述 [J]. 历史研究，1965（2）：88.

④ 杨时展. 我国现行汇率平议 [J]. 时事月报，第 13 卷，第 1 期（1936 年）：122.

（一）引发中国出现通货紧缩及经济衰退

1. 引发中国出现通货紧缩

在 1932～1935 年间，影响中国物价的最主要因素是国际银价的涨跌，银价对中国物价的影响原理与第三章分析的相同，即银价通过影响银的购买力而影响到中国的物价。汇率并没有直接影响中国的物价水平，汇率的作用表现在：作为银价的决定产物之一成为中国判断银价的表现形式。在中国，银既是通货，又是货币本位，因此银价的涨落恰和物价的升降成反比例。

通过中国白银货币对外汇率表现出的 1933 年开始的银价上涨带动中国出现通货紧缩。史料将这一过程表述为："上涨的通货价值，就中国来说，实为灾难，因为它带来了通货紧缩。"① 从表 4-17 可以看到，随着 1933 年的纽约银价和关两对美元汇率的上涨，上海、华北、广州等地的批发物价指数在当年即同时出现下跌。

表 4-17　　　　1926～1935 年中国批发物价指数、银价、汇率对比（1926 年 = 100）

年份	中国批发物价指数			伦敦大条银价（每标准盎司合便士）	伦敦大条银价指数	纽约大条银价（每纯盎司合美元）	纽约大条银价指数	1 关两对美元汇率	关两对美汇汇率指数
	上海	华北	广州						
1926	100.0	100.00	100.00	28.69	100.0	0.624	100.0	0.76	100.0
1930	114.8	115.85	101.40	17.65	61.5	0.385	61.7	0.46	60.5
1931	126.7	122.55	112.60	14.46	50.4	0.290	46.5	0.34	44.7
1932	112.4	113.36	113.00	17.81	62.1	0.279	44.7	0.34	44.7
1933	103.8	100.59	102.60	18.09	63.1	0.345	55.3	0.41	53.9
1934	97.1	91.78	94.28	21.31	74.3	0.481	77.1	0.53	69.7
1935	96.4	95.42	84.63	28.94	100.9	0.644	103.2	0.57	75.0

资料来源：上海、华北、广州批发物价指数来自中国人民银行总参室编. 中华民国货币史资料（第二辑）（1924～1949）[M]. 上海：上海人民出版社，1991：156-157；伦敦银价、纽约银价来自中国科学院上海经济研究所. 上海解放前后物价资料汇编［1921～1957］[M]. 上海：上海人民出版社，1958：114；关两兑美元汇率来自郑友揆. 1840～1948 中国的对外贸易和工业发展 [M]. 上海：上海社会科学院出版社，1984：342-343；银价及汇率指数由本书以 1926 年为基期计算得来。

①　中国人民银行总参室编. 中华民国货币史资料（第二辑）（1924～1949）[M]. 上海：上海人民出版社，1991：118.

分析表 4 - 17 发现，1931 年中国的上海、华北、广州等地物价同时达到最高，此后物价下跌；伦敦银价指数在英国 1931 年放弃金本位后 1932 年开始上涨，纽约银价指数在美国 1933 放弃金本位后开始上涨；中国关两对美元汇率基本随纽约银价变动，但 1934 年中国实行白银出口税后，国内关两对美元汇率上涨低于纽约银价指数上涨，但二者基本趋势还是一致的，从而表现出物价与汇率（主要由银价决定）的变动方向相反的特征。所以，可以说："近两年来，我国物价跌落之原因，虽甚复杂，然银涨为其主要原因之一，则似不可否认。"① 随着 1931 年英国、印度、日本相继放弃金本位制及 1933 年美国放弃金本位制带来的货币贬值，以及其随后实行的白银政策都导致中国白银货币对外币汇率上涨，本币对外汇率上涨的后果正如中国银行史的资料所表述："虽我国国际收支，久处逆境，而外汇汇率，反继续上腾，因而通货紧缩。"②

2. 引发中国进入经济衰退

以物价下跌为表现的通货紧缩，使得 "1931～1932 年冬春期间告一结束。当时世界各地正是在缓慢恢复，而中国则从轻度的繁荣开始深深陷入萧条之中。"③ 白银外流使得国内出现银根紧缩，而银根紧缩的结果必定使代表银根的价格（利率）出现上涨。从当时的实际情况看，以最能反映银根紧松的上海金融业同业拆款为例，1934 年 1 月的最高日拆每千元每天是 0.09 元，而到 1935 年 1 月就高至每千元每天 0.55 元。④ 除了银根紧缩、利率上涨，中国出现萧条的重要表现就是国民产值和农业产值都出现了下降。从国民产值看，1931～1935 年期间，中国国民生产毛值估计（单位：十亿中国银元）分别为：1931 年 35.3；1932 年 28.8；1933 年 24.2；1934 年 21.3；1935 年 23.7。⑤ 从而，1933～1935 年中国出现了世界上其他国家所熟悉的通货紧缩和经济衰退。

在中国出现通货紧缩、经济衰退时，实际上国际上西方国家已经度过了最

---

① 杨荫溥. 中国金融研究 [M]. 上海：商务印书馆，1936：283.

② 中国银行总行中国第二历史档案馆合编. 中国银行史资料汇编上编（3）[M]. 北京：中国档案出版社，1991：2178 - 2179.

③⑤ [美] 阿瑟·恩·杨格（Arthur N. Young），陈泽宪等译. 一九二七至一九三七年中国财政经济情况 [M]. 北京：中国社会科学出版社，1981：228.

④ 洪葭管. 白银风潮 [J]. 中国金融，1988（3）：69.

艰难的时刻，经济从 1933 年开始普遍出现好转（表 4 - 18 数据显示 1933 年各国工业生产得到提高），而"对于中国来说，1933 年是个最困难的年头。"[①]这说明，造成中国物价下跌、经济衰退的主因并不是国际开始的大萧条，而很大程度上归因于货币制度设计，我们的货币制度设计使得中国不能独立地行使汇率政策和货币政策，而受牵制于西方国家。

表 4 - 18　　　1932 ~ 1935 年世界物价与工业生产指数（1929 年 = 100）

年份	日本		英国		美国		德国		法国	
	批发物价指数	工业生产指数	批发物价指数	工业生产指数	批发物价指数	工业生产指数	批发物价指数	工业生产指数	批发物价指数	工业生产指数
1932	73	98	75	83	68	54	70	53	68	69
1933	82	113	75	88	64	64	68	61	64	77
1934	81	129	77	99	60	66	72	80	60	71
1935	84	142	78	106	54	75	74	94	54	67

　　资料来源：中国联合准备银行总行调查室编. 中外经济统计汇报. 第 1 卷，第 4 期（1940 年）：根据 135 页第一表（7）重要各国批发物价指数表和 137 页第一表（8）重要各国工业生产指数表整理得出。

（二）对中国工农业造成重大影响

1. 对中国工商业的影响

（1）1931 ~ 1935 年中国工商业的经营状况每况愈下。从 1931 ~ 1935 年中国工业的整体情况来看，从行业范围方面划分：发展较早范围也较广的、最主要的是纱厂和粉厂及丝厂，其次为卷烟、火柴二业；新兴且范围较小的为日用品工业。

这一期间最主要的工业是纱业，上海成为中国工业的中心。1931 年时中国工业的发展较为平稳，国货工业初见萌芽，发展较为迅速，其中纱业是当时上海最重要的工业，这一年上海"大小工厂约 2000 家，资本总额约 3 万万元，

---

　　① ［美］阿瑟·恩·杨格（Arthur N. Young），陈泽宪等译. 一九二七至一九三七年中国财政经济情况［M］. 北京：中国社会科学出版社，1981：199.

工人总计约 25 万。"① 到了 1932 年时，由于九·一八事变后国内出现的抵制
日货、提倡国货行动带动各种工业的发展也较为平稳。然而，从 1933 年开始，
由于国内物价下跌，通货紧缩，人民购买力下降，导致国内工商业发展大幅下
滑，近代工业史资料表述当年的情况为："纱粉两业，其经营不甚得法者，即
遭亏折；丝业则以丝价跌落，十九不能支持；卷烟、火柴二业，以竞争剧烈，
统税加高，除少数基础巩固者外，均难获利……故以全般工业论：22 年度可
称工业界困苦时期之开始。"② 情况到了 1934 年时更为恶化，随着物价下跌及
萧条的出现，使得国内工业问题更加尖锐化。中国发展最好的以纱业为例，史
料描述 1934 年为："本年度实为纱厂业最艰苦之年"。③ 从表 4－19 可见，从
中国国货工业营业额指数看，自 1931 年后营业额开始下滑，1933 年时下滑尤
为明显。

表 4－19　　　　1931～1933 年国货工业营业额指数（1930 年营业额＝100）

行业	1931 年	1932 年	1933 年	行业	1931 年	1932 年	1933 年
棉纺业	78	52	35	化妆品	120	75	85
染织业	125	110	80	调味品	112	135	100
棉织业	128	110	110	针织业	100	70	50
毛织业	89	65	85	卷烟业	115	105	80
丝织业	160	110	90	橡胶业	200	135	80
面粉业	120	85	50	油漆业	128	137	185
火柴业	120	135	140	机器业	125	81	73
搪瓷业	158	126	95	热水瓶	100	120	150

资料来源：陈真，姚洛合编. 中国近代工业史资料（第一辑 民族资本创办和经营的工业）[M].
北京：三联书店，1957：68。

（2）白银货币对外表现的高汇率摧毁中国工商业竞争力，带来大量工商
业倒闭。在这次银价上涨带动的中国白银货币对外汇率上涨之前，中国的新兴

---

① 陈真，姚洛合编. 中国近代工业史资料（第一辑 民族资本创办和经营的工业）[M]. 北京：
三联书店，59.
② 同上，64.
③ 同上，69.

工业一时曾十分发达，因为此前正是中国白银货币对外汇率很低的阶段，国外进口商品价格相对国货较高，此前的本币对外低汇率对国内的新兴工业有一定的作用，使得国内工业出现了欣欣向荣的景象，可是1931年后不久就是白银货币对外汇率大涨，进口商品相对国货更便宜，国内工商业的竞争力降低。正如当时的《时事月报》所说："中国对外汇率的上涨利于西方国家货物的倾销，然而却苦了我们那些刚在苗芽的新兴工业，它们好容易挨过了长漫漫的隆冬，借了些多少已含有春意的阳光，获得了些生气，可是，这一阵平白吹落将来的风雪，又把它们摧折得一干二净。"① 以第三章探讨汇率对贸易影响部分提到的"恒丰纱厂"为例，该纱厂在20世纪30年代以前一直保持着盈利，然而在30年代初期，由于在价格大跌之前从美国购进了大量的棉花，恒丰也面临着严重的亏损。从1930~1935年间，恒丰的亏损超过200万元，于是不得不宣告停业。② 因为中国本币对外高汇率的影响，时人对中国工商业未来发展的判断极为悲观，这从当时的杂志表述可以反映出来，即："由1929年后银价跌落那几年的情形来看。我们相信：中国的工业，只有在那种经济环境下，只有在我国汇率降落到那种程度时，方才能够生存；从1931年后的情形看来，我们相信：中国的工业，在那种经济环境，那种汇率之下，已无生存余地。"③

经济萧条对金融业的打击进一步波及工商业大量倒闭。从当时的现实情况看，当中外白银购买力出现较大差异，导致白银流出中国后，中国随之而来的是挤兑白银、提取银行存款的风潮迭起，在此情势下，银行钱庄纷纷收紧银根，信贷骤减，最终对工商业和农业都带来了沉重打击。据金城银行1935年营业报告资料："统计这年六月底全国华商纱厂九十二家中，停工的二十四厂，减工的十四厂，两者合计，几占全部纱厂的百分之四十，而临时或短期减工的，尚不在内。"④ 上海作为全国的工业中心，工商

① 杨时展. 我国现行汇率平议 [J]. 时事月报，第13卷，第1期（1936年）：122.
② ［英］科大卫（David Faure）著. 周琳，李旭佳译. 近代中国商业的发展 [M]. 杭州：浙江大学出版社，2010：142.
③ 杨时展. 我国现行汇率平议 [J]. 时事月报，第13卷，第1期（1936年）：122.
④ 金城银行民国二十四年（一九三五年）营业报告，转引自榭菊曾. 一九三五年上海白银风潮概述 [J]. 历史研究，1965（2）：90.

业的打击异常重大，1933～1935 年这三年上海工商业遭受的打击如图 4-9
所示。

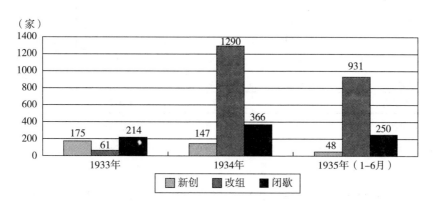

图 4-9　上海工商业在危机打击中的异动表现

资料来源：申报年鉴社．第四次申报年鉴，1936：795，转引自王方中．1927～1937 年间的中国民
族工业 ［J］．近代史研究，1990 （12）：183。

2. 对中国农业的影响

银价提高及中国白银货币对外汇率上涨对当时中国的农业造成致命打击。
在中国，民族工业是在 1931～1932 年冬春之交才受到大危机的影响，而农业
却从大危机之初就受了损失。当这一次危机发生时，时人评述当时的农业情况
为：“本已残败的农业，此至就也全部覆亡了！”[1] 而且，农业萧条对中国影响
特别重要，因为当时农民约占全体人民的 80% 或者更多，而农产品约占国民
产品总数的 2/3。据估计，按单位十亿中国银元计算，中国农产品的毛值从
1931 年的 24.4 减少到了 1934 年的 13.1。[2]

银价提高及白银货币对外汇率上涨对中国农业的影响主要表现在两方面：

一是，白银货币对外汇率上涨刺激了中国的进口，导致中国进口的外国农
产品增多，打击国内农业，这可通过中国进口粮食的增多来说明（见表
4-20）。

---

① 杨时展．我国现行汇率平议 ［J］．时事月报，第 13 卷，第 1 期（1936 年）：122.
② ［美］阿瑟·恩·杨格（Arthur N. Young），陈泽宪等译．一九二七至一九三七年中国财政经济
情况 ［M］．北京：中国社会科学出版社，1981：228.

表 4 - 20　　　　　　　　1924 ~ 1937 年中国粮食产量及净进口量　　　　单位：千市担

时间	粮食产量	产量指数	粮食净进口	净进口指数
1924 ~ 1929 年	2570727	100. 0	29367	100. 00
1931 年	1840485	71. 6	45342	154. 40
1932 年	2025548	78. 8	78498	267. 30
1933 年	1966639	76. 5	62603	213. 17
1934 年	1775162	69. 1	33085	112. 70
1935 年	1971088	76. 7	46572	158. 60

资料来源：许道夫. 中国近代农业生产及贸易统计资料［M］. 上海：上海人民出版社，1983：149，转引自李林. 20 世纪 30 年代中国的农业生产［D］. 保定：河北大学，2005：10。

表 4 - 20 反映，以 1924 ~ 1929 年净进口为指数 100，1931 ~ 1935 年间中国粮食进口增加，尤其是中国白银货币对外汇率开始提高的 1932 年和 1933 年两年。进口粮食中，大米和面粉的进口较多，大米净进口 1932 年为 26784745 担，1934 年净进口为 15284644 担，面粉的净进口 1932 年为 12627177 担，1934 年为 1062352 担。[1]

近代中国以农立国，之所以以米麦进口为代表的粮食进口较多，主要是由于自然灾害使粮食减产、交通不便和土产成本太高等原因导致。中国以农立国，然而"今则逐年所产粮食，反不足供自国之需用；读海关粮食进出口之统计，出口粮食，每不及进口三分之一。"[2] 中国进口粮食增多与自然灾害有关，在中国，1911 年、1921 年、1931 年都曾发生过洪水泛滥，其中 1931 年那次洪水泛滥最为严重，淹没了 6100 多万亩耕地（某些地区水深 20 英尺），将近 4 万个家庭濒临饥饿的边缘。[3] 中国进口粮食增多与近代中国交通不便也有关，导致各地的丰歉不能调剂，有人说："陕西的麦子运到汉口，比从美国运来的还要贵。"[4] 正是近代中国落后的交通条件，在自然灾害导致 1931 年导致农业减产之后，因此 1932 年后在白银货币对外汇率提高时，使得进口农产品

---

① 许道夫. 中国近代农业生产及贸易统计资料［M］. 上海：上海人民出版社，1983：123，141，转引自李林. 20 世纪 30 年代中国的农业生产［D］. 保定：河北大学，2005：11.

② 孟世杰. 中国近百年史——民国文存 31［M］. 北京：知识产权出版社，2014：336.

③ 1931 年间中国洪灾损失. 中国经济学刊. 第 10 卷，第 4 期（1932 年 4 月）：343 - 344.

④ 杨时展. 我国现行汇率平议［J］. 时事月报，第 13 卷，第 1 期（1936 年）：122 - 123.

进口后的价格还低于国内国币计算的土产品，才促使粮食进口增加。由于进口农产品多，带动国内的农产品价格进一步下跌，江苏省农民银行行史中记载："1932 年冬，大江南北，同庆丰收，奈洋米倾销，米价惨跌，谷贱伤农，感受益深……"，① 这使"本已破败的农村，愈益破败。这是何等痛心的现象！可是，究其原委，何尝不是汇率过高造成的呢?"②

　　二是，国际银价提高导致农村白银流向上海后再流出中国，使得广大农村出现经济萧条。1931 年前，国际银价下跌使得中国白银购买力高于国外时，中国白银入超，入超的白银又主要分散在上海以外各地。杨格统计，1928～1931 年间进口的 5.2 亿万元白银中，约 4 亿万元左右分散在上海以外的内地各处。但从 1931 年下半年起，情况开始逆转，从而内地的白银又流入上海。上海的白银存底从 1931 年末的 2.66 亿万元，一年后增加到 4.38 亿万元，1933 年末又达到 5.47 亿万元，这些上海增多的白银主要来源就是广大农村各地。③ 白银从农村流向上海的后果，伴随 1931 年中国发生水灾，便使得广大的农村出现了严重的经济萧条。

　　汇率问题对这一次中国经济危机的重要性，可以从当时英国对中国困难的态度表达上得到反映，即：对中国当时的货币困难，1935 年 2 月 25 日英国驻美大使馆致美国国务院的一份美国外交文件中表达了英国当时的态度"英国的经验是：除非首先消除造成外汇危机的这一根本原因，否则，任何只图通过外国借款来维持岌岌可危的外汇状况经常总是要落空的，1931 年英国的情况就是如此。"④ 这实际反映了要解决中国面临危机的唯一出路所在，只有通过以稳定汇率为中心的货币改革。

---

　　① 南京金融志编纂委员会，中国人民银行南京分行. 民国时期南京官办银行南京金融志资料专辑（一）. 南京：南京金融志编辑室，1992：340.
　　② 杨时展. 我国现行汇率平议［J］. 时事月报，第 13 卷，第 1 期（1936 年）：123.
　　③ ［美］阿瑟·恩·杨格（Arthur N. Young），陈泽宪等译. 一九二七至一九三七年中国财政经济情况［M］. 北京：中国社会科学出版社，1981：230.
　　④ 中国人民银行总参室编. 中华民国货币史资料（第二辑）（1924～1949）［M］. 上海：上海人民出版社，1991：162.

本章小结

与 1931 年以前中国白银货币对外汇率总体下跌的趋势相反，1931 年 ~
1935 年 11 月间中国白银货币的对外汇率呈上升趋势，并呈现一些突出的特
点：中国白银货币相对于金本位国家的货币汇率还呈下降趋势，但相对于大多
数放弃了金本位的国家来说，中国白银货币对外汇率开始上涨；此期间中国货
币对日元汇率上涨速度高于对美元与英镑；中国对外汇率受国外银价的影响越
来越小；出现名义汇率和实际汇率，且二者不一致。

这一阶段影响中国白银货币对外汇率波动的因素可分为两段：第一阶段
（1931 年 9 月 ~ 1933 年 7 月），中国白银货币对外汇率虽因各国货币贬值的关
系而上涨，却因世界银价下跌把这种上涨的趋势减没了一部分，使得中国货币
对外汇率上涨程度与各国货币的贬值程度不一致；第二阶段（1933 年 7 月 ~
1935 年 11 月），美国为了摆脱世界经济危机的影响、迫于白银集团的压力及
借恢复复本位制来垄断世界金融等目的推行了白银政策，世界银价因受此人为
影响加速上升，促使中国货币对外汇率有上涨的动力，这与各国货币贬值促使
中国货币对外汇率上涨的影响方向一致，但国民政府在此期间实行了外汇管
制，对遏制中国货币对外汇率过度上涨起到了一定作用。这些导致中国货币对
外汇率波动的因素中，除了 1934 年国民政府的干预外，其他都为国外强国导
致，可见，这一时期影响中国汇率波动的原因仍然主要来自国外。

这一时期中国白银货币对外汇率整体上涨的趋势对中国经济带来的主要影
响有：（1）对国家财政上的影响。此阶段中国享受到本币对外汇率提高带来
的外债本息减少的利处，但额度有限。因为：中国以往借款、尚需 1932 ~
1935 年间偿还的以外币计价的外债，有一部分因为用关税担保而享受不到本
息减少的好处；1931 ~ 1935 年间新产生的外债，与以前借款相比数额较少。
（2）对贸易的影响。这一时期中国对外贸易有两个突出的新变化：一是对外
贸易缩减，逆差有所减少，人均贸易值进一步下降；二是中国不仅价格贸易条
件恶化，本期收入贸易条件也出现恶化。数量分析发现，1931 ~ 1935 年中国

货币的对外汇率与进出口物量没有表现出本币对外汇率提高，促进进口、减少出口的理论效果。在多因素的共同作用下，使得中国的出口贸易增速处于停滞状态，进口量也出现减少。（3）对白银流动的影响。此阶段中国白银流动总体出超，与1931年以前的白银流动方向相反。除了公开的白银流动外，还出现了以日本为主的在华北和香港的白银走私，白银外流主要去向就是美国。银价变动带来的中外白银购买力的差异仍然是导致白银流动的主要原因，白银货币对外汇率成为中外白银购买力的比较标准，此外，外资银行对白银流动起了推波助澜的作用。（4）对经济稳定的影响。中国白银货币对外汇率的上涨引发中国出现通货紧缩及经济危机，对工农业造成重大影响。对工商业：使得1931～1935中国工商业的经营状况每况愈下；白银货币对外表现的高汇率摧毁工商业竞争力，带来大量工商业倒闭，对当时中国的农业造成致命打击，主要表现在：中国白银货币对外汇率上涨导致外国农产品进口增多，打击了国内农业；国际银价提高导致农村白银流向上海后再流出中国，使得广大农村出现经济萧条。总体来看，这一期间的汇率波动对中国经济产生的影响与1931年以前利弊相间的情况不同，除了对国家财政的有利影响（额度少，有利影响有限）外，其他主要是弊端影响。

1934年开始的白银大量流出中国，使国民政府在这一时期开始了外汇管制，这对遏制1934～1935年间中国白银货币对外汇率过度上涨起到了一定作用，值得肯定。但是，由于当时的资本管制不够严格，所以中国的白银走私仍很猖獗，这种走私与随后中国出现的货币紧缩有关。由此可见，当危机出现时，有必要进行适当的外汇管制，尤其是对资本进行管制。

第五章

近代中国固定汇率制的出现
及其影响（1935.11～1938）

为解决中国 1933～1935 年的经济危机，国民政府最终在 1935 年 11 月 4 日推出法币，开启了近代中国固定汇率制的开端，浮动汇率制正式结束，这一固定汇率制一直运行到 1938 年 3 月，此后中国的汇率制度进入名义固定、实际浮动的时代。可以说中国的固定汇率制是在经济危机的冲击下，中外角逐形成的货币制度的一个方面。

第一节　固定汇率制的开端及运行

为解决经济危机带来的压力，国民政府先后寻求英美救助失败，危机关头在 1935 年 11 月 4 日推出法币，一直到 1938 年 3 月前法币的对外汇率都非常稳定。透过国民政府对固定汇率制维护手段的解读会发现，中国的固定汇率制实际上对英、美形成很强的依赖。

一、近代中国固定汇率制的开端

经济危机发生后，中国的币制改革提上日程，币制改革方向到底选择金本位、金银复本位或其他某种制度成为当时讨论的热点。当时普遍的看法，就是选择将本国货币与某一合适的外国货币相连，即"在世界货币中间，在国际政局所容许的条件之下，选择一种比较适当的货币，跟它结成一定的联系，同时再靠借款和'精神的援助'使币值得到相当的稳定"。① 当时世界上重要的

---

① 俊瑞. 中国跌进英镑集团以后. 中国货币问题丛编. 上海：上海光明书局，1936：409，转引自吴景平. 英国与 1935 年的中国币制改革. 历史研究，1988（6）：185.

货币就是英镑和美元，国民政府进行货币改革自然首先想到与英镑或美元联系，从而与英、美展开一系列的交涉，无奈之下才选择危机关头推出法币。

（一）面对危机，国民政府寻求美英救助失败的过程

1. 法币建立过程中的中美交涉

美国白银政策导致中国白银大量外流后，国民政府自 1934 年 8 月开始，就不断与美国就白银问题进行交涉。最早时国民政府拟变革货币制度为金本位制，为此希望美国能够"收银换金"，这可以从 1934 年 9 月 23 日中国驻美国大使施肇基致美国政府的函电中得到验证，函电中写道："本年白银出口，至今日为止，已三倍于以前每年总额之数。……现在以为中国不应单独维持银本位制度，故已考虑逐渐采用金本位货币。因此，必须吸收现金。兹美国政府既欲增加国库现银准备之笔数，中国政府亦愿知美国政府在原则上是否愿与中国政府作金银相互之交换。"① 经过多次沟通，美国最后拒绝了中国的请求。

中国也曾多次向美国提出关于美国购银的建议和期望，但均以失败告终。如财政部长孔祥熙在 1935 年 1 月 21 日致中国驻美公使施肇基的函电中，表达了中国向美国提出限制白银购买的三点建议，即："只要汇价低于国外白银平价，在公开市场上漫无限制地收购，必然要引起白银的非法出口。任何把汇价提高到平价的打算，均将包含着进一步使通货紧缩与加大支付的逆差。因此，建议美国应限制收购白银的价格……建议美国只收购以下几类白银：（1）新开采的；（2）按照伦敦协定所出售的；（3）短期（比方说两周）内在纽约或伦敦交货的，从而限制自中国非法出口的存量的增加，此后，只收购那些美国政府确认其不是从中国走私的白银。"② 不久后，施肇基回复孔祥熙的函电转达了美国的态度，即："购银法案是命令式的。美国政府不能正式或非正式地订立对其条款有损害的任何协定。美国政府执行这个法案时，尽力避免对任何国家或利益导致不必要的困难。"③ 这实际上就表达了美国的拒绝态度。从后来的结果看，美国政府并没停止对白银的收购。

---

① 中国人民银行总参室编.中华民国货币史资料（第二辑）（1924～1949）[M].上海：上海人民出版社，1991：120－121.
② 同上，131.
③ 同上，131－132.

1935 年 1 月末，中国又向美国多次提出要求借款的提议，并且希望进行货币改革之时，美国能够帮助中国结束银本位制，并将新发行的货币与美元相联系，避免即将到来的危机，其次将结余的一部分存银用来满足抵押需要。2 月 5 日的致美国务院非正式函电中写道："通货专家估计所需的资金最低数是一亿美元的借款或长期基金，此外还需要一笔同数的备用贷款，以将来交货的白银作抵押品，需要时随时支用。……中国政府诚恳地希望，上述各点得到赞同的考虑，以利于白银困难的解决和贸易的发展。"① 但美国出于政治利益考虑，最后也拒绝了中国的请求。

2. 法币推出前的中英交涉

国民政府看到求助美国无望，转而投向英国，相比美国表现的消极态度，英国显得积极很多。1935 年 3 月 15 日，宋子文向英国驻华大使贾德干表态：中国最终将不得不采取纸币制度，唯一的出路在于同某种外币相联，可能是英镑，为此需要获得约 2000 万至 2500 万镑的借款以及数目相等的一笔信贷。②

工业化后的英国在中国有大量的资本输出，中国出现的经济危机在给中国经济带来困难的同时，也严重影响了英国的在华利益，对此，英国十分担忧。当得知国民政府有意将币制与英镑相联后，英国政府一开始表现出积极态度，于 1935 年 6 月决定派遣首席财政顾问李滋罗斯前往中国，推行对华贷款及币制改革方案。李滋罗斯的来华，使国民政府决定通过谈判谋取英国借款、推行币制改革方案。

李滋罗斯赴华，原想实行以英国为主、得到日美合作的对华贷款和币改方案，而美国对此表现较为消极。美国财政部长摩根索认为，凡需日本参加的援华项目都无成功可能。1935 年 9 月初，李滋罗斯在到达中国之前首先抵达了日本，试图首先取得日本对英国的支持。然而，日本方面强烈反对了英国的有关提案，拒绝向中国提供援助。1935 年 9 月 11 日时任英国驻日大使克莱武致外交部电写道："津岛（日本大藏次官）认为外国援华是不可取的。这种看法并非出于恶意，而是认为不可能人为地扭转中国的局势。中国必须学会处理自

---

① 中国人民银行总参室编. 中华民国货币史资料（第二辑）（1924～1949）［M］. 上海：上海人民出版社，1991：134.

② 吴景平. 英国与 1935 年的中国币制改革［J］. 历史研究，1988（6）：175.

己的问题。"①

1935 年 9 月下旬李滋罗斯由日本抵华。1935 年 9 月至 1936 年 6 月，李滋罗斯在中国进行了一系列经济调查，参与了国民政府的财政金融事务。但是，当时英国当局却一再拖宕对华贷款，最终并没有对国民政府当局币改推出提供实质帮助。英国之所以拖宕对华贷款，主要原因是英国当局不愿因为中国问题破坏自身与美国及日本的关系。尽管如此，李滋罗斯此次访华带来的作用和影响仍然特别重要，因为他对中国即将进行的货币改提供了很好的建议，即："他强调有必要把中央银行发展成为中央准备银行，和做到预算的平衡并保持下去，以避免通货膨胀和币值不能稳定。"②

（二）法币的推出及中国固定汇率制的开端

1. 法币的推出及其与汇率相关的内容

为了摆脱日益严重的危机和恐慌，国民政府在对内实行外汇管制无效、对外求助英美无望的情况下，如果再不采取有效措施，国内现银存底必将更大量地外流，中国的经济命脉及政治命运将不可想象。1935 年 10 月 26 日孔祥熙致施肇基电表达了当时的紧迫："通货情形非常严重，外汇空虚而呈恐慌，近几个月来的情况极度地令人不满，对内、对外贸易均遭到破坏。美国对中国的出口，今年头七个月下降百分之四十四，投资者也受到摧毁，一些重要的美国企业失败了或受到威胁。政府被迫采取建设性的措施来管制外汇，避免崩溃。"③从这份函电中我们也能看到，外汇问题在当时中国至关重要。

为此，国民政府在 11 月 3 日晚颁行了币制改革方案《施行法币布告》，标志法币政策的出台。该布告共六条，其中与汇率相关的内容主要是第一条和第六条，即"（1）11 月 4 日起，以中央、中国、交通三行所发行之钞票定为法币。所有完粮纳税，及一切公私款项之收付，概以法币为限，不得行使现金。违者全数没收，以防白银之偷漏。如有故存隐匿，意图偷漏者，应准照危害民

① 吴景平译. 李滋罗斯远东之行和 1935～1936 年的中英日关系——英国外交档案选译（上）[J]. 民国档案，1989（10）：49.

② ［美］阿瑟·恩·杨格（Arthur N. Young），陈泽宪等译. 一九二七至一九三七年中国财政经济情况［M］. 北京：中国社会科学出版社，1981：259.

③ 中国人民银行总参室编. 中华民国货币史资料（第二辑）（1924～1949）［M］. 上海：上海人民出版社，1991：240.

国紧急治罪法处治。……（6）为使法币对外汇价按照目前价格稳定起见，应由中央、中国、交通三银行无限制买卖外汇。"①

2. 法币推出标志中国开始固定汇率制

法币政策是中国纸币制度确立的标志。中国在北宋时期即出现过现代纸币的雏形"交子"，1840年鸦片战争后，外国银行及中国新式银行都曾发行过纸币，但都不是具有法定地位的本位货币。法币推出后，初期经历了地方力量的干扰，出现发行困难，以两广和西南地区阻力最大。到1937年战火波及上海的时候，西南各省基本上还没有通用法币，四川省使用四川省银行的川币，云南省使用富滇银行的滇币，直至1940年2月国民政府采取措施彻底消灭了滇币。② 尽管如此，法币在1935年推出后，在短短两年里已在多数省份取得了决定性胜利，最后只有西藏在解放前不受中央政府的控制。③

法币的推出正式开启了中国的固定汇率制。根据法币改革条目的第六条，法币是不兑现纸币，其本身没有法定含金量，它的价值必须由外汇汇率来表示，也即法币的价值不再由现银而是由外汇来决定。为了保证法币的价值稳定，中央银行、中国银行和交通银行三家银行将会无限制买卖外汇，正如当时孔祥熙所说："外汇由三行无限制买卖，供多则买，求多则卖，汇价自然安定"。④ 这也就说明法币与外汇的汇率是保持基本不变的，属于固定汇率制。至此，中国银本位下的浮动汇率制彻底终结。

法币改革中关于对外汇率的确定，由于法币的价值基础不再是银本位，同时又没有规定其含金量，不能与黄金表现直接的联系，这就使得法币的价值表现只有通过外汇汇率来表现，可称为"汇兑本位"制。

3. 法币对外汇率规定

20世纪30年代的世界货币制度，可以分为两大集团：美元集团和英镑集团。加入英镑集团者，除了大不列颠帝国（加拿大例外）外，有斯堪的纳维亚半岛诸国，如瑞典、挪威、丹麦、芬兰，南美的亚尔然丁，日本等。属于美

---

① 姚遂. 中国金融史［M］. 北京：高等教育出版社，2007：324.

② ［日］浅田乔二等，袁愈佺译. 1937～1945日本在中国沦陷区的经济掠夺［M］. 上海：复旦大学出版社，1997：216-217.

③ 姚遂. 中国金融史［M］. 北京：高等教育出版社，2007：325.

④ 宋佩玉. 抗战前期上海外汇市场研究（1937.7～1941.12）［D］. 上海：复旦大学，2004：17.

元集团者，有南美拉丁同盟诸国及北美的加拿大。这两大集团之外，本来还有一个以法国为核心国的黄金集团，包括法国、意大利、比利时、瑞士等。[①] 但黄金集团最终于 1936 年解体，此后世界多数国家的货币不是加入英镑集团，就是加入美元集团。

名义上，法币保持了独立地位，既没有加入英镑集团，也没有加入美元集团。这在孔祥熙发表的《维护法币宣言》中能够得到体现，孔祥熙明确宣布中国币制为："仍保持其独立地位，而不受任何国家币制变动之牵制。"[②] 由上文法币改革前中英交涉部分可知，英国当初确实企图把中国拉入英镑集团。但是，中国最终并没加入英镑集团，一方面，是因为英国最后没有向中国提供贷款，当时国民政府答应采用英镑本位的最重要条件，就是英国必须提供巨额贷款；另一方面是因为后来美国与中国签订《中美白银协定》，导致中国对美国形成一定依赖。

实际上，法币与美元、英镑都有联系，成为事实上的盯住英镑、美元的固定汇率制。法币推出后，在技术上采取与英镑联系，对美元、日元汇率皆由英镑对美元、日元的汇率折算的方式公布法币对外汇率。法币推出后的第一个交易日，即 11 月 4 日，中央银行宣布出售外汇的开盘价格是 14.375 便士或 0.295 美元，比前一个交易日的汇价稍低一点。新发行的法币在国内不能兑现，其对英镑的汇率固定买价为 1 元法币换 1 先令 2 便士又 5/8、卖价为 1 元法币换 1 先令 2 便士又 3/8（即 14.375 便士），对美元的买卖价分别为 100 元法币兑换 30 美元和 29.5 美元，均可无限制买卖。当时法币之所以把汇率定为每 1 元法币合英币 14.5 便士（即买入卖出的均价），每百元法币合美币 29.5 美元，按马寅初的解释是：大抵该时英美两国间汇兑已趋于平价，英金 1 镑等于美元 4 元 9 角 2 分，则法币 1 元买英镑 14 便士半，适合法币 100 元买美元 29 元 5 角。[③] 其算式为：

X（若干美元）＝100 法币

① 马寅初. 通货新论 [M]. 北京：商务印书馆，2010：142－143.
② 银行周报. 第二十卷二十期，转引自吴景平. 英国与 1935 年的中国币制改革 [J]. 历史研究，1988（6）：188.
③ 马寅初. 通货新论 [M]. 北京：商务印书馆，2010：154.

法币 1 元 = 14.5 便士

便士 240 = 4.92 英美汇率

$$X = \frac{100 \times 14.5 \times 4.92}{1 \times 240} = 29.7 \ 美元$$

二、近代中国固定汇率制的维护手段

从 1935 年 11 月 4 日法币开始发行流通，到 1938 年 3 月 12 日国民政府公布实行《外汇清核办法》止，为法币的无限制买卖外汇时期，这段时期内，只要持法币至买卖外汇银行申请兑换，不分国民和用途均可获得外汇，这段时期属于近代中国固定汇率制时期。下面本书着重分析国民政府对固定汇率制的维护手段。以中日战争为节点，国民政府在战争前后的维护手段不尽相同。

（一）法币改革后至抗战爆发前（1935 年 11 月 4 日 ~ 1937 年 7 月 7 日）

抗战爆发前，得益于外汇储备激增，法币的对外汇率非常稳定。

1. 中美交涉中壮大外汇储备，保证法币币值稳定

（1）法币推出之初美国停止购银，促成中美签订《中美白银协定》。在美国财政部长摩根索的操作下，美国于 1935 年 12 月间停止在伦敦市场上收购白银，这导致伦敦银价顿时狂跌。对此，美国财政部长摩根索借口称："只有降低银价，才能制止日本人在中国走私白银的狂潮。"[1] 银价自 12 月 9 日起开始下跌，几个星期之内，每盎司白银从 0.65 美元下跌到 0.40 美元。银价跌落之后不久，各家日本银行纷纷买进外汇，12 月 12 日一天即买进约二百五十万美元。[2] 银价的下跌使国民政府无法通过售银获得外汇基金来保证法币的币值稳定。

美国此前因白银政策不断对外购银，现在又停止购银，分析原因主要为：一是防止美元汇率上涨，对贸易引起不利。到 1935 年 12 月初，欧洲的情形已

---

① 海关总税务司署. 1935 年海关中外贸易统计年刊，1936：35，转引自仇华飞. 1935 年中国币制改革与中美金银交换 [J]. 学术研究，2004（8）：106.

② ［美］阿瑟·恩·杨格（Arthur N. Young），陈泽宪等译. 一九二七至一九三七年中国财政经济情况 [M]. 北京：中国社会科学出版社，1981：277 - 278.

发生变化，当时的情况是："因英意关系，渐趋缓和，由欧洲逃避至美之资本，渐见减少；甚至有流回欧洲之情形。"[1] 此时，如果美国还坚持对外继续大量购银（主要在伦敦购买），则将可能促使美元对英汇价逐渐增高，对美国国际贸易产生不利影响。二是为了防止中国法币与英镑发生联系。11月4日中国在未同美国方面商量的情况下颁行了币制改革方案，并首先公布了法币与英镑的比价，中央银行每天所开汇率以英镑为基准，对美元、日元汇率皆由英镑对美元、日元的汇率来折算，由于当时盛传中英之间已达成巨额借款，这使美国怀疑中国与英镑联系。此时，如果美国继续向伦敦市场购买白银（其中相当部分来自中国），其结果必然是使中国政府增加英镑储备，促使法币与英镑发生更紧密的联系，而这是美国不愿意看到的。

美国停止购银后，中国为向美国出售更多的白银不断做出努力。美国的摩根索建议由孔祥熙或宋子文前往华盛顿商谈白银问题，并且建议最好是邀请一位次要人物前来，因为美国能够做些什么还拿不准，也因为邀请孔或宋到美国，或许会惹起英国和日本的疑心。于是，1936年4月初，陈光甫（中国银行总经理）、郭秉文（实业部国际贸易局局长）、顾翊群（中孚银行副总经理）一行三人抵达华盛顿，最终在1936年5月与美国签订了《中美白银协定》。协定中与中国售银有关的内容主要有："（1）美国将从中国购银7500万盎司，6月15日前购1200万盎司，以后每月购500万，直至1937年1月15日，价格根据当时的市价确定；（2）中国的售银所得存放在纽约的美国银行；（3）中国货币储备中至少保持25%的白银；……（6）中国改变其法币与外汇的报价方式，以避免造成法币与英镑挂钩的印象；（7）以中国存在纽约的5000万盎司的白银作抵押，美国联邦储备银行向中国提供2000万美元的外汇基金。"[2]

从该《协定》的内容看，来自美国的购银保证一方面保证了国民政府法币的外汇来源，另一方面也加深了国民政府对美国的货币依赖，相当于国民政府要不断地向美国售银来赚取外汇储备，依赖外汇储备来实现其"无限制买卖外汇"的承诺，进而通过法币的对外汇率稳定来保证法币币值的稳定。

（2）国民政府通过售银扩大外汇储备。国民政府在中日战争之前通过中

---

① 杨荫溥. 中国金融研究 [M]. 上海：商务印书馆，1936：289.
② 任东来.1934~1936年间中美关系中的白银外交 [J]. 历史研究，2000 (3)：111.

央银行一共向美国出售过四次白银（见表5-1），这些白银的出售保证了币制改革的成功，也积累了充裕的外汇储备。

表5-1　　　　　　　1934~1937年中国四次售出的白银数额

立约日期	约定售出数	数量（盎司） 中国用它的 存银交货数	价格 （每一盎司合美元）	净收入
1934年11月	19000000	2506000 **	53.3 ***	美元1340000 ***
1935年11月	50000000	50208396	65.17和65.03	美元32256085
1936年5月	75000000	75629077	45	34083085
1937年7月	62000000	62574710	45	28131620
共计	206000000	190858183	—	美元95761570

注：** 共有1700万盎司白银购自伦敦，再运到美国，不是中国的白银存底。

*** 得出的近似平均数。

资料来源：[美] 阿瑟·恩·杨格（Arthur N. Young），陈泽宪等译. 一九二七至一九三七年中国财政经济情况 [M]. 北京：中国社会科学出版社. 1981：534-535。

第一次是在1934年11月，数量为1900万盎司。但这次售银直到1934年12月才用中国存银交货200万盎司，其余1700万盎司全部用在伦敦卖银的白银交货，这1700万在结账后没有换到外汇。[①] 当时正处于美国执行白银政策促使世界银价上涨的阶段，孔祥熙等人显然从这次交易中认识到，利用银价飞涨之际，中国可以通过向美国出售白银获得外汇来进行币制改革。因此，1935年2月以后，努力说服美国从中国大量购银成为中国对美交涉的主要内容之一。

第二次是在1935年11月，数量为5000万盎司。孔祥熙1935年10月26日致施肇电表达了中国当时外汇储备的危机情况，即："通货情形非常严重，

----

① [美] 阿瑟·恩·杨格（Arthur N. Young），陈泽宪等译. 一九二七至一九三七年中国财政经济情况 [M]. 北京：中国社会科学出版社，1981：275.

外汇空虚而呈恐慌。"① 法币推出不久，11 月 12 日拒绝向中国政府交出白银的日本正金银行突然冲击中国外汇基金，秘密购进大量美元。当时中国的外汇和黄金储备据人民银行史料记载仅存 5000 万美元。② 杨格的数据显示可能比这还要低，杨格说："政府手中所有的外汇数额，在 1935 年 11 月 13 日与美国商妥出售五千万盎司白银之前，只有区区三千万美元。"③ 最终，在 1935 年 11 月国民政府向美国出售了 5000 万盎司白银，也是这次购银帮助中国度过了日本对中国法币的冲击。

根据《中美白银协定》，国民政府随后向美国出售了第三次白银，数量为 7500 万盎司，这笔售银巩固了法币改革的成果。第四次是 1937 年 7 月售出 6200 万盎司白银。

国民政府的后三次售银所得的收入是 9400 万美元。此外，中国还曾于 1936 年 5 月征得摩根索同意悄悄在伦敦抛售 200 万盎司白银。因此中国在这一时期出售白银所得全部收入差不多有 1 亿美元。④ 售银壮大了国民政府的外汇储备，也保证了随后法币的对外汇率稳定。

从国民政府积累外汇储备的过程可以看到，南京政府开始想依靠美国进行币制改革，在得不到积极的回应后，转而寻求英国的支持。尽管英国对中国态度积极，但英国在当时的国际格局下已心有余而力不足，从美国向中国提供外汇来源这点看，美国对中国的币制改革还是提供了很大帮助。

（3）充裕的外汇储备保证了法币币值稳定。在美国购银政策的帮助下，国民政府积累了大量的外汇储备，根据法币改革条目的第六条：中央银行、中国银行、交通银行三银行无限制买卖外汇来保证法币币值稳定，这些外汇储备显然为三行的无限制买卖提供了保证，也为国民政府树立了稳定币值的信心。如 1937 年 5 月 3 日中央银行呈给孔祥熙的密函表达了当时中央银行对法币币值稳定的信心，即："我很乐观地说，只要可作为外汇用的总余额继续增长，

---

① 中国人民银行总参室编. 中华民国货币史资料（第二辑）（1924～1949）［M］. 上海：上海人民出版社，1991：240.

② 同上，247.

③ ［美］阿瑟·恩·杨格（Arthur N. Young），陈泽宪等译. 一九二七至一九三七年中国财政经济情况［M］. 北京：中国社会科学出版社，1981：269.

④ 同上，275.

就说明我国的通货是健全的，而过去数月的平静无事，尤资证明。……就我们的通货而言，我们在最高与最低限度之间是有相当宽的保障余地的，除非在主要金融中心，如纽约与伦敦，发生剧烈货币变动，而这在目前似不会有。"①

关于国民政府的外汇储备具体数额，史料记载并不一致。据国民政府的美国财政顾问杨格估计，截至 1937 年 6 月 30 日，国民政府持有的外汇、黄金和白银共计三亿七千九百万元。② 国民政府的外汇储备以美元、英镑为主，且这些外汇储备都保存在国外，即保存在英国与美国，形成了法币与美元、英镑的连锁与依赖。但是，从笔者查阅的 1937 年 8 月 2 日中央银行呈给孔祥熙的函电判断，中国当时真实外汇储备应该为两亿六千五百万元左右。③ 即使如此，从随后国民政府表现的乐观态度判断，国民政府的外汇储备在当时是充裕的。

2. 控制法币的发行，保证币值稳定

法币的发行额与法币对外汇率的稳定密切相关。对此，国民政府也有清醒的认识，1937 年 8 月 2 日中央银行呈给孔祥熙的函电中即提到："联系到我们出售的外汇，可以忠实地说，我们的流动资产从一切方面来看，都未受到损害。但是，必须记住，只有通货发行数额维持不变才行。"④中央银行的表述也道出了法币对外汇率稳定的逻辑，即：法币发行稳定，就可以使外汇保有稳定，从而使得政府拥有维持市场汇率稳定的保障。反过来说，要想使法币对外汇率稳定，必须使法币发行额保持稳定才行。

近代中国固定汇率制时期的法币发行量大体与流通中所需相符。国民政府发行钞票的数额，从 1935 年 11 月 2 日的法币四亿八千八百万元，增加到 1937 年 6 月 30 日的法币十六亿八千万元，共增十一亿九千二百万元。⑤ 表面看，法

① 中国人民银行总参室编. 中华民国货币史资料（第二辑）（1924～1949）［M］. 上海：上海人民出版社，1991：276－277.

② ［美］阿瑟·恩·杨格（Arthur N. Young），陈泽宪等译. 一九二七至一九三七年中国财政经济情况［M］. 北京：中国社会科学出版社，1981：280.

③④ 中国人民银行总参室编. 中华民国货币史资料（第二辑）（1924～1949）［M］. 上海：上海人民出版社，1991：279.

⑤ ［美］阿瑟·恩·杨格（Arthur N. Young），陈泽宪等译. 一九二七至一九三七年中国财政经济情况［M］. 北京：中国社会科学出版社，1981：282.

币发行大增，实际上有相当大一部分法币是在代替过去的银元在市场流通，从
当时市场的稳定情况看，法币的发行与市场所需大致是一致的。1937年6月～
1939年末的法币发行见表5-2，表中可见，1937年6月～1938年3月间法币
发行指数与此后的发行指数相比增长较慢，1938年3月前正是本书所说的中
国固定汇率制的运行阶段，法币的较稳定发行保证了此期间法币的对外汇率保
持稳定。

表5-2 1936～1938年法币发行情况

期别	发行额（百万元）	指数	中央银行发行指数	中国银行发行指数	交通银行发行指数	中国农民银行发行指数
1937年6月	1407	100.0	100.0	100.0	100.0	100.0
9月	1544	109.8	110.6	106.6	118.6	102.7
12月	1639	116.5	114.6	119.0	118.4	111.0
1938年3月	1679	119.3	118.2	128.3	101.7	125.8
6月	1727	122.7	130.3	128.1	102.7	126.1
9月	1925	137.0	150.7	129.8	137.0	123.3
12月	2267	161.1	196.4	139.5	173.2	132.4
1939年3月	2411	171.2	226.9	139.3	194.9	143.9
6月	2700	191.9	204.3	194.3	192.2	163.1
9月	3587	254.9	369.4	222.1	221.4	178.9
12月	4287	304.6	500.3	240.6	259.7	175.7

资料来源：中国人民银行总参室编.中华民国货币史资料（第二辑）（1924～1949）[M].上海：
上海人民出版社，1991：290-293。

3. 灵活变动技术手段，维持法币名义汇率不变

在法币与英镑、美元的汇率关系上，国民政府采取了兼顾、平衡的策略，
其办法是不改变法币兑英汇、美汇的挂牌汇率，但根据情况变动买价与卖价的
幅度。具体来讲，当英镑与美元之间的汇率发生波动后，促使中央银行为维持

"当前汇价水平"，把外汇的买卖价格之间的差距拉大，而不是采用固定的比价，来避免与这或那的货币联在一起。

法币推出之初，中央银行初步确定的汇率是卖价为 14.375 便士或者 0.295 美元。该汇率是英镑对美元汇兑比价波动在一英镑合 4.92 美元上下的反映。但是，英镑与美元的汇率是波动的。在 1936 年 2 月初美元对英镑的汇价上升到 5 美元换 1 英镑，如果涨到 5.01 美元以上换 1 英镑，取得英镑的最便宜办法将是按 5.01 美元合 1 英镑的价格把美元卖给中央银行，而从中央银行买进英镑，从而导致中央银行最后仅剩美元储备。为了避免给市场造成法币与某种外汇联系的印象。9 月，当美元兑英镑的汇率涨过 5.05 美元兑 1 英镑时，中央银行采取的应付办法是把英镑和美元两种外汇的卖价与买价之间的距离同时分别拉大，即英汇为 14.25 ～ 14.75 便士，美汇为 0.295 ～ 0.305 美元，以防止通过中央银行套购谋利，这一解决办法避免了在战争爆发之前再调整官方所定的汇率。[1]

（二）抗战爆发至法币无限制买卖结束（1937 年 7 月 ～ 1938 年 3 月）

中日战争的爆发，使国民政府在无限制买卖外汇之外，又采取了限制提存的办法，来保证法币币值稳定，进而维护固定汇率制的运行。

1. 抗战爆发后国民政府发布《非常时期安定金融办法》应对存款挤提

1937 年七·七事变及 8 月 13 日沪战的爆发使中国的金融骤起变化，存户纷纷提取在银行的存款，富有者想方设法把法币变为外汇，流向海外。据估计，1937 年 7 月 10 日 ～ 8 月 12 日，上海银行与浙江兴业银行的提存金额分别为 2500 和 1700 万元以上，占存款总额的 16% 和 17% 以上。[2]

面对金融市场的恐慌，1937 年 8 月 15 日，国民政府公布了《非常时期安定金融办法》共七条，主要条目是自 8 月 16 日起："（1）对在银行、钱庄的活期存款，每户只能照其存款余额，每星期提取 5%，且以每星期提取 150 元法币为限；（2）凡以法币交付银行、钱庄续存或开立新户者，得随时照数支取法币，不加限制；（3）定期存款未到期者，不得通融提取，到期后，如不

① ［美］阿瑟·恩·杨格（Arthur N. Young），陈泽宪等译. 一九二七至一九三七年中国财政经济情况［M］. 北京：中国社会科学出版社，1981：281.

② 黄如桐. 抗战时期国民党政府外汇政策概述及评价［J］. 近代史研究，1987（4）：209.

欲转定期者，须转原银行、钱庄的活期存款，并照第一条规定处理；（4）定期存款未到期者，如存户商经银行、钱庄同意承做抵押者，每存户至多以法币1000元为限，其在2000元以内的存额，得以对折作押，但以一次为限；（5）对发放工资或军事有关须用法币者，另行商办；（6）同业或客户汇款，一律以法币收付；（7）本办法于军事结束时停止。"[1] 这一办法旨在遏制对法币存款的挤提，但如对法币的挤提减少，自然能够遏制对外汇的套取，从而保证法币的对外汇率稳定。

从实际效果看，《非常时期安定金融办法》对稳定市场人心有一定积极效果，但是因为战争带来的冲击，对银行存款的挤提仍然非常可观，而法币的挤提即意味着对国民政府外汇储备的冲击。据统计："从抗战开始到11月中旬即3个月的时间里，以全国最大的两家私人资本银行为例，金城银行单是上海地区被提取的存款占上海分行全部存款的25%；而上海商业储蓄银行12月底总行和全国分支行被提取的存款占战前全部存款的比例为35%。"[2]

2. 国民政府耗费巨额外汇储备，坚持无限制买卖外汇

从抗战开始到1938年3月，法币推出之初的法币1元等于英镑1先令2便士半，法币100元等于美元30元的汇率仍维持稳定。1938年的《金融经济月刊》中对当时的汇率有这样的评论："抗战以来，吾国沿海各重要省份，虽先后沦为战区，惟金融安定如恒，外汇比率能始终维持每元值英币一先令二便士半之法价。此种现象，实出乎敌人乃至一般人预料之外。"[3] 可见，尽管中日战争带来市场恐慌，但当时的市场汇率仍是稳定的，而保证外汇汇率稳定的手段就是靠国民政府动用外汇储备进行无限制买卖。

中日战争爆发初期，尽管市场出现挤提法币、套取外汇，但当时中央银行仍具有充裕的外汇储备来保证法币币值稳定。根据1937年8月2日中央银行呈给孔祥熙的函电：在中日战争爆发后，中央银行、中国银行、交通银行三行

---

① 洪葭管. 中国金融通史（第四卷 国民政府时期）[M]. 北京：中国金融出版社，2008：319 - 320.

② 同上，321.

③ 周应湘. 论我国现时应否贬低汇率 [J]. 金融经济月刊. 第2卷，第2期（1938年）：3.

自 1937 年 7 月 13 日至 7 月 31 日，由于中日战事危机所促成的抛售，总额达到英镑 3885500 镑和美元 3884000 元，但是外汇资产仍然增加了有近八百万美元，函电中写道："四行包括广东在内的国内外黄金和外汇资产的总数，相当于二亿六千四百五十万零二千八百三十七点八一美元，比 6 月底的数字约增加八百万美元……直到现在，通货情况是在我们妥善控制之下的。我认为，这一结果是令人感到特别满意的。"① 对比上文杨格估计的中国外汇储备情况，显然杨格的估计明显过高，比中央银行自己陈述的数字多出 1 个亿的美元。尽管如此，我们也看到，中央银行认为自己拥有充裕的外汇储备，自然对此时法币的对外汇率稳定也应该是相当乐观的。所以对随后出现的市场汇率波动，国民政府并未干预，仍按无限制买卖原则供给外汇。据记载：1937 年七·七事变之后的一个多月时间里，中央银行、中国银行和交通银行售出的外汇即达 750 万英镑，合法币 12400 万元，比 1937 年 1 月至 6 月平均平均每月供应额增加 5 倍。②

然而，战事的持续使国民政府的外汇储备渐渐耗竭，这尤其表现在 1937 年 11 月国民党军队西撤之后。8 月 16 日开始执行的《非常时期安定金融办法》使金融市场有暂时的稳定，但 1937 年 11 月中旬国民党军队西撤，引发市场套汇高涨，直到 1937 年末，外汇市场才处于平静中。从表 5 - 3 可见，从 1937 年 7 月 7 日抗战爆发直至 1938 年 3 月 12 日，国民政府对外汇市场坚持无限制买卖原则供给外汇，且对于法币推出之初的所订汇率（法币 1 元 = 英汇 1 先令 2 便士半、法币 100 元 = 美汇 30 美元左右），始终予以维持，为此付出的代价就是耗费外汇储备共计一亿两千一百万左右，对比中央银行 1937 年 7 月 31 日保有的二亿六千四百五十万零二千八百三十七点八一美元储备，到 1938 年 3 月 12 日为止，国民政府应该已经消耗了近一半的外汇储备。

① 中国人民银行总参室编. 中华民国货币史资料（第二辑）（1924~1949）［M］. 上海：上海人民出版社，1991：279－280.

② 洪葭管. 中国金融通史（第四卷 国民政府时期）［M］. 北京：中国金融出版社，2008：331.

表 5 - 3　　　1937 年 7 月 7 日~1938 年 3 月 12 日国民政府抛售外汇数额

时间	相当于美元数（百万）
1937 年 7 月 7 日到 8 月 13 日	42
8 月 17~31 日	-4
9 月	1
10 月	4
11 月	29
12 月	18
1938 年 1 月	10
2 月	12
3 月 1~12 日	12
总计	121

　　资料来源：Arthur N. Young. China's wartime finance and inflation，1937~1945：197，转引自宋佩玉. 抗战前期上海外汇市场研究（1937.7~1941.12）［D］. 上海：复旦大学，2004：99。

三、近代中国固定汇率制的放弃

　　法币是一种汇兑本位制的货币，以法币的对外汇率表示法币的价值，法币政策的主要组成部分"无限制买卖外汇"成为法币币值保证的重要支柱，这一支柱随着 1938 年 3 月国民政府开始的外汇管制宣告终结。

　　1938 年 3 月 12 日，国民政府颁布《中央银行办理外汇请核办法》和《购买外汇请核规则》，规定自 3 月 14 日起，外汇的卖出由中央银行总行办理，在香港设立通讯处以司承转。各银行因正当用途需用外汇时，要填具申请书，送央行总行或香港通讯处，由央行总行核定售给。① 该办法的推出意味着政府不在无限制供应外汇，即只有经中央银行审核为"正当"的需求，才能供给外汇，从而开始了外汇管制。

　　无限制买卖外汇最终被放弃，分析原因主要在于：（1）为维持财政经济增发大量法币，从而无法保证法币币值稳定。由表 5 - 2 可见，以 1937 年 6 月为 100，至 1939 年 12 月时法币发行指数已增至 304.6%，法币发行银行中的

---

　　① 姚遂. 中国金融史［M］. 北京：高等教育出版社，2007：342.

中央银行最高为 500.3%，此后更是出现了众所周知的法币通货膨胀，而战争促使财政支出大增无疑是法币增发的最主要原因。据 1935 年 11 月 11 日财政部致军政部军需署公函稿中数据，1934 年 4 月至 1935 年 11 月，军费每月开支仅 5 万元。[1] 而从 1936~1938 年间，国民政府岁出总额（单位：10 亿元）分别为：1.9、2.1、1.2；同期军事开支分别为 0.6、1.4、0.7，可见，军事开支占支出总额的占比日益提高，即 29.3%、66.4%、59.7%。[2] 支持财政支出扩大的法币发行量必然引起法币贬值，在外汇储备日益减少的情况下无法进行无限制的外汇买卖。（2）日伪套汇。前文介绍过，1935 年法币推出之初，日本正金银行就曾套购外汇。在 1937 年末和 1938 年初，日本在华北操纵傀儡政权先后开设蒙疆银行和中国联合准备银行，发行伪钞，强制行使，以"套换该地原来通用的法币，运向上海调取外汇。"后来，甚至"日方以舰载华北大量钞票来沪，冀图吸取外汇。"[3] 日伪以各伪钞币吸收中央各行法币，每到法币跌价时，即大批购买，然后利用中央银行无限制买卖原则去上海套购外汇。随着国民政府外汇储备的减少，抵抗日伪套汇的能力也就减弱。所以出现了 3 月 12 日的《中央银行办理外汇请核办法》和《购买外汇请核规则》，从而法币不再按官价无限制供给外汇。

从此，中国短暂的固定汇率制进入到名义存在、实际消亡的新阶段。从 1938 年 3 月 12 日国民政府公布外汇管理办法到 1941 年底太平洋战争爆发为止，中国一直处于外汇管制时期。1938 年 3 月后，随着法币发行增多带来的通货膨胀，法币的对外价值随着对内价值的跌落而跌落。国民政府采取外汇管制后，对市场的外汇供给进行多方限制，根本无法满足市场需要。于是英、美国家在上海设立的银行借口不受国民党限制，推出外汇黑市。从而中国在 1938 年 3 月后，出现名义上仍是维持官价、而进行外汇管制的名义上的固定汇率制，实际上则出现了事实上的、以上海外汇黑市为代表的事实上的浮动汇率制（参见表 5-4）。在 1938 年 3 月至 1941 年 1 月这段时期，美汇从 29.25

① 陆军，1934~1936 年间国民政府划拨外交机密费史料一组 [J]．民国档案，2005（3）：32．
② [日]浅田乔二等，袁愈佺译．1937~1945 日本在中国沦陷区的经济掠夺 [M]．上海：复旦大学出版社，1997：277．
③ 上海社会科学院经济研究所．上海对外贸易 1840~1949（下册）[M]．上海：上海社会科学院出版社，1989：15．

比100，缩至5.375比100，即美金对法币的价值从100涨至544%，① 法币对外汇率越来越低。

表5-4 　　　　　1937～1941年法币对美元法定与实际汇率

单位：法币100合美金

年份	1937年	1938年	1939年	1940年	1941年
政府法定的"官价"汇率	29.805	30.000	30.000	30.000	30.000
汇丰银行挂牌的"市价(黑市)"汇率	29.805	21.011	11.277	8.043	5.300

资料来源：上海社会科学院经济研究所. 上海对外贸易1840～1949（下册）［M］. 上海：上海社会科学院出版社，1989：24。

第二节　固定汇率制时期的汇率水平

汇丰银行从19世纪70年代中期以后控制的中国外汇牌价，随着中国固定汇率制的出现让位于国民政府的中央银行。固定汇率制的出现使中国的货币与白银彻底脱钩，法币对外汇率不在随世界银价波动而波动，同时，法币运行初期采取了法币对外汇率低估的策略。

一、南京政府对外汇控制权的收回

以汇丰银行为首的外国银行是近代中国外汇挂牌的实际操纵者，尽管在第一次世界大战时外国银行在中国的各种业务有一定衰退，但以上海为中心的外汇行市控制权始终在汇丰银行为首的外国银行手里。

法币改革前，中央银行对外汇控制权的收回主要通过两项关键措施的操作：（1）通过征收海关金，中央银行积累了外汇管理的经验。1930年中国迫

---

① 中国科学院上海经济研究所. 上海解放前后物价资料汇编［1921～1957］［M］. 上海：上海人民出版社，1958：23.

于银价下跌带来的损失决定关税改征关金，这一改革使得国民政府有一宗经常不断的外汇收入来源，这笔外汇收入主要就是由中央银行来管理，其所做的工作有两方面：一是中央银行从 3 月 1 日起每天参照各种货币的市场价格公布关金兑各外汇的官价，这意味着中央银行开始介入中国外汇牌价的决定；二是中央银行通过签发支票来管理海关金账户。1930 年中央银行在纽约、伦敦和海外其他金融中心设立分行。中央银行将关金的出售价格调整到足以吸引进口商愿意用外币及黄金来购买的水平，使得国外进口商愿意在中央银行开立账户并存入海关金存款。当国外进口商交纳关税时，可以签发中央银行为付款人的支票，用以向中国交纳关税。中央银行把收到的外汇和黄金都积存在海外的分行账户。海关的主管财政官员则开出海关金单位支票从中央银行的账上提取偿付外债本息所需的款项。① （2）提早外汇牌价，收回外汇控制权。1934 年 9 月 8 日，国民政府取缔标金投机，并于 10 月 15 日起，将标金买卖结价由美元改以中央银行海关金单位挂牌为标准，而此前海关金的挂牌已由中央银行按日公布，标金结价标准的变化意味着中央银行在金融市场的地位进一步巩固。自 1934 年 9 月 11 日起，中央银行决定将每日关金英汇等行市于每日九时开出，而此前汇丰银行的外汇挂牌一向在每日九时半开出，因为较汇丰早半小时，中央银行挂牌逐渐成为汇市的标准之一，这使中央银行在外汇市场的控制力进一步增强。

国民政府真正控制自己的外汇业务和市场应当始于 1935 年的法币改革。自法币改革后，外汇的各项业务，包括外汇挂牌在内，都已经开始由中央银行控制，上海外汇市场上法币的官方牌价也主要由中央银行公布，中央、中国、交通、农民四家政府银行是法定外汇买卖机构。据杨格回顾，"到了 1935 年它大概已是上海外汇市场上最大的交易客户。"② 需要说明的是，1935 年法币改革后，尽管中央银行基本已收回对外汇牌价的控制权，但汇丰银行在外汇牌价上仍具有相当的影响力。正因如此，法币改革后，中国近代最有影响力的《申报》每日会同时公布中央银行和汇丰银行两种外汇牌价。

---

① ［美］阿瑟·恩·杨格（Arthur N. Young），陈泽宪等译. 一九二七至一九三七年中国财政经济情况［M］. 北京：中国社会科学出版社，1981：173.

② 同上，306.

此外，在南京国政府时期，中国银行得到发展，逐渐在汇兑业务中占据主角。1928 年国民政府将中国银行定为特许国际汇兑银行，在国内外多处设立分支行发展国内外汇兑业务，对外业务日益发达。1934 年后国民党征收白银出口平衡税，成立外汇平准委员会，也有助于中国银行外汇业务的发展。这样，过去长期被外商银行垄断并获取厚利的国际汇兑，逐步转移到中国银行方面。通过解读 20 世纪 30 年代中国银行外汇汇兑业务发现，中国银行不仅经理英镑、美元、日元汇款，还有荷盾、港币、法郎及金马克等。[①]

二、中国固定汇率制运行阶段的汇率表现及特点

法币改革后的对外汇率，表现在法币折合的外汇数，呈现下述两个突出特点：

（一）法币对外汇率与白银彻底脱钩，对外汇率非常稳定

法币改革割断了中国货币同白银的直接联系，此后世界银价的涨落不会对中国产生大的影响。国民政府把在国内收兑的白银移存到外国，作为维持法币对外汇率稳定的保证。

法币改革后，中央银行每日对外公布伦敦银价、纽约银价、上海标金价及法币对主要外汇的汇率。同时，汇丰银行每日也对外公布法币对主要外汇的汇率。笔者查阅当年《申报》各期中央银行的挂牌与汇丰银行的挂牌汇率发现：法币对各外币的汇率，二者报价并不完全相同，通常中央银行报出的法币对外价格比汇丰银行的价格要高，但二者报价具有一个共同特点，即法币对外汇价都很稳定，变动很小。1936 年张素民评价当时的汇率状况为："新币制实行后之最显明的和最优良的现象，即是标金和外汇市价之安定。这种成绩达到之迅速，在西洋各国的币制改革史中，也不多见。"[②]

法币改革后，中国对外汇价稳定，尤其是中央银行的对外挂牌汇率对于英

---

① 南京金融志编纂委员会，中国人民银行南京分行. 民国时期南京官办银行南京金融志资料专辑（一）［M］. 南京：南京金融志编辑室，1992：90.

② 张素民. 白银问题与中国币制［M］. 上海：商务印书馆，1936：148.

美日三国差不多没有变动过，即对英为一先令二便士半，对美为二十九元七角五分，对日为一〇三元。比较起来，汇丰银行的对外挂牌才可以看出此期间法币对外汇率的真正变动。汇丰银行的挂牌如表5-5所示。该表显示：从11月4日后，依据汇丰银行的汇价，法币对英汇毫无变动，法币对美汇的变动不过0.0625，法币对日汇的变动，最大的不过0.625，最小的只为0.125，这与法币改革以前汇率的剧烈变动明显不同；11月4日以后的标金价格，也变动极小，从收盘价格看，最高为1162.1元，最低为1140.1元，而"……在十月二十七日前一周中，最高价与最低价之差额，曾达二〇六元，……。"① 可见，汇丰银行的报价尽管有变动，也变动极小，从而表现出法币对外汇率稳定的特点。

表5-5　　　　1935年11月份中国标金与外汇市价表（汇丰银行挂牌）

时间	标金（收盘价格）	外汇		
		对英	对美	对日
10月28日	1120.0	1先令4便士	32.7500	113.750
29日	1139.0	1先令4便士	32.8125	114.000
30日	1174.8	1先令3便士	30.7500	109.500
31日	1160.0	1先令2.750便士	30.2500	105.000
11月1日	1170.0	1先令2.875便士	30.5000	105.500
2日	1163.0	1先令2.875便士	30.4375	同上
3日	—	—	—	—
4日	1147.0	1先令2.375便士	29.4375	102.375
5日	1147.7	同上	同上	102.250
6日	1150.7	同上	同上	同上
7日	1149.9	同上	同上	同上
8日	1148.0	同上	同上	同上

① 张素民.白银问题与中国币制［M］.上海：商务印书馆，1936：150.

时间	标金 （收盘价格）	外汇		
		对英	对美	对日
9 日	1147.7	同上	29.5000	同上
10 日	—	—	—	—
11 日	1148.5	1 先令 2.375 便士	29.5000	102.250
12 日	—	同上	同上	同上
13 日	1148.9	同上	29.4375	同上
14 日	1142.6	同上	29.5000	同上
15 日	1140.1	同上	29.4375	同上
16 日	1156.5	同上	29.5000	102.500
17 日	—	—	—	—
18 日	1162.1	1 先令 2.3754 便士	同上	102.750
19 日	1158.5	同上	同上	同上
20 日	1158.8	同上	同上	103.000
21 日	1153.2	同上	同上	102.750
22 日	1160.5	同上	同上	同上
23 日	1153.5	同上	同上	同上
24 日	—	—	—	—

资料来源：张素民. 白银问题与中国币制 [M]. 上海：商务印书馆，1936：148－150。

　　为了进一步了解法币在固定汇率制阶段的对外汇率水平，作者查阅相关近代文献，唯一可找到完整记载 1935 年法币改革后对外汇率数据的文献为《上海解放前后物价资料汇编》，该汇编中记载了 1934 年 1 月 ~ 1949 年 5 月间美汇 1 元合银币或法币的电汇月度数据。根据该数据本书整理出法币对美元月度的电汇汇率（1935 年 1 月至 1938 年底），如图 5 - 1 所示：

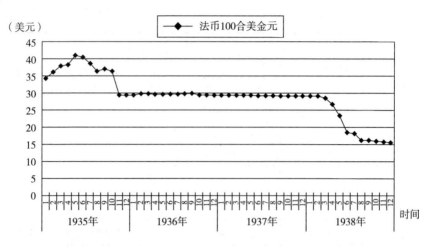

图 5 - 1　1935 ~ 1938 年上海外汇市场法币对美元月度电汇汇率

注：原数据 1935 年 11 月前为银币百元合美金元；1935 年 11 月后为法币百元合美金元；1937 年、1938 年原数据为每美元合法币数，本书统一折算为法币 100 合美元数。

资料来源：1935 年、1936 年两年数据来自中国科学院上海经济研究所. 上海解放前后物价资料汇编〔1921 ~ 1957〕　〔M〕. 上海：上海人民出版社，1958：113；1937、1938 两年数据来自同一文献 115 页。

从图 5 - 1 可以看到，1935 年 11 月法币改革前，随着白银价格上涨，银币百元合美元汇率上涨，自 11 月法币改革后，一直到 1938 年 3 月为止，法币百元合美元汇率非常稳定，这在近代中国金融史中，是自 1870 年后唯一出现的汇率稳定的时期，在国民政府无限制买卖外汇的操作下出现了固定汇率制时期。

（二）法币采取对外汇率低估策略

现代纸币制度下，两国汇率的决定基础是两国货币的购买力，但法币改革初确定的对各外汇的汇率是否基于法币与外币的购买力，则无法测算。就如法币与英镑的汇率确定而言，即法币创立之初钉定的 1 元等于英币 14.5 便士，此项法定平价，是否为两国间之购买力平价，即中国 1 元之购买力与英镑 14.5 便士之购买力相对，则无法知道，因为购买力平价必须根据完善之物价指数钉定。但从物价指数来说，在英国具有完善的物价指数，在中国，当时已有上海、广州、重庆等重要城市编制了物价指数，但这些指数"多限于一隅，更不足以代表全国。"①

洪葭管曾将中国法币对外汇价判定为低估，即："法币对外汇价，按照'不高估原则'，实际上是'低估原则'，也就是按照当时实值贬低了40%，把1元法币合英镑1先令2便士半和100元法币合29.75美元定为汇率，从而取得币制改革的基本成功。"②

是否法币真的采取低估策略，需要与前几年的汇率进行对比来判断。法币改革后，中国银行首脑宋子文在支持法币改革的声明中强调："……此次所定之汇价、实系自一九三〇年至一九三四年五年中、对外汇价之平均、其时中国货币所受外力抬高之影响，尚未显著也，政府若企图将外汇稳定于一不自然水平上，则未免不智……"③ 这表明国民政府是依据1930～1934年间的白银货币对外汇率平均数制定的法币的对外汇率。那么，法币对外汇率是基于这个平均数确定的吗？本书计算了1930～1934年白银货币对外汇率的平均数，将这一结果与1935年法币推出的汇率进行对比来判断（见表5－6）。

表5－6　　　　　　1930～1934年中国银币对英、美、日汇率及平均数

年份	英汇汇价		美汇汇价		日汇汇价	
	便士 （1）	统一为银币1元 合便士（2）	美元 （3）	统一为银币100元 合美元（4）	日元 （5）	统一为银币100元 合日元（6）
1930	20.65	14.80	41.85	29.90	83.55	59.70
1931	16.78	12.00	31.17	22.30	83.44	59.70
1932	21.10	15.10	30.77	22.00	108.07	77.30
1933	15.01	15.00	26.60	26.60	102.66	102.70
1934	16.31	16.30	34.26	34.30	115.00	115.00
平均汇率		14.64		27.02		82.88

资料来源：（1）（3）（5）列为原始汇率，原汇率1933年4月以前为规元一两或百两合外币价，自4月以后为国币一元或百元合外币价，数据来自孔敏主编.南开经济指数资料汇编［M］.北京：中国社会科学出版社，1988：449；（2）（4）（6）列为本书计算得来，即将原规元合外汇汇率/0.715，得到银币对各外汇汇率。

① 马寅初.通货新论［M］.北京：商务印书馆，2010：147.
② 洪葭管.中国金融史十六讲［M］.上海：上海人民出版社，2009：85.
③ 无作者.宋子文昨发表我国货币改革谈话［N］.申报，1935－11－4：第13版.

将表 5-6 计算结果与法币创立之初钉定汇率对比会发现：法币推出时的对外汇率高于 1930～1934 年间的平均数。中国实行币制改革时公布汇率为 1 元法币等于 1 先令 2.5 便士，即英汇 14.5 便士，与前 5 年平均数 14.64 相符，但公布的相应美元汇率为 29.750 美分、日元汇率为 1.03 元，这与前五年的平均汇率 27.02 美分及 0.8288 日元相比并不一致，计算可知，法币对美汇放长约 10%，对日汇更放长约 24%。

但是，当我们把法币对外汇率与 1934 年及 1935 年两年相比时，会发现截然不同的情况。与 1934 年汇率对比会发现，法币对各汇汇率均比 1934 年一年间的平均汇率低，各达一成以上。再与 1935 年法币改革前的 1～10 月的汇率水平相对比来看，1935 年 1～10 月法币一元合英汇 18.67 便士，法币 100 合美汇 38.10 美元，法币 100 合日汇 132.56 元，[①] 计算可知，法币对英汇价贬值约 29%，对美汇价贬值约 28%，对日汇价贬值约 29%。无怪学者杨荫溥 1936 年评价法币改革后的新币值："较前为低——较最高时约减低百分之三十左右。"[②]

因此，我们可以得出结论，法币成立之初确立的汇率实际上是属于法币对外汇率低估，即采取了法币贬值策略。

第三节　固定汇率制运行阶段的影响

由于中国在 1937 年 7 月后经历了中日战争，所以对中国币改后出现的固定汇率制的经济影响很难给出客观评价，为此下文仅从中国固定汇率制初期的宏观经济稳定状况及对外贸易两方面，来判断币改后固定汇率制的影响。

一、对中国经济稳定的影响

固定汇率制的出现促进中国走出了此前的经济危机，使经济开始转向平

---

① 注：1935 年 1～10 月法币和外汇汇率经本书计算得出，即根据孔敏主编. 南开经济指数资料汇编 [M]. 北京：中国社会科学出版社，1988：458 页的 1935 年月度数据计算得来.
② 杨荫溥. 中国金融研究 [M]. 上海：商务印书馆，1936：287.

稳。法币改革后的固定汇率制初期中国的经济情况，孔祥熙的评价最能概括，即："国内各种经济状况，年来因金融安定，改趋好转，物价指数，已随世界水准，循序上涨，……凡斯现象，俱见资本紧缩之痛苦，已告解除也。"[1] 可见，币改后基本走出了此前的经济危机。

物价方面，随法币对外贬值，中国物价出现升高（见表5－7）。该表说明，近代中国典型地区的物价都不同程度上涨，此前通货紧缩的危机状况明显好转。1937年抗战开始后到1938年3月前，中国物价也基本平稳，各商品价格有结构性变化，但没有出现一致的上涨或下跌。这可以通过1939年的史料记载进行说明，该史料记载了中国1937～1939年间的九类出口商品分类价格，这九类商品包括：钨矿砂、桐油、五倍子、蛋品（鲜蛋）、丝（白厂丝）、茶（两前#）、羊毛（#羊毛）、牛皮（生黄牛皮）、猪鬃等共九种，对比这些商品1938年1～7月与1937年1～7月的物价会发现，有5类上涨（即钨矿砂、五倍子、蛋品、羊毛、猪鬃），4类下跌（即桐油、茶、丝、牛皮），[2] 没有出现价格一致变化的现象。从而判定法币运行初期的对内价值与对外价值都基本保持稳定，换句话说，法币初期的国内物价和对外汇率都基本保持稳定。

表5－7　　　　　　　　　1937年主要城市物价上涨情况

地名	基期	币改前1935年10月指数	币改后1937年5月指数	物价上涨率
上海	1926年	94.1	125.1	32.9%
华北	1926年	94.2	134.1	42.4%
汉口	1930年	86.4	110.6	28.0%
广州	1926年	81.9	119.8	46.3%
南京	1930年	78.1	97.0	24.2%

资料来源：上海商业储蓄银行.论今后我国物价之趋势.海光.第8卷，第7期.转引自洪葭管.中国金融通史（第四卷 国民政府时期）[M].北京：中国金融出版社，2008：299。

工业方面明显复苏，但抗战开始后又见打击。1936年的工业，因通货紧

① 叶凤刚.30年代国民政府币制改革论析 [J].前沿，2007（8）：230.
② 龚家麟.汇率贬低问题之检讨 [J].东方杂志.36（5）（1939年3月1日）：12.

缩得到缓解，工业出现明显好转，史料记载反映了这种好转现象，即："已从 24 年不景气情形中，显现问苏之象，厂家之前厄于银根紧缩者，顷已获到银行之助力，币制改革后物价水平之提高，足以刺激工业之活跃，……"[1] 据统计：1936 年全国工业总产值为 13.6 亿美元，合国币元为 44.88 亿元（按法币 100 = 30 美元折算）。[2] 但是，这种随法币对外币值稳定出现的工业复苏，受随后开始的抗战再次受到打击。据上海金城银行调查，1937 年 8 月 13 日淞沪战争开始至 1938 年 3 月止，上海及其近郊中国工业的损失达 155764 千元，沪战开始的三个月损失就达 85484 千元。但是，若根据上海社会局的调查，上海工业的损失还要巨大，损失总额在 8 万万元左右。[3] 因此基本可以判断，以法币对外汇率稳定表现法币币值的固定汇率制阶段，对近代工业复苏是有促进作用的，后来的损失主要归因于战争。

二、对中国对外贸易的影响

（一）此阶段中国对外贸易产品和国别的变化

1935 年 11 月法币改革后，中国在对外贸易产品比重和贸易伙伴上有了一些新的变化。从出口产品来看，中国在国际"垂直化"分工体系下的原料输出国地位没有改变，出口仍以原材料为主，但具体产品有了重要变化。我国的对外贸易向来以丝茶为大宗，但受国际竞争影响有所衰落，从 1935 年起桐油一跃而占全国物产输出总额的第一位，1938 年固定汇率制结束之前的桐油输出总值分别为：1935 年 41582879 元；1936 年 73378654 元；1937 年 89845563 元。[4]

从对外贸易国别比重看，中日战争促使 1938 年前后对外贸易伙伴出现变化。1935～1937 年间，中国的出口国及地区和进口国及地区比重都没有出现

---

① 陈真，姚洛合编. 中国近代工业史资料（第一辑 民族资本创办和经营的工业）［M］. 北京：三联书店，1957：75.

② 洪葭管. 中国金融通史（第四卷 国民政府时期）［M］. 北京：中国金融出版社，2008：298.

③ 陈真，姚洛合编. 中国近代工业史资料（第一辑 民族资本创办和经营的工业）［M］. 北京：三联书店，1957：78.

④ 可良. 改进中国桐油事业现实应有之处理［J］. 贸易半月刊. 第 1 卷，第 1 期（1939 年）：27.

变化，按比重大小，进口国及地区比重依次为：美国、日本、德国、英国等；出口地依次为：美国、中国香港、日本、英国等。[①] 1937 年中日开战后情况出现变化，1938 年日本在中国进口国及地区占比升为 28.3%，列为首位，而原来列为首位的美国占比仅 17%，此后到 1941 年太平洋战争前，日本一直是中国进口国的首位国家。[②]

（二）中国的固定汇率利于进出口商规避汇率风险，促进了中国对外贸易的发展

法币改革后，中央银行、中国银行、交通银行三行的无限制买卖外汇促使中国进入汇率稳定阶段，这促进中国对外贸易获得发展。据中国 1935 年的贸易统计显示，1935 年 11 月法币推出后，在 12 月即出现了历史罕见的贸易顺差。1935 年 12 月全月出口超过进口，计 5351427 元，以海关金单位计算，出超数为 2359536 金单位，无怪时人评论："此种现象，在中国之贸易史上，除一八六四年，一八七二年至一八七六年外，可谓罕见。"[③]

中国固定汇率制时期的总体贸易状况（1935～1938 年）见表 5–8。

表 5–8   **1935～1938 年中国对外贸易**   单位：国币 100 万元

年份	华北		华中		全中国			
	出口	进口	出口	进口	出口	进口	总计	入超
1935	—	—	—	—	576	919	1495	343
1936	191	140	380	637	706	942	1648	236
1937	215	145	417	591	838	953	1791	115
1938	254	319	253	284	763	893	1656	130

资料来源：1935～1937 年全国数据来自加拿大商业情报. 中国一九三七年之对外贸易（上）[J]. 贸易半月刊，第 1 卷，第 1 期（1939 年）：36；1938 年全国数据及华北、华中的数据来自 [日] 浅田乔二等，袁愈佺译. 1937～1945 日本在中国沦陷区的经济掠夺 [M]. 上海：复旦大学出版社，1997：180.

----

① 加拿大商业情报. 中国一九三七年之对外贸易（上）. 贸易半月刊，第 1 卷，第 1 期（1939年）：37 表五和表六.

② 上海社会科学院经济研究所. 上海对外贸易 1840～1949（下册）[M]. 上海：上海社会科学院出版社，1989：50.

③ 允中. 二十四年度之我国对外贸易. 东方杂志. 第 33 卷，第 5 号（1936 年 3 月 1 日）：70.

结合表 5-8 及历史史料分析，本书发现，中国固定汇率制时期对外贸易获得好转主要表现在两方面：

首先，法币对外汇率稳定促进中国对外贸易总值得到提高。表 5-8 显示，1936 年、1937 年两年中国对外贸易总值都高于币制改革的 1935 年，就连抗战爆发后的 1938 年，中国对外贸易总值也比 1935 年多。实际上 1937 年 8 月 13 日淞沪战争爆发后引发了当时的市场恐慌，导致中国"1938 年 1-5 月的进口贸易比上年同期减少 30%"。[①] 即使如此，中国 1938 年贸易总值还能超过 1935 年，足以说明固定汇率对贸易的促进作用。这种促进作用主要表现在：以外币折为法币的价格不再变动，这使一直习惯用外币计价的进出口商可以免于汇率波动的风险。1939 年的《东方杂志》就有这样的记载，即："一般进出口商人得以避汇兑之风险，莫不额手相庆。而我国对外贸易，亦得赖以改进不少：二十五、二十六年度贸易数额的激增与贸易趋势的好转，就是一个明证。"[②]

之所以中日战争爆发后的 1938 年的中国对外贸易仍能较好，主要原因在于：国民政府对内地和上海采用不同的贸易管理措施。对内地，国民政府采用 1938 年 3 月 12 日颁布的《中央银行办理外汇请核办法》和《购买外汇请核办法》后，我国相当于进行了贸易和外汇管制；对上海，没有执行贸易管制法令，采取了继续维持外汇的政策。上海几成"商业自由市"，商人虽然无法通过向国民政府按官价购买外汇，但仍可以通过汇丰银行维持的外汇黑市来进行外汇买卖，这促进"孤岛"期间上海进出口贸易获得畸形发展，中国的对外贸易值又在上海的带动下获得发展。

其次，中国固定汇率制时期贸易入超减少。中国的对外贸易向为入超，自币制改革后，表 5-8 反映的中国入超数额，自 1935 年的 3.43 亿元减至 1936 年的 2.36 亿元，至 1937 年复减至 1.15 亿元，1938 年的入超额也远低于 1935 年，从而出现入超减少的好景象。

需要说明的是，以上中国在固定汇率制阶段对外贸易的发展是在中日战争的反向作用下出现的，中日战争自 1937 年 7 月爆发后，中国自 8 月后贸易就有缩减态势（见图 5-2），这更能说明引起中国 1938 年对外贸易减少的主因

---

① 周应湘. 论我国现时应否贬低汇率 [J]. 金融经济月刊. 第 2 卷，第 2 期（1938 年）：6.
② 龚家麟. 汇率贬低问题之检讨 [J]. 东方杂志. 第 36 卷，第 5 号（1939 年 3 月 1 日）：5.

是战争。在 1937 年 7 月战争冲击下中国对外贸易仍能有所提高，主要应该归功于法币对外稳定的汇率。

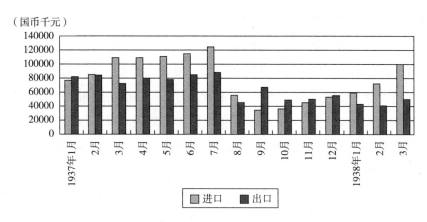

图 5 - 2　1937 年～1938 年 3 月中国对外贸易变化

资料来源：根据郭德镛，李炳章．我国战时对外贸易政策之演进［J］．商学研究．创刊号（1940 年）：71 页数据整理得出。

本章小结

国民政府为解决经济危机，先后寻求美英救助失败的情况下，最终在危急时刻选择在 1935 年 11 月 4 日推出了法币，开启了中国的纸币制度时代。名义上，法币保持了独立地位，既没有加入英镑集团，也没有加入美元集团。实际上，法币与美元、英镑都有联系，成为事实上的盯住英镑、美元的固定汇率制。随着 1936 年世界黄金集团的解体，金本位制下自发形成的固定汇率制在各国相继放弃的背景卜，中国却开始了固定汇率制，这与世界汇率制度的演变正好相反，是中国面对以美国为首推动的世界银价上涨引发的中国经济危机的一种被动适应结果。

从 1935 年 11 月 4 日法币推出至 1938 年 3 月 12 日国民政府公布实行"外汇请核办法"止，属于近代中国固定汇率制时期，这种汇率制度的出现是以"保证法币币值稳定"为目的的币制改革在中国汇率制度领域里的一种实际表现。1937年7月爆发中日战争前后，国民政府维护固定汇率制的手段不尽相同，但都是以"中央银行、中国银行、交通银行三行无限制买卖外汇"为核心措施，这一措施的开展以向英、美售银扩大外汇储备为保证，从而使这一汇率制度的运转对英、美形成强烈依赖。

法币的推出使中央银行真正收回从19世纪70年代中期以后就由汇丰银行控制的外汇控制权，是中国在汇率制度建设领域的进步。法币改革后的对外汇率，与白银彻底脱钩，法币对外汇率非常稳定，并且属于法币对外汇率低估的稳定汇率。从币改初期中国固定汇率制时期的经济表现看，这种法币对外低估的固定汇率制促进了中国走出经济危机，并使中国以贸易总额扩大、入超减少为表现的对外贸易获得发展。

在法币推出后的固定汇率制时期，中国的外汇管制进一步加强，先后出台了《非常时期安定金融办法》《中央银行办理外汇请核办法》《购买外汇请核规则》等。这些管制措施在防止中国的外汇外流及法币对外汇率稳定方面都起到了一定的作用，尤其是《非常时期安定金融办法》的实行，使国民政府无限制买卖外汇的措施能够得以继续，从而保证了当时的法币对外汇率稳定。

国民政府期望通过维持法币对外汇率的稳定，来保证法币的币值稳定，并通过无限制买卖外汇来实现，这相当于同时用货币政策来实现外部均衡与内部均衡。无限制买卖外汇的规定对法币的发行数量提出约束，因为，如果法币发行过多，就会引起法币贬值，为保证法币币值稳定，国民政府就必须用向市场供给外汇，回收法币。这相当于将法币的对内价值与对外汇率捆绑，中央银行的货币政策在同时承担着实现内外均衡的责任。在当时财政因入不敷出而缺乏弹性的情况下，中央银行没有保持独立性，最终，这种固定汇率制因为大量增发法币来维持财政运转遭到破坏，在1938年3月以后中国进入名义固定、实际浮动的新阶段。

第六章

结论与启示

第一节　结论

一、中国在 1938 年以前汇率制度的变迁过程与其他国家不同

1935 年 11 月法币改革前，中国以银为主要货币，中国在对外的国际金融领域及大额交易上均以银为主要货币，出现实际的银本位制度，这种货币制度下，中国的汇率制度呈现自发的浮动汇率制。同期，最早从英国开始（1816年）、欧洲国家基本在 1880 年左右完成了金本位制的建设，各国之间在金本位制下表现出自发的固定汇率制。1935 年 11 月法币改革后，中国开始采用法币，也即纸币制度，并且采用盯住英镑、美元的固定汇率制，这一固定汇率制在 1938 年 3 月后演变为名义固定、实际浮动的汇率制度。同期，英国在 1931年 9 月、日本在 1931 年 12 月、美国在 1934 年（1933 年已暂停）放弃了金本位，随着 1936 年黄金集团的解体，世界各国原来表现出的固定汇率制实际已经不复存在。因此，可以说中国的汇率制度变迁过程与其他国家正好相反。

中国表现出的与别国不同的汇率制度变迁过程，直接原因在于中国落后的币制建设导致的中外货币本位不同。在中国采用银本位制时，世界各国用金本位制，中国的币制是同期世界币制中最紊乱的一个。紊乱币制表面看是中国没有统一货币铸造权导致，更深入的原因则是历任政权面临内部矛盾与外部侵略时，难以实现政治上的独立统一而在经济领域的反映，可以说近代中国的汇率制度是近代中国"闭关政策"导致的经济落后与被迫开放后导致的政治不独立的综合结果。经济上，1840 年以前，中国奉行起源于文化的"闭关政策"，

同期世界正在经历工业革命，这使"不知海外尚有世界"的中国在经济上开始落后，成为世界分工"垂直化"化格局下的原料供应国，不仅丧失了 19 世纪前的世界最强国地位，还出现经济的负增长。政治上，工业化后的强国为了资本输出，1840 年采用战争的强制手段打开了中国国门，使中国由奉行"闭关政策"、自给自足、独立自主的封建社会国家转变为被迫开放的、半殖民地半封建社会国家。经受外部冲击的同时，近代中国经历了清朝、北洋政府、国民政府等时期，不同时期的政权都有自己内部难以调和的矛盾，这使币制建立的最重要先决条件"政治之统一与社会之安宁也"① 在近代中国还不具备。

汇率制度是货币制度的一隅，在币制残缺不全的情况下，清政府、北洋政府、南京政府根本没有能力顾及汇率制度建设，所以中国出现了与别国不同的汇率制度演变过程。就中国的汇率制度而言，是近代中国因为经济与政治原因导致币制呈支离破碎的情况下，无暇顾及汇率制度而自然呈现的一种状态。

二、近代中国浮动汇率制下的汇率基础决定权及影响因素都在国外强国，固定汇率制的运行也依赖英、美强国的支持，近代中国汇率制度的变迁过程总体是受外来因素主导冲击下的一种被动适应结果

中国在浮动汇率制时期，白银货币对外汇率的决定基础是英、美控制的金银比价。1840 ~ 1931 年，世界金银产量的变化、世界货币制度的演变、各国对金银进出口的限制、世界的商业衰落及汇丰银行对近代中国外汇牌价的控制等原因使中国白银货币对外汇率大幅波动，总体呈下跌趋势；1931 ~ 1935 年 11 月，中国白银货币对外汇率波动更为剧烈，总体呈上涨趋势。前期是由于英、日等国放弃金本位的货币贬值，伴随同期国际银价下跌使得中国货币对外汇率上涨，但低于各国贬值程度。后期是由于美国 1934 年推行白银政策促使国际银价人为上涨，使中国白银货币对外汇率有上涨的动力，在国民政府 1934 年实行外汇管制的逆向作用下，中国白银货币对外汇率仍呈急剧上涨。可见，中国白银货币对外汇率的决定基础在国外，导致中国白银货币对外汇率

---

① 刘振东. 中国币制改造问题与有限本位制［M］. 上海：商务印书馆：出版年限不详：24.

波动的原因，除了中国 1930 年曾对黄金输出做过限制、1934 年对白银流动的干预外，影响中国汇率波动的原因主要来自国外。这样的浮动汇率制只利于西方，不利于我国；只利于列强，不利于中国。

中国在固定汇率制时期，法币以盯住英镑、美元的固定汇率来保证法币币值稳定，1937 年 7 月爆发中日战争前后，国民政府维护固定汇率制的手段不尽相同，但都是以"中央银行、中国银行、交通银行三行无限制买卖外汇"为核心措施，这一措施的开展以向英、美售银扩大外汇储备为保证，以法币发行数量稳定为前提，从而使这一汇率制度的运转对英、美形成强烈依赖。最终，国民政府面对中日战争引发的存款挤提和套取外汇，在耗费了一半的外汇储备、通过增发法币维持财政支出的情况下，于 1938 年 3 月开始了外汇管制并宣告无限制买卖外汇结束，从此，中国短暂的固定汇率制进入到名义存在、实际消亡的新阶段。这一过程反映了依赖英、美支持的外汇储备来保证法币对外汇率稳定的制度设计不可持久。

中国从浮动汇率制到固定汇率制阶段的变迁，是英、美控制的银价上升引发中国 1933~1935 年经济危机后的被迫选择；从固定汇率制到名义固定、实际浮动的汇率制，是在中日战争冲击下，靠向英、美售银赚取的外汇储备，难以维持法币增发引起的法币贬值的再次被迫选择。可见，来自国外强国的影响因素在中国近代历次汇率制度变迁中都是最主要的影响因素。从而，无论货币制度还是汇率制度，都是近代中国政府面对政治经济问题被动变革、再缓慢发展的一种适应结果，而从没有主动变革过。

三、以中央银行为首的金融机构的建设落后于汇率制度的发展要求

自 1870 年世界银价出现下跌，中国 1877 年的第四次西征借款已出现镑亏，1894 年后的外币借款镑亏加剧，这时对变革币制主导下的汇率制度已有强大需求。因为，当时中国没有独立的汇率政策，对白银汇率无从把握，只能听命于英、美控制的金银比价变动，自然也就只能承受自己控制不了的汇率波动带来的、以镑亏为代表的损失，这时中国显然有了变革汇率制度的强烈需求。

在中国近代，洪仁玕 1859 年就提出建立中国自己的银行，但直到 1897 年中国才出现第一家商业银行，此时汇丰银行早已在 19 世纪 70 年代中期后就垄断了中国的国际汇兑，并控制了中国的外汇牌价。内忧外患之下，中国真正意义的中央银行直到 1928 年才出现。中央银行建立后，1930 年通过征收关金和提早外汇牌价开始收回外汇控制权，最终在 1935 年法币推出时通过管理法币发行、公布外汇挂牌及管理外汇储备，才有了对法币对外汇率的影响力。中国中央银行的出现大大晚于英、美等强国，可以说近代中国中央银行的建设落后于汇率制度发展的要求。

中央银行建设落后的结果就是伴随币制变革的落后、汇率制度完全自发形成，也使得近代中国资本管制近乎空白。1934 年以前，中国对白银流动毫不干涉，利于投机力量的攻击，使中国出现 1931 年前的物价高涨和 1933 年后的物价紧缩。中央银行建设落后的另一结果就是中央银行没有充分的独立性，受当时财政影响较大，出现了后来的、因弥补财政增发法币，导致中国的固定汇率制不能长久运行。1928 年才出现的中央银行由于没有充足的时间积累经验与完善，至 20 世纪 40 年代初，仍步履蹒跚，未走完成长之路。

四、近代中国本币对外汇率下跌期及本币对外低估期的经济表现好于本币对外汇率上涨期的经济表现

1931 年以前的浮动汇率制下，中国白银货币对外汇率总体呈下跌趋势，1935 年 11 月法币改革后的固定汇率制时期采取法币低估策略，回顾本书汇率制度的影响分析部分可以发现：这两个中国本币对外汇率下跌和本币对外低估期的经济表现，好于 1931 年～1935 年 11 月间中国本币对外汇率上涨期的经济表现。第一，从贸易方面看，这两个时期中国的汇率制度都对贸易产生好的促进作用。1931 年前相比 1931～1935 年，前者贸易条件改善，后者贸易条件恶化并使中国的贸易福利减少。1935 年后的法币低估促进 1936～1938 年贸易扩大，逆差减少。第二，从物价方面看，1931 年前引发白银流入中国，物价提高的同时也使货币充裕，1935 年后物价回升，成功走出此前的经济危机。第三，从民族工业发展方面看，中国的民族工业也是在中国白银货币对外汇率整体下跌时期发展起来的，即使在第一次世界大战时期，中国实际的白银货币对

外汇率仍然是低的，配合外国因战争而放松对中国商品倾销的因素作用，中国的民族工业获得发展。但1932年后，尤其是1933年后，中国本币对外汇率大涨，中国刚刚发展起来的民族工业受到致命打击。1935年后由于法币采取低估策略时，民族工业在1936年获得发展。可见，当一国民族工业处于发展初期时，采用适当的本币对外汇率低估是必要的。第四，从经济稳定性方面看，尽管1931年前中国也发生了九先令风潮，但相比中国1931～1935年间因本币对外汇率上涨出现的经济危机而言影响小得多。第五，从财政方面看，在1931年以前的中国白银货币对外汇率下跌期，中国出现镑亏，外债还本付息压力变大，不利影响较多；1931～1935年间的中国白银货币对外汇率上涨减少了中国财政负担，对财政有利，但当时中国一部分外债以关税担保，从而没有享受到本息减少的好处，另外，新增外债少也导致享受的好处有限。

显然，从中国的情况看，中国在本币对外汇率下跌期及本币对外低估期的经济表现好于本币对外汇率上涨期的表现。然而遗憾的是，由于中国没有独立的货币政策及汇率决定权，不论白银对外汇率下跌还是上涨，总能给一部分人以相当的利益。但可怜的是，这种利益的命运，却操之于他人之手，我们只能依人浮沉，由人摆布而已。

五、近代中国无论是浮动汇率制还是固定汇率制时期，危机出现时进行外汇管制都取得了一定的效果

在浮动汇率制时期，1934年美国购银引发中国白银大量外流，为此中国采取一系列限制措施，其中对白银征收平衡税的措施，相当于将中外白银的联系隔断，使得中国白银货币对外汇率上涨因为人为干预而低于国外银价上涨幅度，这对中国当时白银外流起到了一定的遏制作用。此外，中国白银货币对外汇率上涨低于国外银价上涨，对阻止国内物价下跌也起到了一定作用。

在固定汇率制时期，1937年8月淞沪战争爆发后，中国的外汇管制进一步加强，先后出台了《非常时期安定金融办法》《中央银行办理外汇请核办法》《购买外汇请核规则》等。这些管制措施在防止中国的外汇外流及法币对外汇率稳定方面都起到了一定的作用，尤其是《非常时期安定金融办法》的实行，使国民政府无限制买卖外汇的措施能够得以继续，从实际结果看也起到

了一定的安定恐慌的作用，正因如此，国民政府在 1938 年 3 月前还能维护市场的汇率稳定。

第二节 启示

一、一国汇率制度稳健的保证是币制的完善，前提是国家的独立、政策的正确与一贯性

没有完善的货币制度，汇率制度建设无从谈起。近代中国汇率制度发展的经验，对一些想要进行汇率制度建设或改革的国家无疑都是值得切记的原则。对于中国来讲，当前中国的货币制度已较为完善，但一些重要的金融改革还在继续，如利率市场化的最终完成。人民币汇率制度继 1994 年的重要变革后，2005 年再次改革，改革后的人民币汇率采取以市场供求为基础的、盯住一篮子货币的、有管理的浮动汇率制。伴随汇率制度改革，近年中国逐步放开资本账户管制，并在 2011 年后以人民币结算的跨境直接投资推出为契机，加快推进了人民币国际化的进程。事实表明，当前人民币汇率的波动幅度大大高于 2005 年汇改之前，未来也必将推出更多的汇率制度建设，历史警诫我们：我们未来将要进行的任何与汇率相关的变革，都应在国内货币制度稳定时期推进才能取得更好的效果。为此，需要注意以下方面的问题：

一是，在国家独立的前提下，坚持独立的货币制度对发展中大国至关重要。从近代中国的汇率制度发展过程可以看到，由于没有独立完整的货币制度，汇率手段就会失效，经济发展就会在外界影响之下而无力调控。1999 年美国学者克鲁格曼结合 1997 年亚洲金融危机，提出了著名的三元悖论，即一国不可能同时实现货币政策独立性、汇率稳定以及资本自由流动，至多只能同时选择其中的两个。因此，我国不可能同时实现货币政策独立、汇率稳定、资本自由流动三个目标。经济金融全球化背景下，各国未来的资本管制必将放松，也正因为认识到这一点，中国现在渐渐放开资本管制，QFII、QDII 都相继引入中国。近代中国的历史告诉我们：如果没有独立的货币制度，汇率制度建设也将无从谈起，而且很难把握本国货币对外汇率的决定基础，无论浮动汇

率制还是固定汇率制对经济都有好的影响，重要的是一定要掌握对汇率的控制权。所以，未来无论经济领域进行何种对内对外改革，坚持独立的货币制度都是至关重要的。失去货币制度的独立性，任何货币同盟都不会稳固，中国1935年后法币依赖英、美维持汇率稳定的失败就是个教训。

二是，当代中国货币制度完善的重点应该放在货币政策工具方面，并且坚持政策的正确与一贯性。当代中国同西方经济强国一样，拥有法定准备金政策、公开市场业务、再贴现政策三大一般性货币政策工具，同时在一些领域拥有选择性的货币政策工具，如对房地产市场的信贷政策调整。与西方不同的是，目前中国以法定准备金政策的应用为重点，美国为首的西方则以公开市场业务为主。理论上公开市场业务是最优秀的一般性政策工具，这就需要中国开展完善公开市场业务的相关工作，如完善金融市场的交易环境、增加公开市场业务的交易品种等。另外，对货币的供给必须坚持一定的原则，中国近年一直存在货币超发现象，货币超发的表现就是 M2/GDP 的比率超过美国、日本等发达国家，但中国的 GDP 远低于美国，中国超发货币的去向是近年受关注的金融热点之一。本书对货币去向暂不做探讨，仅以此说明货币政策的原则缺失定会引起一系列不良反应，汇率的波动就是其中之一，而汇率的波动必会引起汇率制度的不稳定。

二、无论是采取固定汇率制，还是浮动汇率制，一国必须把汇率决定基础放在自己可控范围内，而不能依附他国

从中国的历史经验看，浮动汇率制和固定汇率制对经济的影响都有好的方面，但因中国没有把汇率决定基础控制在自己手里，从而无法通过引导本币对外汇率走势来发展经济。因此，当代人民币汇率制度建设必须把汇率决定基础放在自己可控范围内，然后推进人民币汇率制度建设的相关工作，具体要注意以下方面：

首先，及时调整人民币对外汇率的跟踪篮子货币，一定不能依附他国。当代人民币对外汇率波动采取盯住一篮子货币的有管理的浮动汇率制，在实际运行中不能僵化地跟着别国汇率波动而波动，一定要结合中国经济情况的转变及时调整，包括篮子货币的构成及权重，防止人民币汇率依附他国。

其次，央行对人民币汇率波动中的升值干预可强于贬值干预。2005年汇改至2014年，人民币汇率总体呈单边升值态势，此后至今呈现贬值趋势。一国经济发展程度较低时，本币对外汇率适当低估对经济有较大好处，这在近代中国汇率制度的影响部分得到验证。实际上，英国1931年放弃金本位初期，为了刺激经济发展也采取了英镑贬值策略，美国1933年暂时放弃金本位时也是采取美元贬值策略。现在，中国已经跻身于世界经济大国行列，但要看到，中国还存在着经济总量较高、经济结构滞后的特点。目前，中国已经形成了第三产业、工业、农业的经济格局，这与世界经济大国的经济格局基本一致，但中国在第三产业上还是以传统服务业为主，现代服务业发展落后，而以美国为首的经济强国在经济格局上都以现代服务业为龙头产业。在分析近代中国国外经济背景部分曾谈到，在近代国际经济"垂直化"分工格局中，中国就因处于分工的原料供应国地位而成为经济发展的弱势国家。现代中国经济格局中，中国如不能追赶国际经济强国的经济布局，仍有存在经济发展落后的可能。因此，中国至少在现代服务业经济占比提高到世界平均水平之前，面对人民汇率可能出现的大幅波动，央行对人民币汇率波动中的升值干预力度应更强一些。

再次，在以人民币为核心货币的前提下，推进东亚货币合作进程。1973年布雷顿森体系解体后，伴随汇率波动加大和经济危机的频繁出现，各国进行资本管制的难度越来越大，使得区域货币合作成为潮流，出现了欧元区，拉美国家的美元化。亚洲以中日韩为核心的东亚货币合作在矛盾与竞争中缓慢推进，在日元已成为重要国际储备货币的现实条件下，想要使人民币成为东亚货币区核心货币异常艰难。即使如此，近代中国的教训告诉我们，汇率决定基础的把握对一国异常重要，放弃在东亚货币区核心货币的地位就可能影响到中国对人民币汇率的决定。现实情况下，可以考虑在加紧国内金融市场完善建设的基础上，加快人民币国际化，然后再争取在东亚货币合作中的核心货币地位。

三、国内金融市场的完善建设有必要在完全放开汇率波动和资本管制之前

中国在近代浮动汇率制时期，几乎没有资本管制，投机者受获利的刺激将白银输出中国，最终导致1933～1935年的经济危机。当时中国的金融市场正

处于起步发展时期，市场充满投机气氛，1910 年时曾发生橡皮股票风潮、1921 年时金融市场又发生了盲目增设机构导致的信交风潮。在国内金融市场还不发达的情况下，难以起到分流投机资金的作用，当 1932 年起国内经济环境恶化时，国内的白银资金就因几乎无管制的资本管制状态开始流出中国。现在，中国一方面在放开资本管制，另一方面在放开人民币的波动幅度，此外人民币的国际化更是加紧推进，这与中国 1935 年以前浮动汇率制时期有相似的地方，因此，我们必须借鉴这一历史教训：在完全放开资本管制与人民币汇率波动幅度之前，亟待加紧国内金融市场的建设步伐，且一定是在国内金融市场建设基本成熟时，才能更大程度地放开资本管制和人民币的浮动幅度。为此，在完全放开人民币汇率波动幅度和资本管制之前，至少做到金融市场里的资本市场和外汇市场的完善建设。

一是，资本市场方面，以扩大市场的广度和深度为核心建设内容。当前，中国在融资结构上，还是以间接融资为主。尽管自 2013 年以来出现了以 P2P、众筹等为代表的互联网金融融资模式，但在金融占比上远还没有形成气候。人民币汇率和资本账户放开日益紧迫的情况下，中国现实选择应该是在完善法规的基础上，采用股票发行实行注册制为先行的手段扩大市场的广度，以沪港通及沪伦通的开通为契机进一步加深资本市场的互联互通以加深市场的深度。

二是，外汇市场方面，以扩大市场的交易主体和类型为核心建设内容。1994 年建立的上海银行间外汇市场一直存在交易主体不足的缺陷，属于场内交易的、以银行为主体进行结售汇头寸平补的市场。据外汇交易中心披露，截至 2014 年 10 月，银行间外汇市场共有会员 446 家，其中银行占据外汇市场九成以上的份额，虽然有 51 家非银行金融机构，但都属于大型企业的财务集团公司。[①] 随着人民币国际化和资本市场的放开，这种交易主体单一的市场格局显然不适应国际潮流。现实情况下，为扩大市场交易主体，可以考虑先引入证券公司、保险公司等非银行机构参与银行间外汇市场操作，后引入企业、个人参与外汇市场的交易。此外，从现在人民币外汇市场的现存产品类型看，由最初的即期结售汇、远期结售汇、掉期交易到货币掉期、外汇期权，表面看产品

---

① 孙杰. 丰富银行间外汇市场主体结构 [J]. 中国金融，2014（12）：50.

种类已经大为丰富，但由于是银行供给型的产品种类，实际以客户需求为导向的产品还亟待完善，未来在产品类型建设上，应推出更多以客户需求为导向的产品类型。

四、危机出现时，有必要进行适当的外汇管制，尤其是资本管制

1934 年，中国白银货币对外汇率低于国外银价导致白银外流，国民政府采用了征收出口税和平衡税等外汇管制措施，事实证明，确实一定程度上遏制了中国白银货币对外汇率的过高上涨，但资本管制不够严格，白银走私并没有完全遏制，从而引发国内通货紧缩和经济危机。如果当时资本管制更严格，这种情况也许会好得多。1935 年法币改革后，由于资本管制不够严格，使日本可以用法币套取外汇，对中国的固定汇率制产生冲击。这说明：当出现危机时，对汇率进行调控的同时也应该辅以必要的外汇管制，尤其是资本管制。目前来说，中国发生金融恐慌的可能性很小，未来随着人民币国际化完全实现、人民币汇率变为自由浮动汇率及资本管制完全放开后，在中国出现金融风险增大引发的金融危机出现的可能性大大增加。从中国历史中我们应该认识到，一旦危机出现时至少有两点管制措施是必要的：

一是，在危机出现时，可以考虑征收国外资本收入特别税。中国 1934 年实行白银平衡税时规定：如果伦敦银价折合上海汇兑的比价，与中央银行当日照市核定的汇价相差之数，除缴纳出口税外，而仍有不足时，应按其不足之数并行加征平衡税。[①] 这意味着如果及时调整平衡税，国内与国外银价即使有差异，对投机者也不会产生收益，这一政策在当时起到了遏制中国白银货币对外汇率过度上涨的作用，但在当时白银为货币的背景下，由于币制的不健全而最终没有完全获得成功。现在，中国的货币制度已较为健全，只要坚持独立的币制，对危机出现时的资本输出征收国外资本收入特别税，对平稳危机中的汇率和可能出现的恐慌还是有作用的。

二是，在征税效果不利时，应该严厉禁止本国居民将资本自由转移到国

---

① 中国人民银行总参室编. 中华民国货币史资料（第二辑）（1924~1949）［M］. 上海：上海人民出版社，1991：142.

外。一般来说，一国出现危机时，大都表现为资本流出，资本流入很少，1997年东南亚金融危机时国际资本转出泰国就是很好的例证。所以，当征税效果不利时，就必须严厉禁止资本能够自由转移到国外，否则就会冲击一国汇率的稳定，更会加重危机发生国的国内恐慌，这在近代中国 1934 年浮动汇率制时期及 1935 年后的固定汇率制时期都已发生。

五、中央银行的独立性将决定汇率制度变革时的结果

中国从浮动汇率制向固定汇率制变革时，初期获得了较好的效果，固定汇率制在 1938 年 3 月后的被迫放弃很大程度上是央行增发法币的必然结果。当时，财政政策弹性不足时，中央银行就被迫发行法币来弥补赤字，尽管当时是战时金融具有特殊性，但要看到，在和平时期，如一国采用固定汇率制，当财政政策空间不足而经常依赖中央银行执行的货币政策时，这种固定汇率制很难长久。当前中国的情况与近代相反，即人民币汇率由过去的基本不动到 2005 年后的浮动加大，也即从固定汇率向浮动汇率过渡。此时如中央银行独立性建设不够，一样会影响到人民币汇率进一步放开后的效果。因为，任何受财政政策制约的货币发行扩大或紧缩，都可能影响到利率变动及宏观环境的改变，最终影响到汇率的波动。因此，汇率制度变革时最好出现在中央银行的独立性较强时为宜。

中央银行的独立性集中反映在中央银行与政府的关系上。中国的中央银行为中国人民银行，其与财政部并列，是隶属于政府的一类特殊的金融机构。目前，中国人民银行总体上只有一般货币政策事项的决定权，在重大问题上，还是受制于国务院的制约，例如说对利率市场化的推进、存款保险制度的推行等。对中国人民银行的独立性问题不能孤立看待，在现代中国经济结构转型的关键时期，中国人民银行在货币政策操作上首先需要服务大局。但要谨记的是，在经济转型基本实现的时候，中国人民币汇率制度必将走向浮动，那时就一定要关注中国人民银行的独立性建设，总体的原则就是减少政府的干扰，以使汇率制度更好地发挥对经济的调节作用。

参考文献

一、史料（按出版时间为序）

[1] 严中平等编. 中国近代史统计资料选辑 [M]. 北京：科学出版社，1955：69-73.

[2] 陈真，姚洛合编. 中国近代工业史资料（第一辑 民族资本创办和经营的工业）[M]. 北京：三联书店，1957：2，59，64-69，75，78.

[3] 中国科学院上海经济研究所. 上海解放前后物价资料汇编 [1921~1957] [M]. 上海：上海人民出版社，1958：7-23，45，67-68，113-115，187.

[4] 中国人民银行总行参事室金融史料组. 中国近代货币史资料（第一辑）（清政府统治时期）[M]. 北京：中华书局，1964：247，805.

[5] 沈云龙主编. 近代中国史料丛刊续编第九辑——中国近代货币史资料（一八二二———一九一一）[M]. 台北：文海出版社. 1966：1099，1111-1112，1223.

[6] 徐雪筠等译编. 中国近代经济史资料丛刊—上海近代社会经济发展概况（1882~1931）—海关十年报告译编 [M]. 上海：上海社会科学院出版社，1985：45，67-68，187-191.

[7] 孔敏主编. 南开经济指数资料汇编 [M]. 北京：中国社会科学出版社，1988：449，458，485，597，634-638，648，665，673.

[8] 吴景平译. 李滋罗斯远东之行和1935~1936年的中英日关系——英国外交档案选译（上）[J]. 民国档案，1989（10）：49-66.

[9] 中国人民银行总参室编. 中华民国货币史资料（第二辑）（1924~

1949）［M］. 上海：上海人民出版社，1991：93，105 – 111，117 – 118，120 –
121，131 – 134，142 – 148，154，155，162，240，247，276 – 280，290 – 293.

［10］中国人民银行参事室编. 中国清代外债史资料（1853—1911）
［M］. 北京：中国金融出版社，1991：247.

［11］中国银行总行，中国第二历史档案馆合编. 中国银行史资料汇编上
编（3）［M］. 北京：中国档案出版，1991：2178 – 2179.

［12］南京金融志编纂委员会，中国人民银行南京分行. 民国时期南京官
办银行南京金融志资料专辑（一）［M］. 南京：南京金融志编辑室，1992：
1 – 2,20，90，340.

二、著作（按文中引用顺序为序）

［1］唐庆增. 国外汇兑［M］. 上海：商务印书馆，1934：83 – 84.

［2］郑友揆. 1840~1948 中国的对外贸易和工业发展［M］. 上海：上海
社会科学院出版社，1984：15 – 17，40 – 55，97，100，111，342 – 343.

［3］实业部银价物价讨论委员会编辑. 中国银价物价问题［M］. 上海：
商务印书馆，1936：1，9，17，68，127，136，137，166.

［4］宋佩玉. 近代上海外汇市场研究（1843~1949）［M］. 上海：上海
人民出版社，2014：66.

［5］［美］查尔斯·金德尔伯格（Charles P. Kindleberger）著. 徐子健，
何建雄，朱忠译. 西欧金融史（第二版）［M］. 北京：中国金融出版社，
2010：11，312，384 – 410.

［6］［美］米尔顿·弗里德曼（Milton Friedman），安娜·J·施瓦茨（An-
na J. Schwartz）著. 巴曙松，王劲松等译. 美国货币史（1867~1960）［M］.
北京：北京大学出版社，2009：33，78，343，344，347 – 349.

［7］［英］埃因催格（P. Einzig）著. 彭子明编译. 战后世界金融［M］.
上海：商务印书馆，1937：150、159、163、181、198、199、259.

［8］［英］安格斯·麦迪森（Angus Maddison）著. 伍晓鹰，许宪春，叶
燕斐，施发启译. 世界经济千年史［M］. 北京：北京大学出版社，2003：7，

8，95，109，260.

[9] 高德步，王钰. 世界经济史（第三版）[M]. 北京：中国人民大学出版社，2011：216，227，233，263，317.

[10] 王先明. 中国近代史（1840~1949）[M]. 北京：中国人民大学出版社，2011：6-8.

[11] 洪葭管. 中国金融史十六讲 [M]. 上海：上海人民出版社，2009：85.

[12] 姚遂. 中国金融史 [M]. 北京：高等教育出版社，2007：219，239，246，262，281，321，324，325，342.

[13] 刘克祥，吴太昌. 中国近代经济史（1927~1937）[M]. 上海：人民出版社，2012：412，1636-1637，2069.

[14] 严中平. 中国近代经济史（1840~1894）[M]. 上海：人民出版社，2012：1171-1172，1314.

[15] 石毓符. 中国货币金融史略 [M]. 天津：天津人民出版社，1984：42-44，166，172，246-249，267-268.

[16] 杜恂诚. 中国金融通史（第三卷 北洋政府时期）[M]. 北京：中国金融出版社，2002：31，75，347，357-360.

[17] 洪葭管. 中国金融通史（第四卷 国民政府时期）[M]. 北京：中国金融出版社，2008：53，298，299，319-321，331.

[18] [美] 耿爱德（E. Kann）著. 蔡受百译. 中国货币论 [M]. 上海：商务印书馆，1929：66、110、112、206-207、227-229.

[19] 彭信威. 中国货币史（第三版）[M]. 上海：上海人民出版社，2007：575，576，630-639，648，660，717，728.

[20] 魏建猷. 中国近代货币史 [M]. 合肥：黄山书社，1986：26.

[21] 千家驹，郭彦岗. 中国货币演变史（第二版）[M]. 上海：上海人民出版社，2014：173-178.

[22] [美] 阿瑟·恩·杨格（Arthur N. Young）著，陈泽宪等译. 一九二七至一九三七年中国财政经济情况 [M]. 北京：中国社会科学出版社，1981：52-58，119，126，173-179，188-189，199-207，213-217，228-238，

259 – 282，290，306，364 – 368，490 – 491，534 – 545.

［23］［日］滨下武志. 近代中国的贸易契约：朝贡贸易体系与近代亚洲经济圈［M］. 北京：中国社会科学出版社，1999：65 – 78，86，192.

［24］上海社会科学院经济研究所. 上海对外贸易 1840 ~ 1949（上）［M］. 上海：上海社会科学院出版社，1989：18，36 – 37，67，88，112，183 – 213，241，375，449，526 – 531，581，602.

［25］上海社会科学院经济研究所. 上海对外贸易 1840 ~ 1949（下）［M］. 上海：上海社会科学院出版社，1989：15，24，50.

［26］许毅，金普森，隆武华，孔永松，王国华. 清代外债史论［M］. 北京：中国财政经济出版社，1996：210，221，377，382，406，428 – 435.

［27］马寅初. 中国国外汇兑［M］. 上海：商务印书馆，1925：159.

［28］毕匿克（A. W. Pinnick）著. 褚保时，王栋译. 银与中国［M］. 上海：商务印书馆，1933：1 – 24，31 – 32，43，49，57，60.

［29］洪葭管，张继凤. 近代上海金融市场［M］. 上海：上海人民出版社，1989：191，195，239，254.

［30］王渭泉，吴征原，张英恩. 外商史［M］. 北京：中国财政经济出版社，1996：295 – 303.

［31］［美］托马斯·莱昂斯（Thomas P. Lyons）著. 毛立坤，方书生，姜修宪译. 中国海关与贸易统计（1859 ~ 1948）［M］. 杭州：浙江大学出版社，2009：7，50.

［32］邵金铎. 银价之研究［M］. 上海：学术研究会总会，1928：1，3.

［33］马寅初. 通货新论［M］. 北京：商务印书馆，2010：3，7 – 19，34 – 35,97，142 – 147，154，163.

［34］杨荫溥. 民国财政史（下册）［M］. 北京：中国财政经济出版社，1995：25.

［35］杨端六，侯厚培. 六十五年来中国国际贸易统计［M］. 国立中央研究院社会科学研究所专刊（第四号），1931：ix，xv.

［36］陈争平. 1895 ~ 1936 年中国国际收支研究［M］. 北京：中国社会科学出版社，1996：21，43，95，105.

[37] 张素民．白银问题与中国币制［M］．上海：商务印书馆，1936：18，30，148，150，316．

[38]［英］约翰·伊特韦尔等编，陈岱孙等编译．新帕尔格雷夫经济学大辞典（第3卷）［M］．北京：经济科学出版社，1996：407 - 420．

[39] 王灵华，谢朝阳，李洪梅，欧阳智华．国际金融学（第二版）［M］．北京：清华大学出版社．北京交通大学出版社，2012：165．

[40] 张继良．近代中国的政治社会变革研究［M］．北京：北京大学出版社，2013：75．

[41] 孟世杰．中国近百年史 - 民国文存31［M］．北京：知识产权出版社，2014：164，336．

[42] 黄冕堂．中国历代物价问题考述［M］．济南：齐鲁书社，2008：9，243，245．

[43] 陈雨露，杨栋．世界是部金融史［M］．北京：北京出版社，2011：152．

[44] 杨荫溥．中国金融研究［M］．上海：商务印书馆，1936：253 - 256，283 - 289，291．

[45] 若戌编．金贵银贱问题之讨论［M］．上海：上海华通书局，1930：6．

[46]［英］科大卫（David Faure）著．周琳，李旭佳译．近代中国商业的发展［M］．杭州：浙江大学出版社，2010：139 - 143．

[47] 马寅初．马寅初全集（三）［M］．杭州：浙江人民出版社，1999：392 - 393．

[48]［美］劳伦斯·H·怀特（Lawrence H. White），李扬等译．货币制度理论［M］．北京：中国人民大学出版社，2004：36．

[49] 石柏林．凄风苦雨中的民国经济［M］．郑州：河南人民出版社，1993：88．

[50]［日］浅田乔二等著，袁愈佺译．1937～1945日本在中国沦陷区的经济掠夺［M］．上海：复旦大学出版社，1997：180，216 - 217，277．

[51] 刘振东．中国币制改造问题与有限本位制［M］．上海：商务印书

馆，出版年限不详：24.

三、论文、学位论文（按文中引用顺序为序）

［1］周应湘. 论我国现时应否贬低汇率［J］. 金融经济月刊. 第1卷，第2期（1938年）：1-9.

［2］吴承明. 经济史：历史观与方法论［J］. 中国经济史研究，2001（3）：3-22.

［3］胡如雷. 中国经济史研究存在问题之我见［J］. 中国经济史研究，1990（1）：8-10.

［4］李伯重. 中国经济史应当怎么研究［J］. 中国经济史研究，2006（2）：11-15.

［5］贺水金. 论20世纪30年代前中国币制紊乱的特征与弊端［J］. 史林，1998（4）：37-44.

［6］贺水金. 不和谐音：货币紊乱与近代中国经济、社会民生［J］. 社会科学，2008（5）：167-168.

［7］宋佩玉. 1840~1911年中国货币制度研究［D］. 乌鲁木齐：新疆大学，2001.

［8］戴建兵. 白银与近代中国经济（1890~1935）［D］. 上海：复旦大学，2003：165，236.

［9］张振鹍. 清末十年间的币制问题［J］. 近代史研究，1979（3）：249-287.

［10］王利中. 民国前期（1912年~1927年）中国货币制度研究［D］. 乌鲁木齐：新疆人学，2003.

［11］宋佩玉. 开埠初期上海的国际贸易与汇兑［J］. 上海师范大学学报，2008（7）：105-109.

［12］吴景平. 关于近代外债史研究对象的若干思考［J］. 历史研究，1997（4）：53-72.

［13］宋佩玉. 抗战前期上海外汇市场研究（1937.7~1941.12）［D］. 上

海：复旦大学，2004：17，99．

[14] 洪葭管．从汇丰银行看帝国主义对旧中国的金融统治 ［J］．学术月刊，1964（4）：35-47．

[15] 杜恂诚．汇丰银行在旧中国 ［J］．银行家，2003（2）：140-142．

[16] 贺水金．论近代中国银本位下的汇率变动 ［J］．社会科学．2006（6）：100-111．

[17] 刘巍．对近代中国的银价、汇率与进出口关系之实证分析 ［J］．中国社会经济史研究，2004（4）：22-26．

[18] 王玉茹，王哲．购买力平价法在中国经济史研究中的运用初探 ［J］．中国经济史研究，2011（3）：9-14．

[19] 管汉晖．浮动本位兑换、双重汇率与中国经济：1870~1900 ［J］．经济研究，2008（8）：113-123．

[20] ［美］杨格（Arthur N. Young），陈曾年译．美国三十年代的白银政策和对中国的冲击 ［J］．上海经济研究，1981（10）：51-58．

[21] ［美］乔治·塞尔金（George Selgin），胡修修编译．美国金本位制兴衰史（上）［J］．金融市场研究，2013（11）：135-146．

[22] ［美］乔治·塞尔金（George Selgin），胡修修编译．美国金本位制兴衰史（下）［J］．金融市场研究，2013（12）：135-145．

[23] 贺水金．论中国近代金银的国际流动 ［J］．中国经济史研究，2002（2）：34-44．

[24] 吴景平，龚辉．1930年代初中国海关金单位制度的建立述论 ［J］．史学月刊，2007（10）：63-72．

[25] 榭菊曾．一九三五年上海白银风潮概述 ［J］．历史研究，1965（2）：88-89．

[26] 林满红．对外汇率下跌对晚清国际贸易与物价之影响 ［J］．教学与研究，1979（1）：155-158．

[27] 郑友揆．十九世纪后期银价、钱价的变动与我国物价及对外贸易的关系 ［J］．中国经济史研究，1986（2）：1-27．

[28] 蒋立场．清末银价变动研究（1901~1911）［D］．苏州：苏州大学，

2004：27，49.

[29] 管汉晖. 20 世纪 30 年代大萧条中的中国宏观经济. 经济研究，2007
（2）：16 – 26.

[30] 王信. 中国清末民初银本位下的汇率浮动：影响和启示［J］. 国际
金融研究，2011（2）：35 – 41.

[31] 习永凯. 近代中国白银购买力的变动及影响（1800 ~ 1935）［D］.
河北：河北师范大学，2012：84.

[32] 冯泽培. 银本位制对近代中国经济的影响. 金融研究，1996（3）：
65 – 68.

[33] 贺水金. 论国际资本移动对近代中国经济的影响［J］. 江汉论坛，
1999（7）：66 – 70.

[34] 姚贤镐. 十九世纪七十至九十年代中国对外贸易的发展趋势［J］.
中国社会经济史研究，1987（4）：1 – 14.

[35] 郝雁. 近代中国出口贸易变动趋势及其影响因素的实证分析（1870 ~
1936）［J］. 中国社会经济史研究，2007（2）：79 – 85.

[36] 樊卫国. 近代上海进出口贸易在全国中的比重［J］. 上海经济研
究，1992（3）：70 – 79.

[37] 张九洲. 论近代中国的银汇波动与对外贸易［J］. 史学月刊. 1997
（3）：33 – 37.

[38] Loren Brandt，Thomas J. Sargent. Interpreting new evidence about China
and U. S. silver purchases ［J］. *Journal of Monetary Economics*. Vol 23，1989
（1）：31 – 51.

[39] 洪葭管. 白银风潮［J］. 中国金融，1988（3）：68 – 69.

[40] 李爱. 白银危机与中国币制改革—解析国民政府时期的政治、经济
与外交［D］. 上海：华东师范大学，2005：37 – 38.

[41] 刘院丽. 国民政府法币改革中的外汇问题［D］. 桂林：广西师范大
学，2007.

[42] 吴景平. 英国与 1935 年的中国币制改革［J］. 历史研究，1988
（6）：174 – 189.

［43］黄如桐．抗战时期国民党政府外汇政策概述及评价［J］．近代史研究，1987（4）：190－211.

［44］仇华飞．1935年中国币制改革与中美金银交换［J］．学术研究，2004（8）：105－110.

［45］任东来．1934～1936年间中美关系中的白银外交［J］．历史研究，2000（3）：103－115.

［46］姜锡东．中外对比与中国经济史研究［J］．中国经济史研究，1996（6）：118－120.

［47］严双．中国财政问题之考察［J］．东方杂志.28（13）（1931.7.10）：11－22.

［48］刘金章，唐建宇．试论晚清的币制改革（一）［J］．华北金融，1984（9）：12－14.

［49］徐义生．从甲午战争到辛亥革命时期清政府的外债（上）［J］．经济研究，1957（6）：111－141.

［50］孙拯．银价之研究［J］．经济学季刊，1（3）（1930）：103.

［51］吴弘明．1912至1921年天津之货币与金融一瞥［J］．天津经济，2003（8）：61－62.

［52］杨时展．我国现行汇率平议［J］．时事月报，13（1）（1936）：119－126.

［53］马寅初．关税征金与改革币制［J］．经济学季刊，1（2）（1930）：45.

［54］杜恂诚．货币、货币化与萧条时期的货币供给［J］．财经研究，2009（3）：46－56.

［55］姚贤镐．两次鸦片战争后西方侵略势力对中国关税主权的破坏［J］．中国社会科学，1981（5）：121－144.

［56］李洪梅，谢朝阳．人民币升值的贸易条件效应研究［J］．商业时代，2007（8）：67－68.

［57］戴建兵，史红霞．近代上海黄金市场研究（1921～1935年）［J］．黄金，2003（3）：11－14.

［58］代春霞. 20 世纪 30 年代世界经济萧条影响下的中资银行业研究［D］. 天津：南开大学，2012：24.

［59］无作者. 欧洲各国对于稳定货币汇率之进行. 现代生产杂志，1 (12)（1935.12）：45.

［60］王方中. 抗战前十年国民政府借过多少外债［J］. 近代史研究，1988（3）：300－305.

［61］可良. 改进中国桐油事业现实应有之处理［J］. 贸易半月刊，1 (1)（1939）：27－33.

［62］陈仪平，1935 年中国币制改革与中英美日国家利益的选择［D］. 江西师范大学，2004：9.

［63］李林. 20 世纪 30 年代中国的农业生产［D］. 保定：河北大学，2005：10－11.

［64］1931 年间中国洪灾损失［J］. 中国经济学刊，10 (4)（1932.4）：343－344.

［65］叶凤刚. 30 年代国民政府币制改革论析［J］. 前沿，2007 (8)：230.

［66］中国联合准备银行总行调查室编. 中外经济统计汇报，1 (4)（1940）：133.

［67］龚家麟. 汇率贬低问题之检讨［J］. 东方杂志，36 (5)（1939.3.1）：5－14.

［68］加拿大商业情报. 中国一九三七年之对外贸易（上）［J］. 贸易半月刊，1 (1)（1939）：37.

［69］允中. 二十四年度之我国对外贸易［J］. 东方杂志，32 (5)（1936.3.1）：70－77.

［70］郭德镛，李炳章. 我国战时对外贸易政策之演进［J］. 商学研究，创刊号（1940 年）：69－76.

［71］孙杰. 丰富银行间外汇市场主体结构［J］. 中国金融，2014（12）：50－52.

四、报纸（按文中引用顺序为序）

[1] 叶世昌. 晚清政府错失金本位 [N]. 21 世纪经济报道, 2005 – 12 – 26.

[2] 张一凡. 标金暴涨的内幕及其因果 [N]. 申报, 1935 – 11 – 4, 第 13 版.

[3] 无作者. 宋子文昨发表我国货币改革谈话 [N]. 申报, 1935 – 11 – 4：第 13 版.